全国高等学校人力资源管理专业新编系列教材

人力资源战略

主 编 赵 耀

中国劳动社会保障出版社

图书在版编目(CIP)数据

人力资源战略/赵耀主编. —北京：中国劳动社会保障出版社，2007
全国高等学校人力资源专业新编系列教材
ISBN 978-7-5045-6338-5

Ⅰ. 人…　Ⅱ. 赵…　Ⅲ. 劳动力资源-资源管理-教材　Ⅳ. F241

中国版本图书馆 CIP 数据核字(2007)第 089113 号

中国劳动社会保障出版社出版发行
(北京市惠新东街 1 号　邮政编码：100029)
出 版 人：张梦欣

*

北京外文印刷厂印刷装订　新华书店经销
787 毫米×960 毫米　16 开本　16 印张　279 千字
2007 年 6 月第 1 版　　2007 年 6 月第 1 次印刷

定价:25.00 元

读者服务部电话：010－64929211
发行部电话：010－64927085
出版社网址：http://www.class.com.cn

全国高等学校人力资源管理专业新编系列教材编委会

内 容 简 介

本教材作为学习了解并掌握人力资源战略的指导丛书之一，是当前对人力资源战略首次进行系统研究的教科书之一。

全书分为六章，具体内容安排如下：

第一章阐述了战略的概念，企业战略在企业中的地位及其形成因素分析。

第二章通过阐释企业战略与人力资源战略之间的相互促进作用，说明了企业战略和人力资源管理二者都不可能独立发挥作用。

第三章从人力资源战略管理的宏观和微观两个方面，阐明了人力资源战略管理的含义、人力资源战略管理目标及人力资源战略管理环境三个方面的知识。

第四章系统介绍了人力资源管理的战略方法，以及与这些战略方法相对应的战略决策，强调了人力资源战略管理需要与企业的经营战略进行整合才能成为企业整体战略的支撑。

第五章探讨了人力资源规划的相关内容，阐述了战略层面的人力资源规划的主要特点及发展趋势，以及对人力资源规划进行监督和控制的重要性。

第六章通过图表及公式更形象地介绍了人力资源预测的具体方法，并基于以上理论得出建立人力资源信息系统势在必行的结论。

本书每一章开始的学习目标都为读者指明了学习方向；每章结尾的本章小结又为读者总结了本章的学习重点，可以帮助读者加深记忆；而接下来的复习思考题可以帮助读者回顾并加深理解所学内容。每章最后还为读者专门编入了应用案例，目的是为读者提供学以致用之便利条件。

序

自标志着中国劳动体制改革发轫的1986年劳动合同制度全面推行至今，中国劳动力市场建设已经走过了近20年的历程。这期间，我国的劳动力配置制度、劳动关系体系、劳动者的激励模式等诸多方面发生了历史性的变革，与计划经济体制相匹配的单位制度、身份制度、粮食关系制度等逐步瓦解，规范劳动力市场秩序的制度体系逐渐建立。在劳动力市场建设进程中，市场主体自主选择权的加强和激励模式变革（带来的配置效率和劳动力市场效率的增加）为整体改革的推进提供了有力的人力和物质支撑。

同时，我们也发现，与其他产品和要素市场相比，劳动力市场化进程相对滞后。中央经济工作会议提出着力推进经济体制改革，建立健全全面协调可持续发展的制度保障，对劳动力市场的一体化建设和建立逐步改变城乡二元结构的机制提出了新的要求。在市场化进程中，劳动者在获取择业自主权的同时，也承受着市场带来的风险和压力，从而经历了环境上、经济上、心理上多方面的变化历程。劳动力市场的一体化、规范化和市场化还有很长的路要走。为更好地配置人力资源，对劳动者进行有效激励，使劳动者适应市场，需要以劳动学科体系为理论基础的各方面的队伍做大量的工作。

针对劳动者的工作体现在三大方面，或者说，劳动学科体系的实践层面可以分化为三大任务：企业通过吸纳、激励、使用劳动者，促进自身的发展；政府和社会促进劳动者在适当的规则中开展市场性平等竞争，规范企业行为，并通过各种直接和间接的方式来调节劳动者的适应性；政府对劳动力市场上的弱势群体加以保障，并帮助劳动者抵御风险。这就如同组织一场运动会，不但要有科学可行的游戏规则和公正的裁判，还要有对运动员足够的激励，以及扶助受伤者、调解纠纷的人员和制度。

就我国现阶段的国情而言，这三方面的工作具有特别重要的意义。

随着经济全球化进程的加快和知识经济时代的到来，人力资源已逐渐超越物质资源、金融资源而成为核心资源，尤其是在中国“入世”后，人才争夺日趋激烈，这使得我国的人力资源开发与管理面临着越来越严峻的挑战。人力资源管理专业的建设和发展将在未来相当长的一段时间对企业和社会发展发挥重要的作用。而在我国经济转轨的过程中，要求社会保障在降低劳动力市场风险、保护弱势群体等方面发挥更加积极的作用。同时，劳动力市场上还要有专业的政府组织和非政府组织来帮助个人、家庭、群体和社会发挥潜能，调整关系或预防因人与人或人与环境所引起的各种社会问题，社会工作者将成为社会进步的助推力和劳动力市场顺利运行的润滑剂。

然而，这三个方面目前都面临着人员数量不足、总体水平不高的问题，制约着我国劳动力市场的建设。因此，为了我国市场经济体制的完善和各市场化进程的和谐发展，需要人数众多的高素质的专业人才充实到各项工作中去。以劳动学科体系为中心的适用于经济管理类大学本科（部分教材也适用于研究生）教学的劳动与社会保障、人力资源管理、社会工作这三个系列的教材就是在这样的背景下诞生的，经过一年多的酝酿、筹备和策划，终于呈现于广大读者的面前。

希望这三个系列的教材能为我国大学劳动与社会保障、人力资源管理、社会工作等专业方向的发展，为上述专业领域工作人员专业素质的提高，为我国劳动科学的发展，起一点积极推动的作用。真诚欢迎用书单位和广大读者提出宝贵意见。

文魁

前　言

一提起“战略”这个词，人们既感到熟悉也会多少觉得陌生。熟悉是因为它最早被用在军事理论和军事实践中，这个军事概念几乎和人类早期发生的战争一样久远；陌生是因为随着国内市场经济条件下的企业间激烈竞争和全球化的跨国经营，导致在企业管理中，这一概念开始受到企业家和企业管理理论家的关注，并在上个世纪末期被管理界逐渐加以套用。

管理界之所以用战略视角关注企业的发展，是因为认识到，企业要想达到持续的增长和获得持久的利润，必须在各自的领域中具备相对于竞争对手更大的竞争优势，而强健的竞争优势最终取决于企业自身独特的战略竞争力。随着理论界对管理中的战略问题日益重视，以及感受到企业所面临的外部环境的不确定性、不连续性和难以预测性的日益增加，各种研究战略管理理论的书籍相继应运而生，它们从各自的角度和相关的领域对企业的战略管理纷纷展开思考和探究，比如营销战略管理、信息战略管理、生产战略管理、财务战略管理等等，以期使企业获得致胜的法宝。本书正是在这样一种大背景下产生的，与其他探讨战略管理的书籍不同，它是专门从企业人力资源战略管理的角度，分析企业如何赢得核心竞争力的。

作为一本专门从人力资源战略角度探讨企业管理的教科书，其内容体现了以下三个特征：一是拥有企业价值创新意识。本书用专门的章节分析了人力资源在企业战略中的重要作用，系统和全面地阐释了在企业中，人力资源的独特性就是它的主观能动性和创新能力的可开发性，这一资源的独特性是企业中的物力资源所无法比拟的，并提出了企业价值的创新其实就是注重人力资源的有效开发和创新能量的彻底释放。而这种创造新价值进而为企业寻找和开辟新的成长空间，才是未来企业继续发展的根本途径的思想，恰恰与当今管理学界流行的“蓝色”战略理念不谋而合。二是强调战略变革意识。事实上，本书几乎在所有的章节中，都强调了战略目标是通过战略变革来加以实现的这一思想。所以，在相关章节，一方面，不同程度地对企业各级管理层的职业经理人在企业战略变革中的角色和行为进行了分析；另一方面，提出了采用战略弹性策略的必要性，这就是当组织处于一个难以预测的复杂的动态环境中时，要想迅速做出反应，最好的办法就是对人力资源战略进行持续调整和精确微调。三是重视战略的执行程序和方法。本书通过编撰的顺序和内容，展示了企业人力资源战略所应遵循的一个基本的思路，这就是先有方向，然后根据方向确立目标，最后是制定实施战略的具体的规划。

在本书的编写过程中，得到了李勤、康丽荣两位研究生同学的协助，他们为本书的完成付出了大量的劳动。

同时，在编写过程中参阅和引用了国内外相关学者的著作和成果，这些已尽可能地在书中做了注解或列为参考文献。在此，特向在管理领域早已做出卓越贡献的同行表示衷心的感谢。

鉴于作者的水平和写作时间仓促，对本书存在的不足和错误，恳请读者提出宝贵意见，以使其更加完善。

赵耀

2007 年 5 月

目 录

第一章

战略在组织中的地位

学习目标

通过学习本章内容，了解战略的起源，熟悉各个学派对企业战略所作的定义，掌握企业战略的概念、内容、企业管理的职能及影响因素。同时，对企业战略在组织中的地位与作用有所了解，为今后开展人力资源战略管理奠定良好的理论基础。

第一节 战略概述

一、战略的来源

“战略”源于古代兵法，属军事术语，意译于希腊语“strategos”，其含义是“将军”，词义是指挥军队的艺术和科学，也意指基于对战争全局的分析而做出的谋划。[①]“战略”是对战争谋略的简称，或者说人们把“战争谋略”简称为“战略”。其实，人们研究“战略”的关键就在于把握“谋略”的本质。谋略是一种大计谋，是对整体性、长期性、基本性问题的谋划。军事领域中使用的“战略”就是对战争中整体性、长期性、基本性问题的谋划。

事实上，我国古代兵书早就提及过“战略”一词，意指针对战争形势做出的全局谋划。三国时期著名政治家、军事家、战略家孔明（诸葛亮）对战略还有一段精辟的论述：“不谋万事，不足谋一时；不谋全局，不足谋一域”，并通过对当期错综复杂的政治、经济、军事形势进行分析，确立了“三分天下”的战略思想，成为刘备立国之本。在中国革命战争中，“战略”甚至决定着战争全局的成败。

在军事领域中有一个与“战略”相对的概念，那就是“战术”。

（一）战略与战术的共同点

战略与战术的共性有两个：第一个是战争性，第二个是谋划性。

比如，我国历史上北魏皇始元年（公元 396 年），后燕慕容德破北魏拓拔珪进攻的邺城之战，曾采用了“以逸待劳”这一既包含战略也包含战术的战法。后燕慕容德驻邺城（今河南安阳东北），魏道武帝拓拔珪亲征，北魏将拓拔章率前军攻邺，大败。慕容德想乘胜反击，进行决战。当时总的情况是魏攻燕守，魏众燕寡。别驾韩讠卓根据总的战略态势提出了“魏不可击者四，燕不宜动者三”：“魏垂军远入，胜在野战，一不可击也。深入近畿，致其死地，二不可击也。前锋既败，后阵必固，三不可击也。彼众我寡，四不可击也。官军自战其他，一不宜动。动而不胜，众心难固，二不宜动。城隍未修，敌来无备，三不宜动。”因而提出了“深沟高垒，以逸待劳”的战法。慕容德采纳了韩讠卓的建议，召还部队，固守邺城，“亲飨战士，厚加抚接”，全军上下，“人感其德，皆乐为致死”。其

---

① 中国金融网. http://www.zgjrw.com

后，慕容德乘魏军“内相乖争，各引军潜遁”之机，率军追击，大败魏军。[①]

（二）战略与战术的区别

战略与战术的区别有三个：战略针对的是整体性问题，战术针对的是局部性问题；战略针对的是长期性问题，战术针对的是短期性问题；战略针对的是基本性问题，战术针对的是具体性问题。

比如，“上兵伐谋”可以被认为是一个典型的战争谋略。《孙子兵法·谋攻篇》：“上兵伐谋，其次伐交，其次伐兵，其下攻城；攻城之法为不得已。”“伐谋”，指以己方之谋略挫败敌方，不战而屈人之兵。孙武认为伐谋最为有利，故为“上兵”，是最好的战争手段。伐谋的实质是对敌人正在计划或刚刚开始遂行其谋划时，便能窥破其谋，揭穿其谋，破坏其谋，借以实现己方的政治军事目的。三国时期的著名战略家曹操根据自己的经验，就曾对“上兵伐谋”作过解释。他说：“兴师深入长驱，据其城郭，绝其内外，敌举国来服为上。”他认为“上兵伐谋”是以强大的军事力量作后盾，并和“伐兵”“攻城”互相配合，力争以最小的代价取得最大的胜利，达到使敌人全部降服的目的。显然，这一战略并不是要求指挥员放弃军事斗争，更不是要去死拼蛮干，而是要追求兵不血刃而获胜的目的。可见，战略是关系全局的、基本的和整体性的。

再比如，“以攻为守”就是军事将领经常采用的一个战术。它其实就是一种积极防御的谋略方法。大凡在守城中取得最后胜利的一方，多采取这一战术。例如，三国时，魏将张辽以 7 000 人守合肥，孙权以 10 万人围攻合肥的战役中，张辽按照曹操的安排，守中有攻，“折其盛势，以安众心，然后可守也”。他以 800 多人的敢死队突然开城门向孙权冲杀，“吴人夺气”。孙权围攻十余日，“城不可拔，乃引退”。张辽就是采用这一战术取得了著名的合肥保卫战的胜利。可见，战术比起战略来，它更具体、更需要在每一场局部的对决中体现智谋。

事实表明，战争期间，军事战略至关重要。各国军队为了赢得战争的胜利，为了更好地保存自己、消灭敌人，总要加强谋划工作，特别是要首先谋划好那些整体性、长期性、基本性的问题。古今中外概莫能外，只不过智慧有大小，战略有高低。

二、战略的概念

（一）战略的含义

从军事角度来看，战略是对战争全局的策划和指挥，是军事指挥官在战争中

① 柴宇球. 谋略库. 北京：蓝天出版社，1990. 53

利用军事手段达到战争目的的科学。即依据敌对双方的军事、政治、经济、地理等因素，从战争的全局性出发，所制定和采取的有关战争方针、政策和方法。

（二）战略的特征

从军事战略的含义来看，战略的内涵至少包括以下四个相关的特征：

1. 战略是具有目的导向性的计划，是某种有意识的行动过程，是处理某一活动的指导方针。因此，具有不同性质的战略主体，或是同一性质的主体，在不同目的的情况下，其战略会是不同的。根据对战略这一特征的分析，可以对战略这一概念得出这样的结论：一是它在被应用之前预先已经形成；二是它一定是战略主体有意识和有目的地开发出来的。随着这一概念在不同领域的大量应用，战略这一特征得到了强化。在军事学里，战略与以下内容联系在一起："起草战争的计划，设计各个战役，并且决定各个战役内的各场战斗。"在博弈论里，战略是"一个完整的计划，一个详细说明在每个可能情形中博弈者将做出何种选择的计划"。在管理学里，"战略是一个统一的、综合的和完整的计划……精心设计来确保企业的基本目标得以实现"。在字典里，战略是"一个计划、方法或一系列为获得一个特殊目的或结果的机巧或谋略"。①

2. 战略具有环境适应性，需要考虑当前和未来所处的条件，需要照顾到环境动态变化的各个方面。这是因为战略主体是整个大环境中的一分子，战略主体的生存和发展，甚至是变异或死亡，都将受制于所处的环境。环境本身是一个大系统，由若干具有不同职能且相互联系和作用的子系统所构成，这些子系统都会对战略主体造成影响，只有这些子系统取得了相对平衡，战略主体才有可能生存和发展。在不同的环境下，战略可能是一般的，也可能是特定的。在特定意义上，战略也可以是谋略，是某个特定的"机巧"。在战略管理领域以及对一般谈判程序进行研究时，越来越多的人以这种方式看待战略，他们把注意力集中在战略最有活力和最有竞争力的方面。鲁梅尔特（Rumelt）说："一个人的战略是另一个人的战术——什么是战略取决于你所处的位置。"它也取决于你何时处于那个环境：有些战略今天看起来似乎是战术性的，明天则可能才是真正战略性的。

3. 战略是科学性的规划，它要依据规律的变化和发展而制定。从军事战略角度看，军事战争所需要实现的政治目的是否符合社会发展的要求和趋势，军事战争本身在力量安排、时间选择、战术组合等方面的衔接，都蕴涵着规律性。认识这种规律性，创造条件使自己的战略符合特定规律性，就有更多的成功可能。这里所说的认识规律和运用规律，并不是按部就班地操作，而是以规律为基础结

① ［美］H·明茨伯格编．规划：发现战略的力量．陈正侠译．北京：企业管理出版社，2004．105

合敌对双方的情况，提出具有创造性的、有特色、适合主体的战略方针。

4. 战略成败要受战争主体对资源的拥有和运作能力的影响。在军事战争中，战略资源包括武器、军队、后勤供应等有形直接军事力量。真正的战略是威胁，而不是扩张本身，这就是谋略。恰当地争取资源和运用资源，并在有限资源的情况下，对这些资源进行科学的配置，使资源的效用达到最大化，这对战争成功具有至关重要的意义。

第二节 企业战略及其地位

一、企业战略的定义

俗话说："商场如战场。"鉴于市场经济激烈的竞争环境，为兼顾长、短期利益，促进企业的长远发展，企业家和经营者们开始带着战略的眼光投入到市场竞争中，于是，"战略"一词便开始广泛应用于经济管理之中，并由此延伸至社会、教育、科技等各个领域。在西方管理学领域，"战略"拥有很多种定义。一些学者认为，战略是设立企业长远目标、制定经营方针及资源分配等的经营决策；另一些学者认为，战略是对企业长远目标、经营方针、所需资源分配的规划；还有的学者认为，战略是针对产品与市场有效组合，实现经营环境、发展方向、管理组织相协调的策略。下面是一些有代表性的企业对战略所作的定义。

（一）安德鲁斯对战略所作的定义

美国哈佛商学院教授安德鲁斯（Andrews）认为，企业总体战略是一种决策模式，它决定和揭示企业的目的和目标，提出实现目的的重大方针与计划，确定企业应该从事的经营业务，明确企业的经济类型与人文组织类型，以及决定企业应对员工、顾客和社会作出的经济与非经济的贡献。

安德鲁斯在企业战略领域作出了巨大贡献。他将战略构造区分为两大部分：制订与实施。他还对战略进行了四个方面的界定，将战略划分为四个构成要素，即市场机会、公司实力、个人价值观和渴望、社会责任。其中市场机会和社会责任是外部环境因素，公司实力与个人价值观和渴望则是企业内部因素。他还主张公司应通过更好地配置自己的资源，形成独特的能力，以获取竞争优势。安德鲁斯的战略构造理论形成了战略管理的一个重要学派——设计学派（Design School）。特别是他率先在制定战略的过程中采用 SWOT 分析法，通过一种模式，将企业的目标、方针政策、经营活动和不确定的环境结合起来。

（二）安索夫对战略所作的定义

美国著名战略学家、计划学派杰出代表安索夫在 1965 出版的《公司战略》一书中首次提出了“企业战略”这一概念，并将战略定义为“一个组织打算如何去实现其目标和使命，包括各种方案的拟订和评价，以及最终将要实施的方案”。安索夫指出企业在制定战略时，有必要先确定自己的经营性质。企业无论怎样确定自己的经营性质，目前的产品和市场与未来的产品和市场之间存在着一种内在的联系，安索夫称这种现象为“共同的经营主线”。通过分析企业的“共同的经营主线”可把握企业的方向，同时企业也可以正确地运用这条主线，恰当地指导自己的内部管理。

根据安索夫的观点，战略管理是“企业高层管理者为保证企业的持续生存和发展，通过对企业外部环境与内部条件的分析，对企业全部经营活动所进行的根本性和长远性的规划与指导”。他认为，战略管理与以往经营管理的不同之处在于：战略管理是面向未来，动态地、连续地完成从决策到实现的过程。

安索夫在研究多元化经营企业的基础上，还提出了“战略四要素说”，认为战略的构成要素应当包括产品与市场范围、增长向量、协同效果和竞争优势。倾向于既有的、已经结构化的产业市场，企业战略的出发点是适应环境。在战略的制定与管理上，倾向于认为战略是高级管理层和专家的“专利”；在战略的实施中，要求企业组织结构要与企业战略相适应，把企业的经营活动看做是统一在战略指导下的相互关联的整体，并且倾向于认为外部环境是可预测或基本可预测的，强调企业内部资源与外部机会的匹配，以及战略的制定与执行可以分离等观点。

（三）魁因对战略所作的定义

美国达梯莱斯学院管理学教授魁因认为，战略是一种模式或计划，它将一个组织的主要目的、政策与活动按照一定的顺序结合成一个紧密的整体。一个制定完善的战略有助于企业组织根据自己的优势和劣势、环境中的预期变化，以及竞争对手可能采取的行动而合理地配置自己的资源。魁因对此定义作过进一步的解释，认为战略应该包括以下内容：

1. 有效的正式战略包括以下三个基本因素，它们是：

（1）可以达到的最主要的目的或目标。

（2）指导或约束经营活动的重要政策。

（3）可以在一定条件下实现预定目标的主要活动程序或项目。

在魁因所作的定义中，明确了一个组织的目标是制定战略过程中一个不可缺少的组成部分。

2. 有效的战略是围绕着重要的战略概念与推动力而制定的。

所谓战略推动力是指企业组织在产品和市场这两个主要经营领域内所采取的战略活动方式。不同的战略概念与推动力会使企业的战略产生不同的内聚力、均衡性和侧重点。

3. 战略不仅要处理不可预见的事件，也要处理不可知的事件。

战略的实质是建立一种强大而又灵活的态势，为企业提供若干个可以实现自己目标的选择方案，以应对外部环境可能出现的例外情况，不管外部力量可能会发生哪些不可预见的事件。

4. 在大型组织里管理层次较多，每一个有自己职权的层次都应有自己的战略。

魁因对战略所作的定义与安德鲁斯对战略所作的定义有类似之处，它们都属于广义的战略定义。

（四）明茨伯格对战略所作的定义

明茨伯格对战略所作的定义包含以下主要内容：

1. 战略就是企业为了收益而制定的与组织使命和目标一致的最高管理计划。

2. 战略是一种模式，即长期行动的一致性。

这两个定义描述都有其合理性，组织为前途而制定发展计划，而且也根据过去的情形形成模式。前者称作预期的战略，后者称作已实现的战略。

3. 战略是一种计策。

战略实际上是一种从计划向现实流动的结果。那些不能实现的战略，在战略设计结束之后消失，脱离准备实施的战略的渠道。而准备实施的战略与自发的战略则通过各自的渠道，流向已实现的战略。这是一种动态的战略观点，它将整个战略看成是一种行为流的运动过程。

4. 战略是一种定位。

鲁梅尔特（Rumelt）指出："一个人的战略会是另一个人的战术——一个事物是否是战略，取决于当事人所处的地位。"因此，有些细节问题在一定时间一定程度上应该视作战略。例如，由于亨利·福特对黑色的汽车情有独钟，而导致在与通用汽车公司的市场竞争中遭受惨败。

由此可见，战略的范围很广，它可以包括产品及生产过程、顾客及市场、企业的社会责任与自我利益等任何经营活动及行为。

不过，最重要的是，战略应是一种定位，是一个组织在自身环境中所处的位置。对企业来讲，就是确定自己在市场中的位置。战略就是要把企业的重要资源集中到相应的地方，形成一个产品和市场的"生长圈"。

总之，把战略看成一种定位的概念就是通过正确地配置企业的资源，形成企业有力的竞争优势。

5. 战略是一种观念。

这一定义是把战略看成为一种观念，它体现组织中人们对客观世界固有的认识方式。例如，有些企业是进取型的，创造出新的技术，开拓了新的市场，而有的企业则一成不变，固守在早已建成的市场上。企业的经营者对客观世界的不同认识会产生不同的经营效果。①

二、企业战略的特征

企业经营作为一种博弈性的活动，和战争有类似的地方，但是经营和战争最大的不同就在于：战争是为消灭战争本身而进行的，战争的战略问题是为结束战争而规划的，有一个终点的展望，而经营是为延续经营而进行的，希望能够永远延续下去，这就使得企业的战略研究不能完全借用战争的战略模式，而要体现出自身的独特性。

（一）企业战略具有全局特征

企业战略是对实现企业经营目标的整体谋划，具有全局特征。形象地说，企业战略就是企业发展的蓝图，制约着企业经营管理的一切具体活动。企业战略是对企业的未来经营方向和目标的纲领性的规划和设计，对企业经营管理的所有方面都具有普遍的、全面的、权威的指导意义。企业战略是企业为了自己的生存和发展，利用内部优势，把握外部机会，对影响企业全局的、长远的、重大的问题所进行的谋划，它以企业全局为研究对象，来确定企业的总体目标，规定企业的总体行动，追求企业的总体效果。

（二）企业战略具有长远性

战略是对企业长期发展的谋划。企业战略考虑的是企业未来相当长一段时期内的总体发展问题，着眼点是企业的未来而不是现在。经验表明，企业战略通常着眼于未来3～5年乃至更长远的目标。

企业战略是为了谋取企业的长远利益而不是眼前利益，它关系到企业未来的发展方向、发展道路和发展行动等。比如，在未来，企业要竭尽全力成为一个什么类型的公司，企业究竟要占领什么样的市场位置，公司的计划方向是什么，企业要进入的业务是什么，什么样的顾客需要企业来满足以及满足他们什么样的需

① 约翰·A·皮尔斯二世，小理查德·B·鲁滨逊. 战略管理——制定、实施和控制. 王丹，高玉环，史剑新译. 北京：中国人民大学出版社，2005

求，企业将达到什么样的能力。为了能够长期生存和发展壮大，企业不但要重视短期的发展问题，更要重视长期的发展问题，如发展目标与发展步骤问题、产品与技术创新问题、品牌与信誉问题、人才开发问题、文化建设问题等。显然，这些问题属于企业的战略问题。

（三）企业战略具有指导性

一套系统的企业战略的最大优点就在于，企业战略不仅有一个长远的发展目标，同时还制定了为实现这个长远目标而需完成在各个阶段内基本的发展目标，以及实现这一些目标的基本途径和行动方案。短期内基本的发展目标、途径和长期发展目标的结合，能够让员工以及管理人员清楚整个战略的思路，明确短期目标的地位以及其对长期的发展目标的作用，企业全体员工才能够清楚地认识到自己工作的意义，从而达到指导和激励企业全体职工努力工作。

（四）企业战略具有现实性

事实上，企业制定的战略将关系到企业自身的生存与发展。而在企业战略的制定过程中，还需要考虑众多因素，如企业内部因素、企业外部的行业因素、市场因素、国家宏观政策因素等。企业战略应该是建立在现有的主观因素和客观条件基础上的，一切从现有起点出发，立足于现有条件下确立自己的发展目标以及实现途径，切记勿把发展目标定得过于宏伟，脱离企业现有的实际情况，使得在真正操作过程中力不从心。

（五）企业战略具有竞争性

企业作为一个营利性组织，其主要的行为目的就是实现盈利，它也是一个企业进一步发展的前提。众所周知，在一个非垄断的市场中，要实现盈利就必须在市场中战胜对手，取得竞争优势。企业战略像军事战略一样，其目的也是为了克敌制胜，赢得市场竞争的胜利。对于一个营利性组织来说，一个没有竞争性的企业战略在严格的意义上说，是不能称之为战略的。战略的目的就是如何使得企业在未来的竞争中取得优势或保持不败。

（六）企业战略具有风险性

企业战略是对未来发展的规划，依据各种主观和客观因素而制定，然而那些称之为主客观的因素并不是固定不变的，它们总是处于不确定的、变化莫测的状态中。在制定战略目标的过程中，企业只能依据现有的条件以及相对客观的分析工具对未来的发展趋势做出预测和判断，制定出较为客观的企业战略。这种相对客观的工具所制定的战略也很有可能偏离未来实际情况，如果偏离过大将导致企业战略的失败，所以说任何企业战略都伴有风险，而这种风险是任何企业都无法避免的。

（七）企业战略具有创新性

企业战略的创新性源于企业内外部环境的发展变化。特别在当今，由于经济、技术全球化，技术创新以及信息的大量产生和冲击等原因，企业面临的变化因素已达到了令人眼花缭乱的地步。这也就是说，商界的赢家和输家之间的主要差别，就在于对市场变化是否能够做出迅速的反应，即速度决定成败。赢家能够快速适应、学习和行动，输家则可能本能地花时间去控制变化。也许，在这个变化无穷的时代，许多企业面临的最艰难、最重要的挑战就是建立一个富有创新性的企业战略。也就是说，企业要根据自身所拥有的资源，进行合理的配置，制定出具有自身特色、创新性的战略目标与实现途径。一味地模仿是无法适应时代发展的，也最终将无法保持市场的竞争优势。

（八）企业战略具有相对稳定性

企业战略为企业制定了未来的发展目标和实现途径，它是指导企业根据各种因素，采取积极有效的行动方案，从而实现经营目标的指导思想。企业战略一经制定，在较长时期内要保持大方向的稳定，以利于企业各级部门努力贯彻执行。但是，企业战略并不是一成不变的，由于环境在不断变化，企业可能需要调整一些局部的目标，这些局部目标的调整最终目的是为了更好地实现长远的发展目标。

（九）企业战略与战术、策略、方法、手段的适应性

为了达到企业战略的发展目标，企业战略不应脱离现实可行的管理模式，管理模式也必须调整以适应企业战略的要求。同时，企业战略还需要通过实际可行的操作来加以实现，所以企业战略的制定必须与战术、策略、方法、手段相适合。一个好的企业战略如果缺乏实施的力量和技巧，也不会取得好的效果。然而，企业战略是实现企业业务组合发展目标的手段，是对未来的企业资源配置和市场业务所做的规划。通过实施企业战略，可以形成各项业务相对于竞争对手的优势，从而建立起行业中的竞争地位，获得超过行业平均水平的盈利。

三、企业战略的地位

军事战略的概念运用于企业后，便成为指导企业根据市场环境及其规律，及时采取积极恰当的市场活动的有力法宝了。企业可以在正确的思想指导下，通过有效地分配各种资源，使之达到效用最大化，从而形成具有自身特色的综合实力和竞争优势，而这一指导思想就是战略，其形成过程就是战略性思维的形成过程，它使得企业最终明确自身的发展方向。正是战略在企业发展中的这一至关重要性，越来越多的企业开始重视它。据有关资料介绍，国外的企业家把40%的

精力用于研究发展战略，40%的精力用于处理内外部各种关系，只有20%的精力用于处理日常事务。美国邓恩·布拉德斯特里特公司经过对美国企业的长期观察后总结出了六条致使企业破产的原因，其中有多条原因涉及战略问题，可见，企业战略管理的效果直接关系到企业的生死存亡。

具体来说，战略对于一个企业的发展，至少体现了以下几个方面的重要性。

（一）有利于企业建立长远的发展方向

战略的重要价值之一是为企业明确未来的发展方向。只有方向明确了，企业的经营管理活动才不会迷失方向。只有方向明确了，我们才能知道什么是“正确的事”，而只有坚持“做正确的事”，才能不浪费企业有限的宝贵资源。20世纪70年代美国的一些公司在与日本、德国的企业竞争中败下阵来，很重要的原因就是由于这些企业没有经常进行战略性地指导和控制。同样，现在我国一些企业对企业发展没有系统的规划，对市场环境的变化没有良好的应对措施，还处在一个没有战略性指导和控制的经营状况下。我国国有资产管理委员会经济研究中心主任王忠明在2004年1月6日的“首届中国企业发展论坛”上曾披露：根据其对国资委监管的198家中央企业（现在是189家）中的140多家企业逐户走访发现，没有多少企业具有真正意义上的发展战略。同样，一大部分曾经在20世纪80、90年代风风火火的乡镇企业，现在却销声匿迹。究其原因之一就是众多企业对发展战略的重要性认识不足，制定战略时出于实务的需要，偏重于行动的思考，而忽视过程的考量，短视化趋向严重，致使“战略”缺乏长远指导性。说到底也都是企业没有明确的发展战略方向，当市场需求发生变化、竞争进一步加剧时显得束手无策，很快失去了竞争能力，退出了市场。

（二）有利于为我们明确企业的发展目标

企业战略还能为企业明确将来应该实现的目标，这不仅包括长期的发展目标，同时也包括一段时期内的短期目标。清晰、切实的目标能够增强企业全体员工对企业未来的发展的了解，增强企业员工的信心，鼓舞企业全体员工的斗志，使其成为激发企业全体员工热情的重要工具，而且，远大而可实现的目标也是企业推进事业发展的加速器。但是，在现实中，一些企业在没有制定战略方针前，企业的发展目标往往是一些不可衡量、含糊不清的指标，甚至是老板的一些理想化不切实际的错误目标。倘若企业制定了正确的战略，那么，企业就完全可以据此明确出企业的发展目标并做出正确的资源分配，使员工能了解自己在规定时间内应完成的任务，从而激励他们积极主动地寻找高效率完成任务的途径。根据战略需要在各部门之间合理分配资源，并有利于企业对资源的使用率和有效率进行监督和评价。

（三）有利于企业制定实现目标的方法

战略不仅为企业指明了发展方向和目标，同时还将告诉我们实现长短期发展目标的正确方法，这些方法包括策略、思路、措施。它是高速度、高效率实现企业目标的重要保证。战略作为一种思想方法和思维方式，能够极大地拓宽我们的视野，提高企业总揽全局、把握未来的能力。也有一些企业，战略目标定得很有激励性，也是可操作的，可是只有目标却没有一套如何实现目标的具体方案，或者仁者见仁、智者见智，对目标的理解存在着差异，最终可能引发员工之间的矛盾，使企业的目标最终难以实现。

（四）有利于加强企业内各部门间的协调性

战略不仅告诉我们具体的业务发展计划，更重要的是，通过制定和实施这一战略，使企业所有员工能够更加深刻地理解这样一个重要的道理，这就是企业作为一个整体，各部门员工的工作都必须紧紧围绕着公司的战略来进行，所有员工的工作，都必须为实现战略目标而服务。所以，战略的制定有利于全体员工充分了解自身岗位在企业战略中的作用。一个团结一致的团队能力大于所有单个个体能力加总的能力。因此，战略更能使企业全体员工领会企业作为一个完整的大系统，如果想要更好更快地实现目标，各部门的员工必须认真履行自己的职责，与企业的其他成员紧密配合，协调一致。

（五）有利于帮助企业管理层更好地进行业务选择

系统的企业战略总是明确地规定了企业的业务发展方向和业务框架，并且对企业的基础业务、潜力业务、核心业务、“种子业务”做出了明确的界定，提出了明确的衡量指标。企业战略使企业明白：一切能够推动企业向战略目标前进的业务才是真正的有价值的业务。一些未成熟的市场应该严格评定，确认其未来的实际价值。特别是那些对于企业发展目标无关或者有碍于目标实现的业务，都应该避免或者否定。明确的业务衡量体系可为企业各级管理层在进行业务决策时减少摩擦和冲突，提高决策效率，降低管理层的决策成本和风险。

（六）有利于企业形成更强大的内在力量

企业所拥有的资源是有限的，如何有效地配置有限的资源关系到企业综合实力的提高。由于企业战略作为企业经营发展的长期指导思想，明确设定了企业相当长一段时期内的发展方向和发展目标，理清了企业的业务结构，从而有利于企业根据发展需要，前瞻性地组织和配置企业有限的资源，使“好钢用在刀刃上”，最终使同样多的资源获得最大化效用，促进企业综合竞争力的加强。通常，资源可以被分为有形资源和无形资源两种，以前某些企业往往只重视有形资源却忽视了无形资源对企业发展的重要性。战略的推进和正确实施，要求企业既要利用好有形资源，更要充分挖掘无形资源。此外，21 世纪是一个组织间人才争夺异常激烈的世纪，因此，人力资源越来越被各个企业所重视，企业如何利用好人力资源这一可再生资源，已成为企业未来工作的重点之一。

（七）有利于企业更加有效地规避经营风险

战略还能帮助企业更加有效地规避经营风险。前面在企业的战略特征中我们曾提到，企业战略具有风险性，有人会问企业战略能够有效地规避经营风险同时自己又存在风险，两者不是存在矛盾吗？企业在瞬息万变的市场中竞争，本身就充满着各种风险，而制定战略就能够帮助企业在今后的发展中做出预见，并对企业应该如何防范风险提出预案，企业因此还可以实施自己的风险管理和危机管理，从而在业务上、公共关系上、资本运营上，以及在各种外部环境的变化中早做准备，化被动为主动。战略提醒企业对各种可能的危机给予充分重视。不过，值得注意的是，企业战略并不是万能的，企业不可能对所有的变化了如指掌。突发事件可能打乱战略的进一步推进，例如，在 2003 年我国部分地区爆发的 SARS 疫情，就使得相当一部分企业发展受挫。所以，战略本身是有风险的，但它能够很好地考虑未来的一些变化因素把风险化小。

（八）有利于提高企业的市场竞争力

战略还能帮助企业更好地在市场竞争中取胜。企业价值的内在支撑集中体现为竞争优势，竞争优势可以简单地说来源于企业为客户创造的超过其成本的价值。企业的内在资源和企业所在的市场位置决定了企业竞争优势的强弱和可持续性，即资源和市场的匹配性。也就是说竞争优势由三个要素构成：企业自身的资源状况、市场的竞争状况和企业在市场中的位置。企业战略通过培育竞争优势来提升企业的价值，例如，提升企业的资源素质，发现新的业务，并且形成合理的匹配。通过实施企业战略，可以形成各项业务相对于竞争对手的优势，从而建立起行业中的竞争地位，获得超过行业平均水平的盈利。近些年来，有一部分中小企业能够脱颖而出，一个很重要的原因就是充分了解企业在市场竞争中的地位，抓住了市场空当，做到了出奇制胜。比如电视行业中的康佳、长虹、创维，都属于这样一类企业。

（九）有利于提高企业的获利能力和经济效益

企业战略是企业为了持续经营所做的筹划和谋略。企业作为一种营利性组织，在市场竞争中获取收益是企业继续存在下去的必要前提，而企业的持续性发展却要受到环境的制约。环境其实是企业生存的土壤，它可能给企业提供机遇，也可能给企业带来威胁，要把握机遇，战胜威胁，企业才有持续经营的可能，“筹划和谋略”就是要帮助企业主动地适应环境。因而，战略是提高企业在市场中盈利的有力杠杆。

例如，营销无论是利用自身资源，还是利用市场资源，都是通过对现有资源的组合提供在市场上有竞争力的产品。战略营销就是在营销设计上，不但考虑企业的当期收益，而且考虑通过营销活动对企业资源积累和长期竞争优势的效果。利润与增长是战略设计中的一个对立统一体，企业在发展的某一个阶段，应该更关注利润还是更关注增长，和企业所处的竞争环境有关系，也和企业利益相关者的价值导向有关系。

（十）有利于企业全面推行现代化管理

企业是否推行战略管理是区别传统静态管理和现代动态管理的一个重要标志。企业在制定和实施企业战略的过程中，能够把管理思想、管理组织、管理人员、管理方法、管理手段等方面的现代化结合成为一个有机的整体，才能够真正达到全面提升企业现代化经营管理水平的目的。

第三节 企业战略形成的因素分析

一、企业战略的构成要素

（一）西方理论界的观点

一些西方学者认为企业战略一般由四种要素构成，即产品与市场的范围、成长方向、竞争优势和协同作用。这四种要素共同作用，可产生合力，构成企业统一的经营主线。

1. 产品与市场的范围

产品与市场的范围指的是企业所从事的产业和行业，是企业进行市场竞争的场所。此外，它也用来说明企业在所处行业中产品与市场的地位是否占有优势。通常，企业不能将自己的经营范围定得过宽，否则会造成经营内容过于广泛，经营主线不明确。如果经营的范围确实很大，为了清楚地表达一个共同的经营主线，可以分行业来描述产品与市场的范围。分行业是指那些具有相同特征的产品、市场和技术的行业。比如，电子行业中的家电行业、计算机行业；家电行业中的电视机行业等。又比如，四川长虹公司如果从优势分析，其产品与市场的范围是家电行业中的电视机产品；青岛海尔公司的产品与市场范围可以说是电子行业中的家电行业。

2. 成长方向

成长方向是企业经营运行的方向，亦即企业的发展方向。成长方向的选择取决于产品、市场这两个因素的组合。产品与市场的组合又可以具体派生出以下四个方向：即产品渗透、市场开发、产品开发和多角化。

总之，成长方向明确了企业在一个行业里的发展方向，而且也明确了企业跨行业经营的方向，因此它是对产品与市场范围的补充。

3. 竞争优势

竞争优势是指企业单个产品在市场中的竞争能力。企业的产品要获得竞争优势，可采取以下几种途径：

(1) 企业依据其某方面在市场中具有的竞争实力，可以通过兼并的方式达到在原行业或新行业里取得重要地位的目的，从而使企业成为最大的生产者，最早的市场开拓者，新技术的开发者等。

(2) 设置防止新的竞争对手进入该行业的障碍。比如垄断原材料的供应，大规模地降低市场价格，寻求国家的限制进入政策等。

(3) 发挥自身的生产、成本、技术和服务等方面的优势。比如企业依托技术优势，加快产品更新换代的步伐或依托完善的服务网络来排斥新的进入者。例如，日本SONY公司以其雄厚的研发实力，不断加快更新换代步伐，取得了它所在市场的优势地位。

4. 协同作用

协同作用一般有市场相关协同、操作或技术协同和管理协同三个方面。市场相关协同，即销售协同作用。当不同产品适用于同样的消费者时，可以通过共同的批发商或零售商，采用相近的市场激励方式，实现企业战略协同。操作或技术协同，即运行协同作用。不同业务之间可能存在着操作协同，比如统一采购原材料，共同进行研究开发、制造部件和组装产品，从而达到在企业内分摊间接费用，产生成本优势。管理协同，即在一个经营单位里运用另一个单位的管理经验与专门技能，这是协同作用发挥作用的关键。

以上构成企业战略的四个方面是相辅相成的，归根到底是要分析企业应如何考虑寻求获利的能力。

(二) 我国理论界的观点

我国一些学者认为，企业战略主要由战略指导思想、战略目标、战略重点、战略对策等内容构成。

1. 战略指导思想

战略指导思想是企业总体战略的灵魂，其内容可以概括为：满足市场需要的思想、系统的思想、竞争思想和市场营销观念四个方面。

2. 战略目标

战略目标是一定战略时期内的总任务，也是战略主体的行动方向。企业的战略目标不同于企业的中间目标、具体目标。战略目标是由企业的经营目的确定的，是经营目的的对象化和数量化。不同的企业有不同的经营目的，但它们都是为了提高企业的经营能力。可以说，经营目的决定经营目标，经营目标决定经营战略及其目标的形成。

企业战略目标具体有以下三种基本类型：

(1) 成长性目标。如产品品种、产量、资产总额、销售额及其增长率、利润及其增长率。

(2) 稳定性目标。如经营安全率、利润率、支付能力、企业凝聚力等。

(3) 竞争性目标。如产品成本价格地位、产品质量水平、市场占有率、企业知名度和美誉度等。

在确定企业的战略目标时，需要注意符合一定的要求，比如，先进性和可靠性的统一，定量与定性的有机结合等。

3. 战略重点

战略重点是指那些对实现战略目标具有关键作用的方面，如部门、环节、项目等，它也是企业资金、劳动和技术投入的重点，同时它还是决策人员实行战略指导的重点。

一个企业有没有战略重点，战略重点选择得正确与否，是企业经营成败的关键。比如，同样是多元化，石家庄“环宇”最后走向了破产，而“海尔”“春兰”却走向了成功。

4. 战略对策

战略对策的主要特征主要包括预见性、针对性、多重性和灵活性四个方面。

二、企业战略的影响因素分析

企业战略形成并不是一个连续不断进行的经常性活动过程，通常出现的是稳定一段时期、变动一段时期的这样一个间断进行的非经常性活动过程。这意味着对于大多数企业来说，企业战略一经形成往往就处于相对稳定状况之中，除非企业运行出现异常情况，否则总是沿着既定方向前进。企业战略形成不仅要对企业当前使命、目标、战略、政策进行评价，而且要对企业环境进行分析，以确定其中所存在的关键战略要素。企业环境包括外部环境与内部环境两部分，企业外部环境是由存在于组织外部、通常短期内不为企业高层管理人员所控制的变量所构成；企业内部环境则是由存在于组织内部、通常企业高层管理人员可控制的变量所构成，具体包括企业的组织结构、文化、资源三部分。

（一）企业外部环境分析

企业外部环境通常被划分为社会环境与任务环境两部分。

1. 社会环境

社会环境是指那些对企业活动没有直接作用而又能够经常对企业决策产生潜在影响的一般要素，主要包括与整个企业环境相联系的技术、经济、文化、政治四个方面，它们之间存在着相互作用的关系。从短期来说，社会文化力量对企业任务环境中相关权利要求者集团起作用，进而影响着企业的行动与决策。而从长期来说，企业也能通过自身的活动对任务环境中相关权利要求者集团产生重要的影响。社会环境中的技术力量可以提供解决问题方面的发明创造。社会环境中的经济力量影响了物品、货币、能源以及信息等方面的交换活动，其中的关键战略要素有：国民生产总值的变动发展趋势、利率水平高低、货币供给松紧、通货膨胀率大小及其变动趋势、失业率水平、工资/物价控制状况、汇率升降情况、能源供应与成本、市场机制完善程度等。社会环境中的政治力量帮助企业进行权力分配、制定行为准则、维护法律法规。国外有调查表明，在诸项外部环境要素中，被企业认为最重要的六个战略要素依次是：政府行政干预与控制、通货膨胀、能源供应、国内经济气候、国际政治/经济形势的稳定性。对于企业战略决策者来说，其他比较重要的因素还包括：不断加剧的国内企业之间的竞争、生产率水平的提高、消费者偏好的改变、技术变革速度的提高、原材料可获性及成本的变化、合适劳动力供给不足的问题、人口统计因素的显著变化等。

2. 任务环境

任务环境泛指能够直接影响企业主要运行活动或为企业主要运行活动所影响的要素及相关权利要求者集团，如股东、客户、供应商、竞争对手、地方社团、政府部门、金融机构等。企业外部任务环境的分析主要包括行业分析与竞争分析。行业分析的首要任务是探索企业所在行业的长期盈利潜力、发现影响行业吸引力的因素。竞争分析将在行业分析的基础上，进一步思考行业中竞争压力的来源与强度，行业中企业的竞争者正在做什么以及行业未来竞争状况如何等问题。

（二）企业内部环境分析

企业内部环境包括企业组织结构、文化、资源三部分，涉及整个企业管理、营销、理财、生产运行、研究开发等职能领域的众多要素，而企业内部环境分析的主要任务就是通过对这些要素的分析，以便从中归纳出若干能够影响企业未来发展的关键战略要素，即企业内部优势与弱点。进行企业内部环境分析，关键在于了解企业当前战略的运行情况，评价当前战略对于预期行业环境与竞争环境的适应情况，对企业的内部优势及弱点与外部机会的联系以及威胁的情况进行综合评价，明确企业在行业中的竞争地位与力量，对与企业战略密切相关的特别问题进行专门的研究。通常我们可以用表征企业当前战略运行状况好坏的指标来评价其运行的效果，这方面的指标非常多，要真正全面客观地评价企业内外部环境各关键战略要素的匹配情况，必须综合考虑多种因素的影响和作用，这些因素包括：企业当前战略对行业竞争力量以及所面临的关键战略问题是否敏感、与未来行业的关键成功要素耦合的密切程度、对于五种市场竞争力量的抗衡能力、企业各职能领域的支持战略对于企业发展是否有效等。因此，为了有效开展企业内部环境分析，并对企业内外部环境的匹配情况有比较全面的把握，必须掌握一些必要的企业关键战略要素分析技巧。

企业的各项职能活动总是在一定的企业组织结构、文化背景与资源条件等框架中进行的，这种框架通常不是战略管理者在短期内所能施加影响加以控制和改变的，所以，有必要对其进行分析评价，以弄清其中对于企业战略管理的关键要素，即优势与弱点。在这里，优势与弱点分别是指企业组织结构、文化背景、资源条件中能够对企业战略管理起支持或制约作用的关键要素。

1. 组织结构对企业战略的影响

企业组织结构是指企业内部的信息沟通、权力分配、产品或服务流的相互联结方式，也就是企业内部如何分派人员角色、处理好人员关系，以满足实现企业使命与目标要求的正式结构。组织结构可以通过企业内部命令传递链、信息流、投入产出流或组织图的形式来描述。尽管从理论上说，企业组织结构的形式可以有无数种，但在现代组织中实际采用并占主导地位的则仅仅是其中的几种，这就是简单结构、职能结构、事业部结构、矩阵结构、企业集团结构。

从企业组织结构来看关键战略要素，可有如下结论：组织机构是战略实施的载体，它具有能够具体地执行战略、衡量绩效、评估及纠正偏差、监测外部环境的变化等职能。如果组织结构越是合理、明确、全面、完整，并且企业现存组织结构与战略调整相容，则企业在市场中就越具有竞争优势。反之，则意味着企业在这方面处于劣势。当然，各类组织结构没有统一的优劣之分，每个企业之间都有自己的独特之处，都会建立起最为合适的组织结构。其唯一的判别标准就是看它能否充分配置整个企业人、财、物等有限资源，提升企业在市场中的核心竞争实力，促进企业的长期健康发展。

2. 企业文化对企业战略的影响

企业文化深深地根植于企业的创业史、模范事迹、行为习惯、规章制度、精神风貌、道德准则之中，一经形成，短期内一般很难迅速改变。而企业战略管理过程总是发生在特定的组织文化环境之中的，企业一切行为都将受到企业文化的强大作用与影响，如何运用这一作用力，关系到企业战略发展的推进速度和成败。因此，大多数成功企业中的执行主管往往比较重视企业文化建设，倡导和激励他们的员工积极融入企业文化之中，并借助于企业文化的力量来实现企业战略。目前，企业主要是通过以下几项工作来达到目标的：

第一项工作是要认清企业文化的现状，确定企业需要怎样的文化，了解特定企业文化的形成机制，以便从中找出企业在文化方面所存在的优势与弱点。在这里，了解企业文化的现状，制定与企业文化相容的企业战略，对于进行企业战略管理来说至关重要。显然，企业使命、目标、战略、政策等方面的变化，如果不考虑企业文化方面的影响，而与已被职工所普遍接受的企业文化相悖，则就很难获得成功。

不同的企业文化会对企业所作的战略改变做出截然不同的反应，有些企业文化比较灵活宽容，还有些企业文化则可能比较刻板严格。在企业文化能够对变化采取宽容态度的环境中，企业在应付环境变化中就具有内部优势。反之，在企业文化不能容忍变化的环境中，企业在应付不断变化的环境就会呈现比较困难的境遇，此时，企业文化就成了企业内部战略弱点的一个表现。

当然，上述情况的存在并不意味着企业战略决策者在处理企业文化要素时，只能采取被动适应的态度，而绝对不能逆企业文化而行，或者绝对不能采取与企业文化有冲突的战略，而是说，如果当前企业如果真想实施某项与企业现有文化冲突的战略，企业战略决策者就必须做好充分的思想准备，花时间、精力、毅力去认真考虑采取适当的措施，努力改变企业现有文化，以保证企业战略的顺利实行。

第二项工作在于明确企业战略管理需要怎样的文化，并根据行业性质、企业情况、职工文化程度等情况的不同制定适当的措施，使企业全体成员就需要抛弃、发展、创造怎样的企业文化等问题达成共识，从而在战略管理过程中注意妥善处理好企业文化因素的作用，对企业中出现的自发文化现象有意识地加以引导。对于企业文化，切忌采取人为强制的做法。试图全盘否定企业原有文化，在短期内建立起全新的文化，这在现实中是很难做到的，其结果很可能带来员工思想的混乱，导致现有企业文化精华的缺失。

任何一个组织的文化，都必须能对全体员工努力实现组织目标起到积极的支持作用。成功的企业战略管理者应该能够有意识地采取一些措施，进行企业文化引导与重建，以促进经理人员与全体员工才能的发展，提高这些人员的工作热情。因此，清楚认识企业文化对于企业战略管理的有利与不利影响，对于企业战略管理者来说无疑是一项重要的工作。应当承认，现实中任何一项新战略的实施，总会在某些方面与企业现有文化产生一定程度的冲突，对此，企业战略管理者必须给予高度重视，加强管理协调，以防这些冲突最终演变成为有关当事人之间的相互抗争，无谓地增加此后企业战略实施的障碍与阻力。

最后一项工作，就是要弄清企业文化的形成机制，明确主导企业文化变化的因素，做到因势利导，对企业文化发挥积极的培育引导作用。我国许多国有企业在原有企业职工等情况基本不变的前提下，通过采取联营、合资、合作、独资等形式，在短期内就实现了职工精神风貌大改变，迅速转换了经营机制，克服了原有企业经营上所存在的种种弊端，并取得了显著的成就。以上例子表明，在一定的内外部环境战略要素的共同作用下，只要措施得当，还是有可能在较短的时间内实现企业文化方面的大调整的。

3. 资源条件分析

资源泛指企业从事生产活动或提供服务所需的人、财、物、技术与组织管理等方面的能力与条件。从本质上来说，进行企业战略管理实际上就是要在竞争市场上，为企业寻求一个能够充分利用自身资源的合适地位，要求企业制定的战略必须建立在对于企业资源条件的全面系统认识基础之上。考虑到企业的各种资源都体现在企业职能活动之中，从而在分析中就有可能根据职能活动的不同，具体讨论在企业资源条件方面所存在的战略优势与弱点。通常，存在于企业资源条件方面的关键战略要素主要包括营销、理财、研究开发、生产制造、人力资源五个方面，下面分别叙述。

（1）营销要素

从企业整体的角度来看，企业营销经理的主要任务是通过对市场需求的水平、时机、特点等进行适当的管理，帮助企业实现总体战略目标，其关心的焦点在于进行企业市场定位与营销组合开发。市场定位决策，主要回答谁是企业的用户的问题，它决定了企业营销的重点应放在什么产品、什么市场以及什么地理区域上。市场定位就是通过市场研究与市场细分化的方法，发现市场机会，找出最适合于企业自身经营的市场，并采取措施使企业的产品在选定的市场上建立起应有的地位。在这里，市场细分化就是将整个市场根据产品、区域、用户等划分成许多个小的相互之间不存在显著竞争关系的独立市场，即买主群。营销组合指的是受企业控制的关键营销变量组合，不同的组合会对企业整体与各事业部的业绩产生不同影响，企业通过营销组合决策可以实现有意识地影响市场需求、取得竞争优势的目的。在企业营销决策方面，用于全面分析企业优势与弱点最普遍被用到的方法是产品生命周期法。该法根据产品的销售与盈利情况将企业产品分成市场引入期、迅速成长期、成熟稳定期、衰退消亡期等四个阶段，使得企业可以根据产品所处的不同阶段，有针对性地采取不同的营销战略。

（2）理财要素

企业财务经理的主要任务是进行资金运作管理，即为企业找到最佳的融资渠道，并管好、用好企业的各类资金，支持和帮助企业实现整体战略的。从战略的角度来看，进行理财方面的分析，主要考察企业的资金能否得到适当地运用，企业外部的长短期资金来源与企业内部所能产生的资金来源，在时机与数量上能否满足企业战略管理过程使用的需要。在这里，可以具体使用财务杠杆方面的债务权益比率等概念，来表述企业举债经营的情况。显然，较高的债务权益比率意味着企业经营对外部资金来源的依赖性较强，内部资金使用较少，即只有少量股东参与企业净利的分配，从而企业运行的固定费用开支较高，盈亏平衡点也较高，所以，相对于较多使用企业内部资金的情况来说，在企业盈利时，能给股东带来较高的每股收益；在企业亏损时，会给企业带来更大的固定费用负担。可见，企业销售收入发生增减变动时，财务杠杆的存在能对这种增减变动所导致的每股收益变动起到放大作用，所以，在企业处于不断繁荣发展、销售量剧增的时期，较高的财务杠杆代表着企业在理财方面存在着战略优势，而在企业处于逐步趋于衰退、销售量锐减的时期，较高的财务杠杆就意味着企业在理财方面具有战略弱点。

（3）研究开发要素

在企业中，研究开发这一概念含义比较广泛，既可以指实验室中的基础研究，也可以指产品及产品包装改进方面的开发，还可以指质量控制、生产规范、制造工艺等方面的工程应用工作。每个企业都需要对这几方面工作进行综合考虑，以保持各部分工作的平衡。负责企业研究开发的经理的主要任务在于，根据企业目标与政策的要求，负责提出企业技术战略建议，组织进行这些战略的实施。具体包括以下几项工作：选择可供企业使用的新技术，开发将新技术应用到新产品与新工艺中的方法，配置资源以保证新技术的成功应用。分析企业在研究开发方面所存在的优势与弱点，不仅需要考虑企业的技术开发能力，还要考虑企业对于技术的创新应用能力，不仅要看企业在研究开发上花费了多少经费，而且要看企业在进行研究开发人员管理与将创新融于解决企业日常运行问题方面的水平如何。企业在研究开发上支出多少取决于企业采取的是自主开发战略，还是拿来主义战略。对于以自主开发为主的企业来说，必须舍得在研究开发上投资，此时，要求企业本身具有较强的研究开发队伍。对于以拿来主义为主的企业，可以通过购买、租赁、转让等途径获得所需的新技术、新设备、新工艺等，此时，就格外要求企业本身具有较强的使用、消化、吸收外来技术的能力。所以，企业在研究开发方面存在的优势与弱点，关键取决于企业能否做到扬长避短，充分利用企业内外部一切可用的技术资源。

（4）生产制造要素

在企业生产制造方面，管理者的主要任务在于，开发与管理好产品生产或服务提供系统，以保证该系统能够以给定的成本、按一定的质量要求、在指定时间内生产出所需数量的产品。生产制造运行系统，可以根据所生产的产品或所提供的服务类型的不同，一般分成间断型与连续型两大类。在间断型生产制造系统中，生产基本上按工艺专业化的要求组织，加工对象通常以批量或特殊订货形式顺次经过每道工序，在每道工序加工过程中可能出现等待现象。在连续型生产制造系统中，生产基本上按加工对象专业化的要求组织，每一加工对象不间断地通过每道工序的加工，直至完成而成为产品。显然，企业到底采取何种类型的系统主要取决于企业或事业部的战略，间断性生产系统的设备通用性较强，各工序的加工水平较高，容易适应单件小批与特殊订货的需要，生产制造的经营杠杆程度较低。连续性生产系统的设备专用性较强，生产的自动化程度较高，容易适应大批量标准化产品的生产，生产制造系统的经营杠杆程度较高。所以，对于追求特殊市场地位和小批量生产的企业来说，间断性生产系统就是一种战略优势，而对于追求大批量低成本生产的企业来说，连续性生产系统就是一种战略优势。最后，值得一提的是，企业经常采用的生产制造系统战略管理方法是学习曲线或经验曲线法，即该曲线的含义是单位产品的生产时间或成本，会随着产量的增加以固定的百分比率降低。根据学习曲线或经验曲线，企业可以方便地进行引进新产品或新工艺或新技能的成本估算，以确定自己相对于竞争对手企业而言，在生产成本方面可能具有的优势与劣势。当然，随着现代信息技术与网络经济的发展，为大规模度身定做产品提供了可能，从而有望彻底改写许多领域的生产制造概念。

（5）人力资源要素

企业人力资源经理的主要任务在于，通过形成企业发展共同意愿，改善企业职工与其所从事工作之间的匹配程度，使职工感到工作满意，心情愉快，对企业具有向心力，从而能够创造出良好的工作业绩。进行企业内部人力资源方面战略要素评价，可以通过职工态度调查等方法，了解职工对于工作及整个企业的满意程度，通过工作岗位分析等途径，了解每个岗位需要完成什么任务、都有哪些质量与数量要求。通过职工态度调查与工作岗位分析，可以帮助企业战略决策者了解企业内部的人力资源条件是否能够满足战略管理的需要，为了实施企业战略需要对企业人力资源进行怎样的规划开发，为改善职工的工作生活质量应对企业中工作岗位进行怎样的设计。在这里，工作岗位设计受许多因素的影响，如技术条件、工作条件、工资福利、人员素质、管理风格等，可以采取各种不同的方法改进这一设计，这些方法包括人机工程、工作扩大、集体负责、目标管理、工作轮换等。有关人力资源要素与企业战略的关系，将在下章进行详细论述。

三、企业总体战略的制定

如果说，组织的使命和愿景为组织的未来确定了发展方向和宏伟蓝图，并且以定性描述为主，那么，战略目标的制定就是以定量的指标有效地支持这一使命和愿景，并明确了通往愿景的路径坐标。例如，当一家公司的愿景是“成为世界最大的家用电器公司”时，战略目标就应当能够清晰地表达支持其“最大”的销售收入、市场占有率以及其他方面的目标值，这些目标值还应当包括在战略规划期内逐年的数值。

战略目标的制定程序具体包括以下步骤：

（一）战略目标分析阶段

1. 对组织内外部环境进行分析并综合归纳。可以参照企业战略影响因素进行分析。

2. 基于环境分析，对组织的使命、愿景和核心价值观，以及各类方针（如质量、环境和安全方针，营销方针，研发方针，服务方针等）进行一次综合评估。当发现使命、愿景和核心价值观不够清晰、一致，或过于宽泛、狭窄时，要及时予以调整和修订。

3. 基于环境分析和使命、愿景和核心价值观，提出组织发展目标的理想水平，即期望水平，并基于环境分析中提炼的关键战略因素，分析实现各理想目标所面临的关键业务、运营和人力资源等方面的挑战与机遇，以及所拥有的资源。

（二）战略目标拟订阶段

综合理想的战略目标和挑战、机遇及资源，进行充分讨论，对战略目标进一步具体化，确定其所有战略目标的目标值。

1. 在战略规划期内，对每一项战略目标拟订逐年的目标值，形成战略目标时间表。明确制定短期、中期、长期目标，同时规定目标完成的时间表，能够使高层领导有效监测组织的绩效。

2. 基于组织的愿景，根据组织绩效的发展趋势、与竞争对手和标杆绩效以及预测绩效的对比，均衡地考虑长、中、短期的挑战和机遇，拟订出既具挑战性又具可行性的目标值。例如：某公司的愿景是要成为行业的领导者，那么，公司在产品市场占有率、产品质量、利润等方面的战略目标就要考虑最佳竞争对手绩效和行业标杆绩效及其发展趋势，结合公司过去的绩效趋势，逐年追赶和超越；某公司今年需要投资扩大产能，以确保三年后的销售收入战略目标，同时为确保今年销售绩效的实现，也需要招聘大量的销售人员，但资金资源难以完全确保两个方面的投入，那么，就需要平衡短期和长期的战略目标；某公司在成本方面面临极大的挑战，包括原材料涨价、销售渠道费用大幅度上升，那么，成本节约额就需要列为公司的战略目标，以应对战略挑战；某公司基于外部环境分析，预测从后年开始整个产业将进入周期性循环的景气阶段，因此，销售收入和利润率等目标值的年增长率可以由25%提高至40%，以使战略目标充分兼顾战略挑战与机遇，兼具挑战性和可行性。

3. 战略目标应均衡地考虑所有利益相关方的需要。企业存在的目的不仅是使股东权益最大化，也不仅是使顾客价值最大化，而应当是使股东、顾客、供方及合作伙伴、员工和社会等关键利益相关方整体价值最大化，即和谐共赢。因此，战略目标也应当兼顾和平衡各利益相关方，具体可包括以下几方面：

（1）股东价值：业务收入、利润总额、投资收益、市场占有率等财务与市场目标。

（2）顾客价值：顾客满意度和忠诚度、关键质量指标、品牌价值等。

（3）员工价值：员工培训时数，员工晋升率、轮岗率等员工发展指标，员工薪酬福利增长率等。

（4）供方及合作伙伴价值：关键供方业务收入平均增长率等。

（5）社会价值：税收、公益支持金额等。

（三）战略目标评价和确定阶段

在拟订战略目标的基础上，对战略目标进行评价和确定。

1. 战略目标是否明确。评价战略目标是否是多义的，是否可以有不同的解释。

2. 战略目标是否平衡、协调。评价战略目标是否平衡了长、短期的挑战与机遇，是否平衡了各利益相关方的需要。

3. 战略目标是否具体、量化、有挑战、可达成和有清晰的时间表。

四、企业战略实施模式

企业战略实施模式是指企业管理人员在战略实施过程中所采用的手段。一般有以下几种模式：

（一）指挥型

在这种模式里，企业管理人员运用严密的逻辑分析方法重点考虑战略制定问题。高层管理人员或者自己制定战略，或者指示战略计划人员去决定企业所要采取的战略行动。一旦企业制定出满意的战略，高层管理人员便让下层管理人员去执行战略，而自己并不介入战略实施中。这种模式的优点是在原有战略或常规战略变化的条件下，企业实施战略时不需要有较大的变化，实施的结果也就比较明显，缺陷是不利于调动企业职工的积极性，职工会因此感到自己在战略制定上没有发言权，处于一种被动执行的状态。

（二）变革型

与指挥型模式相反，在变革型模式中企业高层管理人员重点研究如何在企业内实施战略，他的角色是为有效地实施战略而设计适当的行政管理系统。为此，高层管理人员本人或在其他各方面的帮助下，进行一系列变革，如建立新的组织结构、新的信息系统，兼并或合并经营范围等，以增加战略成功的机会。该模式的优点是从企业行为角度出发考虑战略实施问题，可以实施较为困难的战略。但是，这种模式也有它的局限性，只能应用于稳定行业中的小型企业。如果企业环境变化过快，企业来不及改变自己内部的状况，这种模式便发挥不出作用，同时，这种模式也是自上而下地实施战略，同样也不利于调动职工的积极性。

（三）合作型

在这种模式里，负责制定战略的高层管理人员启发其他的管理人员运用头脑风暴法去考虑战略制定与实施的问题。管理人员仍可以充分发表自己的意见，提出各种不同的方案。这时，高层管理人员的角色是一个协调员，确保其他管理人员所提出的所有好的想法都能够得到充分地讨论和调查研究。此模式的优点是可以克服指挥型和变革型两种模式的不足之处。这是因为高层管理人员在做决策时，可以直接听取来自基层管理人员的意见，并将他们的意见加以综合分析，保证了决策时所使用的信息的准确性。在这个基础上企业可以提高战略实施的有效性。其缺陷：一是在这种模式下决定的战略实施方案会过于平稳，缺乏由个人或计划人员提出的方案中所具有的那种创造性，二是在战略实施方案的讨论过程中，可能会由于某些职能部门善于表述自己的意见，而导致战略实施方案带有一定的倾向性，三是战略实施方案的讨论时间可能会过长，以致错过了企业面对的战略机会，不能对正在变化的环境迅速采取战略行动。

（四）文化型

文化型模式扩大了合作型中合作的范围，将企业基层的职工也包括了进来。在这种模式里，负责战略制定与实施的高层管理人员首先提出自己对企业使命的看法，然后鼓励企业职工根据企业使命去设计自己的工作活动。在这里，高层管理人员的角色就是指引最高的方向，而在战略执行上则放手让每个人做出自己的决策。在这个模式里，战略实施的方法很多。有的企业采取类似日本企业的社训，有的利用厂歌，也有的通过规章制度和其他影响职工行为的方式来进行。所有这些方法最终要使管理人员和职工有共同的道德准则和价值观念。这种文化型模式打破了以往战略制定和实施中存在的只想不做与只做不想之间的障碍，每一个企业都或多或少地涉及战略的制定与实施。这是前三个模式中所没有的特点。但是，这种模式也有它的局限性。它要求企业里的职工有较高的素质，受过较好的教育，否则，很难使企业战略获得成功。同时，企业文化一旦形成自己的特色，又很难接受外界的新生事物而加以迅速调整。

（五）增长型

在这种模式里，为了使企业获得更好的增长，企业高层管理人员鼓励中下层管理人员制定与实施自己的战略。这种模式与其他模式的区别之处在于它不是自上而下地灌输企业战略，而是自下而上地提出战略。这种战略集中了来自生产第一线的管理人员的经验与智能，而高层管理人员只是在这些战略中做出自己的判断，并不将自己的意见强加在下级身上。在大型的多种经营企业里，这种模式比较适用。因为在这些企业里，高层管理人员面对众多的部门，不可能真正了解每个部门所面临的战略问题和作业问题，不如放权给各部门，以保证成功地实施战略。这种模式的优点是给中层管理人员一定的自主权，鼓励他们制定有效的战略并使他们有机会按照自己的计划实施战略。同时，由于中下层管理人员和职工更直接面对战略的机会可以及时地把握时机，自行调解并顺利执行战略，因此，这种模式适合于变化较大的行业中的大型联合企业。

五、企业战略评价

进行企业战略管理过程的评价，从原理上说，与进行一般企业管理活动的评价是相同的，只不过企业战略管理的评价，主要涉及的是如何帮助企业战略管理者对企业战略管理过程中的各项活动以及相关的人和事进行监督、检查、指导、调节与校正，以确保企业战略管理过程能够按照预定计划尽善尽美地进行，从而实现整个企业组织的预期战略目标。战略评价为企业战略管理者提供了有关企业战略实施状况的信息，为进行战略控制提供了基点与依据。

企业战略管理的评价贯穿于整个企业战略管理过程之中，具体可以分为三个阶段，即确定评价内容，建立业绩标准，衡量实际业绩。

（一）确定评价内容

为了采取措施以保证企业战略管理过程更有效地进行，必须先对该过程的目前状况作比较全面的了解，这也就是说，先要对该过程的现状进行必要的评价，而评价的关键是要在明确评价目的的基础上，具体确定评价内容。从根本上来说，进行企业战略评价的目的主要包括两个方面，这就是：为企业战略管理者了解整个企业战略管理过程的运作情况与影响因素提供信息，为企业战略管理者对有关部门及员工进行业绩考核与奖惩提供依据。就了解企业战略管理过程的运作情况而言，企业战略管理者最需要知道的是有关企业战略使命与目标实现情况的信息，以便及时进行企业战略实施过程的活动控制；就方便对企业有关部门与员工的考核与奖惩而言，企业战略管理者最需要知道的是如何准确衡量企业各部门与各员工对于实现企业战略目标的贡献情况，以实现企业报酬制度与战略业绩的真正有效结合。

由此可见，企业战略管理者不仅需要了解企业总体与各局部的运行情况，而且还需要了解有关影响企业战略实施的主要因素情况，这些都是需要在确定评价内容时加以认真考虑的。

具体来说，为使企业战略管理者能对影响企业战略业绩的关键要素有比较全面客观的认识，以便尽早采取必要的行动来保证企业预期战略目标的实现，在确定评价内容时，必须注意考虑企业使命与战略目标的要求，结合实际评价的必要性与可行性，具体选择需要进行监督检查的内容与指标，以满足对企业战略管理过程进行适当控制的需要。

为此，要求企业战略管理者对确定的评价内容，既能够比较客观、始终如一地加以衡量，又能够真正反映对于企业战略实施来说是最重要与最有意义的信息。考虑到实际中往往有许多重要因素很难定量评价，有时甚至是根本不可能衡量，企业战略管理者在实际操作中绝对不能因此而忽视这些重要因素对于企业战略实施可能产生的潜在严重影响，以防出现简单地以可量化衡量来代替甚至排除不可量化衡量的倾向。

这里需要特别指出的是，必须将评价的重点放在那些对企业业绩最具决定影响的因素上，想方设法对其加以适当地衡量，而不管这些衡量的困难程度如何。因为，对于这些决定因素，设法衡量可以促使人们考虑该因素的控制问题，这总比对重要因素放任自流不加监控要好得多，更何况在许多情况下，只要人们真正想方设法，也完全有可能使原先看似不可能的衡量变成可能。根据这一思想，无疑应该将企业运行中费用支出比例最高与出现问题最多的领域作为企业评价与控制的重点。

（二）建立业绩标准

建立业绩标准，可以用来作为考核企业运行是否正常的依据，这类标准通常就是企业运行目标及其层层分解的详细说明，只不过随着企业情况的不同而有不同侧重而已。

就具体业绩标准来说，公司层次业绩的衡量需要考虑的方面通常有：投资报酬率（ROI）、企业销售净收入、高层管理人员生产率、关键业绩领域运行情况等。事业部或职能单位层次业绩的衡量，可以考虑采用类似于公司或责任中心的业绩评价方法，如标准成本、收入、支出、利润、投资报酬率等。对于特别的企业战略问题的评价还可以采用后面将要介绍的战略审计方法。

企业战略业绩衡量指标的具体确定，需要考虑评价考核对象所处的组织层次与目标要求。从现有的企业业绩衡量指标来看，有些指标能够反映企业结果发生了些什么事，如投资报酬率等，所以，可以作为事后评价“反馈”控制之用。还有些指标则可以反映企业正在进行的活动情况，如广告促销费用、合理化建议、研究开发支出等，所以，可以作为事先监控“前馈”控制之用。因此，在确定业绩标准时，企业战略管理者心中必须明确评价的真正目标是什么。

此外，企业需要注意的是，在建立战略评价的业绩标准时，除了应该指明可接受的业绩水平外，还必须包括一个容差范围。一般情况下，只要企业战略实施的实际业绩在容差范围以内，就可认为企业战略实施过程运行正常，即使出现了稍许偏差也仍被看做是由于偶然的随机因素造成的，可以不加调整。此外，从进行企业战略控制的需要看，所建立的标准不应仅仅局限于过程的最终结果，而且还应该考虑过程进行中的阶段结果。

（三）衡量实际业绩

企业战略管理者所要做的主要事情就是根据所确定的评价内容与标准，定期、定点对企业运行业绩进行实际测量与记录，从而为进行企业战略过程控制提供基本的数据资料与信息依据。从企业战略管理的角度来看，实际业绩衡量最困难的方面是关于企业整体运行效益情况的评价，通常需要采用一些综合的分析方法，如企业经营诊断就是其中的一种有效方法。

企业经营诊断方法的基本思路就是，先对企业总体情况做比较全面的了解，确定需要在哪些方面、如何开展、以怎样的顺序进行深入研究，再就选定的问题领域进行深入分析，最后，在深入分析的基础上提出有关改进建议并对所提建议加以验证。

企业经营诊断具体包括以下几个步骤：

第一步，初步评价。

对企业的整体运行做概括性了解，找出企业在战略管理过程中明显存在的问题，并对这些问题依据轻重缓急进行分类，根据时间与经费的许可情况，决定是否需要就其中的某些问题进行深入研究。

第二步，深入调查。

根据初步评价，明确需要进行深入分析的问题，从企业的机构设置、资金运用、人才调配、产品制造、市场营销等方面出发，利用各种有效的调查方法对这些问题进行客观全面的调查，深入了解与这些问题有关的各种信息。

第三步，分析诊断。

根据所掌握的详细信息，利用各种管理定量与非定量方法，对企业战略管理中所存在的问题进行系统分析，找出产生问题的根本原因，提出解决这些问题的对策建议。

第四步，建议实施。

根据上面分析所提出的改进建议，采取校正措施解决所存在的问题，并对解决问题中可能出现的困难加以追踪、评价，以防止在解决一个老问题的同时，又带来更为棘手的新问题，从而保证企业战略管理过程的顺利进行。[①]

【本章小结】

企业战略是企业在激烈的市场竞争中获得竞争优势的关键环节，是一项长期性，全局性，兼顾长、短期的基础性工作。企业战略之所以重要，是因为其工作是为企业的长期发展的资源进行优化配置，使得企业在各种静态和动态的影响因素下拥有系统的应对措施或方案。但是，时下我国仍然有部分企业没有认识到企业战略的重要性，或者对企业战略的认识不够全面、深刻，甚至错误地理解企业战略的真正含义，听说制定企业战略非常时髦，就盲目跟风，生搬硬套给自己的企业制定一个企业战略。因此，本章对战略的来源、什么是企业战略、各个学派对于企业战略所作的定义、企业战略的地位、影响企业战略的主要因素以及企业战略的实施和评价等内容做了简要介绍，为今后学习人力资源战略管理奠定理论基础。

【重要概念】

战略　企业战略影响因素　企业战略实施模式　企业战略评价

【复习思考题】

1. 什么是战略？什么是企业战略？

---

① 项保华．企业战略管理——概念、技能与案例．北京：科学出版社，1998.11

2. 战略与战术是什么关系？

3. 企业战略由哪些要素构成？

4. 什么是战略实施模式？简要介绍几种战略实施模式的特点？

5. 如何做好企业战略评价？

6. 请问下面两个故事群分别采用了哪两个战略？

故事群一

在现代经济活动中，如果企业在自身经济实力不足的情况下又要发展自己，有时可以负债经营，借得钱来，组织产品，投资生产赚回钱来，发展壮大自己的实力。这种经营谋略，被人们称之为什么呢？

中国深圳赛格集团在1985年夏开创之时，就是负债经营的。他们从外商手里拿回订单，在深圳和内地组织产品，吸收国外先进技本、生产线和管理方法，3年新增值10亿多元。

中国仪征化纤工业联合公司也采用这一经营谋略，于1982年负债7亿元建立公司。一期工程试生产和投产4年，就创利税13.3亿元。从投产之日起，日付利息达32万元，但公司职工满负荷生产，一天就创利税110万元。

我国一些行业从海外借钱再在海外投资，也是运用这种谋略来发展经济的。现在，即使在非洲最偏僻的角落里，游客也可以吃惊地看到有人向他们介绍广州米饭、烤鸭，甚至还有鱼翅汤。中国菜肴，逐渐在整个非洲大陆崭露头角。在布基纳法索，中国政府投资3万美元，开设了一家餐馆，这只是一个在国外进行投资的一个小例子。

据贸易部统计，中国人在海外进行投资，资金来源于一些国际银行的借贷。投资者说："我们向国外借钱，为的是在国外赚钱！"

在香港，1 000多家受我国政府控制的企业在那里都获得了利润，这些盈利再被引入国内的经济循环中。

世界闻名的美国麦当劳快餐老板富蒙德·克罗早年曾经当过食品机械厂的推销员，他立志要改革快餐服务，却连办一家快餐馆的资金都没有。为此，他搞了"借鸡生蛋"之术。他要求留在麦当劳兄弟的快餐馆里工作，当一名店员。他既当店员又兼做食品机械厂的推销工作，并把推销收入的5%让利给快餐馆。麦当劳爽快地答应了克罗的要求。

克罗在麦氏快餐馆不断把自己经营快餐的改革设想付诸实践。6年时间，克罗的实践经验已非常丰富，新点子越来越多，于1961年以270万美元买下了麦当劳餐馆，又在不长时间内，捞回270万美元投资。20世纪80年代以后，它成为世界上最大的跨国食品企业，在全美和全世界拥有17 000个快餐馆，公司雇员达12万人以上。

资料来源：柴宇球主编．谋略库．北京：蓝天出版社，1990.183

故事群二

从20世纪50年代中期开始，香港制造业就由出口带动迅速发展起来，到70年代已经基本上奠定了现代工业的基础，金融业和其他行业也获得相应发展。进入80年代后，又向着多元化方向迈进了一大步，已经成功地建立了“出口导向”型经济模式。但是，在发展过程中也遇到了不少困难。一是产品难以打入国际市场，二是长期出现贸易赤字，三是不断受到世界经济的影响。同时，由于所有的工业原料、燃料和生产设备都要依靠进口，产品主要是外销，对国际市场的依赖性很大。这种“借船出海”的经营并非风平浪静。为了克服这些困难，保证“借船出海”一帆风顺，香港有关部门和广大厂商在发展过程中做了大量工作，形成了一些有效的办法，主要有：

一是迅速满足国际市场的各种需求。香港制造业厂商一发现国际市场需要什么商品，就及时赶制出来。据有关部门调查，香港电子行业生产出一个新产品，平均不到3个月，而日本则需5个月，美国更长，需8个月。由于产品比别的国家早上市，销路就容易打开。

二是尽快适应国际市场变化。香港的工厂多属中小型，投资少，见效快，转产容易。当某种商品畅销时，许多小厂纷纷生产，投入市场；当商品看淡时，又能迅速转产，或暂时离开市场，等待时机。工厂可以应付各种不同订单，大宗的和时间要求很急的订单，绝不错过时机。当世界经济前景不明朗，外国客户把长期的、大宗的订单改为短期的、少量的订单时，他们也能承接下来，再图发展。如假发行业的兴衰就是一个很好的例证。当国际市场流行假发时，香港假发业也盛极一时，厂家发展至600家以上。衰落时，假发厂只剩下二十多家，大部分都转到生产娃娃玩具的头发和其他产品了。

三是紧跟国际市场的潮流。香港的钟表工业在20世纪60年代后期才开始建立，但由于它朝着电子表的方向发展，顺应了国际市场的潮流，产品畅销，在世界手表市场上，香港产品占半数以上。对国际玩具潮流的频繁变化，香港玩具业也能很快适应，开始以出口传统的玩具为主，其后则转而生产电子玩具。

香港制造业“借船出海”的方略得以发展，关键在于它拥有一批具有现代商业观念的企业家和技术熟练的业务骨干，再就是香港制造业以轻工业为主，中小型工厂又占大多数，能够灵活多变。据统计，香港工厂平均雇用人数为18人，小型企业约占工厂总数的80%。这种具有弹性的工业结构与经营者的灵活手法相结合，当然容易适应千变万化的国际市场，不使“翻船”。

资料来源：柴宇球主编．谋略库．北京：蓝天出版社，1990.184

【应用案例】

只要还没有失败就坚持下去的想法是错误的，在当今经济社会中，知道要失败就要赶快改变战略，否则早晚会完蛋。

——百事可乐公司前总裁韦恩·卡拉维

一、向强者挑战

世界上第一瓶可口可乐于1886年诞生于美国，距今已有120多年的历史。这种神奇的饮料以它不可抗拒的魅力征服了全世界数以亿计的消费者，成为“世界饮料之王”，甚至享有“饮料日不落帝国”的赞誉。但是，就在可口可乐如日中天之时，竟然有另外一家同样高举“可乐”大旗，敢于向其挑战的企业，它宣称要成为“全世界顾客最喜欢的公司”，并且在与可口可乐的交锋中越战越强，最终形成分庭抗礼之势，这就是百事可乐公司。新可乐挑战老可乐，世界上第一瓶百事可乐同样诞生于美国，那是在1898年，比可口可乐的问世晚了12年。它的味道同配方绝密的可口可乐相近，于是便借可口可乐之势取名为百事可乐。

二、百事可乐的一代

这时有一个对百事可乐的发展非常有利的环境。第二次世界大战后，美国诞生了一大批年轻人，他们没有经过大危机和战争洗礼，自信乐观，与他们的前辈们有很大的不同，这些小家伙正在成长，逐步会成为美国的主要力量，他们对一切事物的“胃口”既大且新，这为百事可乐针对“新一代”的营销活动提供了基础。但是，这一切都是在1960年百事可乐把它的广告业务交给B-B-D-O（巴腾—巴顿—德斯廷和奥斯本）广告公司以后才明白过来的。当时，可口可乐以5∶1的绝对优势压倒百事可乐。B-B-D-O公司分析了消费者构成和消费心理的变化，将“火力”对准了可口可乐“传统”的形象，做出种种努力来把百事可乐描绘成年轻人的饮料。经过4年的酝酿，“百事可乐新一代”的口号正式推出，并一直沿用了20多年。10年后，可口可乐试图对百事可乐俘获下一代的广告做出反应时，它对百事可乐的优势已经减至2∶1了。而此时，B-B-D-O

又协助百事可乐制定了进一步的战略，向可口可乐发起全面进攻，被世人称为“百事可乐的挑战”。其中两仗打得十分出色。第一个漂亮仗是品尝实验和其后的宣传活动。1975 年，百事可乐在达拉斯进行了品尝实验，将百事可乐和可口可乐都去掉商标，分别以字母 M 和 Q 做上暗记，结果表明，百事可乐比可口可乐更受欢迎。随后，B-B-D-O 公司对此大肆宣扬，在广告中表现的是，可口可乐的忠实主顾选择标有字母 M 的百事可乐，而标有字母 Q 的可口可乐却无人问津。广告宣传完全达到了百事可乐和 B-B-D-O 公司所预期的目的：让消费者重新考虑他们对“老”可乐的忠诚，并把它与“新”可乐相比较。可口可乐对此束手无策，除了指责这种比较不道德，并且吹毛求疵地认为人们对字母 M 有天生的偏爱之外，毫无办法。结果，百事可乐的销售量猛增，每年为百事可乐增加 3 000 万美元的收入。伯格·金的“倒戈”，令百事可乐获益匪浅。百事可乐只有 30 多岁的经理约翰·斯卡利坚信：“基于口味和销售两个原因，百事可乐终将战胜可口可乐。”这一预言现在终于变成了现实。在百事可乐发起挑战之后不到 3 年，美国《商业周刊》就开始怀疑可口可乐是否有足够的防卫技巧和销售手段来抵御百事可乐的猛烈进攻。1978 年 6 月 12 日，《商业周刊》的封面赫然印着“百事可乐荣膺冠军”。A·C·尼尔森关于商店里饮料销售情况的每月调查报告也表明：百事可乐第一次夺走了可口可乐的领先地位。

三、把握机会逐渐占领市场

百事可乐公司领导人利用与当时的美国副总统尼克松之间的特殊关系，要求尼克松想办法让苏联领导人喝一杯百事可乐。尼克松显然同赫鲁晓夫通过气，于是在各国记者的镜头前，赫鲁晓夫手举百事可乐，露出一脸心满意足的表情。这是最特殊的广告，百事可乐从此在苏联站稳了脚跟，这对百事可乐打入苏联起了很大的推动作用。但是，百事可乐虽然进入了苏联市场，却未能实现在苏联建立工厂、垄断可乐在苏联销售的计划。于是，1975 年，百事可乐公司以帮助苏联销售伏特加酒为条件，取得了在苏联建立生产工厂并垄断其销售的权力，成为美国闯进苏联市场的第一家民营企业。这一事件立即在美国引起轰动，各家主要报刊均以头条报道了这条消息。在以色列，可口可乐抢占了先机，先行设立了分厂。但是，此举引起了阿拉伯各国的联合抵制。百事可乐见有机可乘，立即放弃本来得不到好处的以色列，一举取得中东其他市场，占领了阿拉伯海周围的每一个角落，使百事可乐成了阿拉伯语中的日常词汇。20 世纪 70 年代末，印度政府宣布，只有可口可乐公布其配方，才能在印度经销，结果双方无法达成一致意见，可口可乐撤出了印度。百事可乐的配方没有什么秘密，因此它乘机以建立粮食加工厂、增加农产品出口等作为交换条件，打入了这个重要的市场。百事可乐在拓展国际市场时，一直将尼克松视为它的秘密武器。20世纪60年代尼克松竞选惨败后，百事可乐公司仍然积极对其给予支持，肯特先生以年薪10万美金的报酬，聘请尼克松为百事可乐公司的顾问和律师。尼克松则利用自己的关系周游列国，兜售百事可乐，并且在竞选美国总统成功后，任命肯特为总统经济政策顾问，使其有机会影响经济政策，借以创造百事可乐在世界市场与可口可乐竞争的有利地位。在与可口可乐角逐国际市场时，百事可乐很善于依靠政界，抓住特殊机会，利用独特的手段从可口可乐手中抢夺市场。

四、另一种多元化

由于饮料行业的激烈竞争，为了规避风险，可口可乐和百事可乐不约而同地选择了多元化经营。但是，多元化为两家公司带来的收益大相径庭，百事可乐在这场特殊的角逐中再次战胜了可口可乐。自20世纪70年代开始，可口可乐公司大举进军与饮料无关的其他行业，在水净化、葡萄酒酿造、养虾、水果生产、影视等行业大量投资，并购和新建这些行业的企业，其中包括1982年1月，公司斥资7.5亿美元收购哥伦比亚制片厂的巨额交易。但是，这些投资给公司股东的回报却少得可怜，其资本收益率仅1%。直到80年代中期，可口可乐公司才集中精力于主营业务，结果利润出现直线上升。

百事可乐就幸运多了，它从20世纪60年代起就试图打破单一的业务种类，迅速发展其他业务，使公司成为多元化企业。从1977年开始，百事可乐进军快餐业，它先后将肯德基食品公司（KFC）、必胜客（Pizza-hut）意大利比萨饼和特柯贝尔（Taco Bell）墨西哥餐厅收归麾下。百事可乐这次的对手是快餐大王麦当劳公司。肯德基、必胜客和特柯贝尔在被百事可乐兼并前，都只是一些“忽冷忽热”的餐馆，仅仅在自己狭小的市场内略有优势。百事可乐兼并它们之后，立即提出：目标和对手“不应再是城里另一家炸鸡店、馅饼店，而应是伟大的麦当劳！”于是，百事可乐又在快餐业向强手发起了挑战。当时正是美国通货膨胀不断高涨的年代，麦当劳的食品价格也随着物价不断上涨，百事可乐看准时机，以此为突破口，开始了它的攻势。公司不断设法降低成本，制定了“简化、简化、再简化”的原则（这不是指食品的制作和质量，而是指尽量减少非食品经营支出）。如预先做好部分食品，在店外烧烤牛肉，尽量减少厨房用地，降低人工成本；修改菜单，将制作快的菜放在前面，以加快流通速度等。结果销售额很快达到以前的两倍，而员工只有以前的一半。由于收入迅速增加，成本大大降低，利润猛增，已经能够与麦当劳抗衡，并且带动了百事可乐饮料的销售。百事可乐还首创快餐业“送货上门”的新型营销方式。当时百事可乐公司的总裁韦恩·卡拉维说：“如果只等着忙碌的人们到餐厅来，我们是繁荣不起来的。我们要使炸鸡、馅饼的供应像看时间那样方便。”百事可乐质优、价廉的食品，高效、多样的服务赢得了顾客的青睐，销售额年年创纪录，很快成为世界上最赚钱的餐饮公司。许多老牌快餐公司在百事可乐咄咄逼人的攻势下败下阵来，甚至麦当劳也受到了巨大的威胁。70 年代末 80 年代初，麦当劳公司的年利润率为 8%，而百事快餐公司的年利润率却高达 20%。

1990 年，百事可乐终于在它诞生 92 周年的时候赶上了竞争对手。两种可乐平分市场，在零售方面百事可乐甚至超出了 1 亿多美元。该年度 A·C·尼尔森公司对美国、欧洲和日本的 9 000 名消费者进行了调查，排出了世界上最有影响的 10 大名牌，百事可乐和可口可乐均获此殊荣，分列第 6 和第 8 位。百事可乐已经实现了成为全世界顾客最喜欢的公司的梦想。1997 年，百事可乐公司全球销售额为 292.92 亿美元，列在“《财富》98 世界 500 强”第 92 位，荣登饮料行业企业世界冠军，可口可乐只能屈居亚军，销售额只有 188.68 亿美元，排名在 201 位。

资料来源：营销管理资源中心．http：//www.mmrc.net

问题：

1. 你认为百事可乐从一个不起眼的公司做到能与可口可乐相抗衡的原因是什么？

2. 如果你是百事可乐的一名高层管理人员，你将如何保持优良的业绩，并向新的目标冲击？

参考文献

[1] 案例：营销管理资源中心．http：//www.mmrc.net

[2] 王方华，吕巍．战略管理 [M]．北京：机械工业出版社，2004

[3] 任淑美．弱势企业管理　战略管理 [M]．北京：经济管理出版社，2005

[4] 王玉，王琴．企业战略——谋取长期竞争优势 [M]．上海：复旦大学出版社，2005

[5] 蒂姆·欣德尔．战略智典 [M]．徐伟译．北京：中信出版社，2005

[6] 陈幼其．战略管理教程 [M]．上海：立信会计出版社，2003

[7] 约翰·A·皮尔斯二世，小理查德·B·鲁滨逊．战略管理——制定、实施和控制 [M]．王丹，高玉环，史剑新译．北京：中国人民大学出版社，

2005

[8] [美] 罗伯特·M·格兰特．现代战略分析：概念、技术、应用 [M]．罗建萍译．北京：中国人民大学出版社，2005

[9] 项保华．企业战略管理——概念、技能与案例 [M]．北京：科学出版社，1998

[10] [美] 劳伦斯·S·克雷曼．人力资源管理 [M]．孙非等译．北京：机械工业出版社，2003

第二章

企业战略与人力资源管理

学习目标

通过学习本章内容，掌握人力资源管理在企业战略中的作用，熟悉我国企业人力资源管理的特点，重点掌握在不同的企业组织结构中所采用的不同的人力资源战略方法，为今后开展人力资源管理奠定良好的知识基础。

第一节 人力资源在企业战略中的作用

一、人力资源是企业中最重要的财富

（一）“人才”是第一资源

当人类迈进新经济时代，人以及人的知识和智能达到空前的重要程度，企业越来越离不开掌握高新技术的人才，人力资源已经成为决定其他资源的第一资源。IBM公司总裁曾这样说：“你们可以搬走我的机器，烧毁我的厂房，但只要留下我的员工，我就可以有再生的机会。”同样，波音公司总裁面对公司债台高筑、人心惶惶、进退维谷的困境，想到的不是所有人都认为的必然之策——裁员，相反，他大声向世人宣布：“不！把人留住，就是把一切都留住了。”世界上非常著名的公司——美国通用电气公司（GE）董事长兼首席执行官杰克·韦尔奇，是一个能把一半以上工作时间花在人事上的经理。[①] 他 1981 年走马上任 GE 首席执行官以来，就一直坚持重视人才这一信念。韦尔奇之所以能对如此众多的形形色色的经理和主管做出睿智的评价，这在很大程度上归功于他在平时就已经见过或接触过他们中的很多人，至少知道 GE17 万名员工中的 1 000 名高级管理人员的名字和职责。同时，GE 的人才选拔还有一个最大的特点，这就是从来不注重学历和资历，不在意员工来自何方、毕业于哪个学校、出生在哪个国家，而是坚持“关键在于你能干什么”的原则。比如，他要从一个约 7 800 名的财务人员中确定晋升入选的人员名单时，韦尔奇在听取人事部门汇报后，跳过了其他几名候选人，而选择了 39 岁的丹尼斯·达莫曼。丹尼斯当时的职务虽然比该职位要低两个级别，但由于他处理其他棘手任务的能力给韦尔奇留下了深刻印象，故而被选中。因此，GE 拥有的都是知识界的精英，被普遍认为是未来首席执行官的“摇篮”。

我们都很熟悉这样的说法：“人力资源是我们最重要的财富。”在一般情况下，所谓人力资源管理原则也不外乎就是这个意思。有关人是企业中最有价值的财富这一观点，早在经济学家的人力资本理论中就出现过。它意味着这种价值在原则上是可测量的具体的价值。例如，人力资本可以通过教育和培训等进一步的投资来得到加强，就像以体力、物力为主的工厂可以通过现代化的设备提高效率

① [美] 劳伦斯·S·克雷曼．人力资源管理．孙非等译．北京：机械工业出版社，2003

和产出一样。同样，智力资本和体力、物力一样都会因为年老和过时而逐渐衰弱，从而被忽略。历史上很多学者受人力资本理论的影响，他们围绕人力资本理论创造出很多新的解释个人行为的理论。早在一个多世纪前，美国麻省理工学院管理学教授道格拉斯·麦格雷戈（Douglas McGregor）曾提出了有关人性的两种截然不同的观点：一种是基本上消极的X理论（Theory X）；另一种是基本上积极的Y理论（Theory Y）。[①] 此两种理论告诉我们管理者管理员工的方式会影响员工对企业的忠诚度、奉献精神等。现在人力资本理论已经得到了广泛的发展和完善，并且成为人力资源管理工作的重要指导。

另外，有些学者则强调人力资源管理就是就业措施与企业战略的相互匹配，不同的用人措施应该互相结合起来以达到互相加强的目的。其原因是因为基于企业战略的企业用人举措并不是孤立的一个部分，而是要通过诸如人事计划等机制来使人力资源管理变得完整，从而使企业战略目标得以顺利实现。同时，建立奖酬系统、晋升渠道，并且要让每个人明白他所服务的企业是什么样的性质，谁、为什么要接受培训以及需要怎样的工作表现和达到怎样的业绩才能得到晋升，这些都是应该通过人力资源管理来很好地贯彻和执行的。所以，人力资源管理就是要确定这样一个不断传递信息的人事计划。

而另外一种关于人力资源管理的阐述是，在人力资源管理背后是一种很独特的哲学在支撑着它，而不是其他价值观。这种哲学强调确保对员工的认可以及在企业中以高度信任关系为基础的激励，让员工有用武之地。管理风格和企业文化是企业管理的关键所在。用人措施一成不变是很不可取的，它应该随着企业的发展而变化，它也不需要表达企业的价值观，因为企业的那些价值观是很特殊、无法单纯地准确描述的。

从以上不同角度阐述的观点中不难看出，对人力资源的管理，从“人”只被视为“物质人”，视为会说话的工具而完全不被顾及心理感受的经验管理阶段到运用“胡萝卜加大棒”式管理方法的科学管理阶段，再到以工作为中心的人事管理阶段，最后到20世纪80年代以后，人事管理发展到人力资源管理阶段。这种变化不是简单的名称变化，而是管理理念和管理方式的巨大变化。人力资源管理开始将员工视为企业中最重要的资源，重视对员工的长期开发和合理使用。在管理职能方面，人力资源管理不再仅仅承担单纯性的行政事务性工作，更关注影响实现企业目标的长期战略性工作。在管理方式上，人力资源管理强调“以人为本”的管理理念，使管理方法不仅科学化，而且更为人性化。

---

① 张维炯，王建铆编．人力资源与组织行为学．北京：机械工业出版社，2004

可以说，从人力资源管理的发展来看，它的每一次发展变化无论是对于人力资源管理理念还是管理实践都是一次创新和突破，是适应企业发展和环境变化的产物。企业对人力资源的理解已经发生了根本性的转变，这就是，人是一种很重要的资源，是一种可以创造更多财富的重要财富，对人的理解不应仅仅只局限于企业的成本核算。

（二）人力资源管理是企业运作的核心

毋庸置疑，任何企业的成功都依靠于企业怎样管理它的资源。企业中的许多资源是非人力的，像土地、技术、资金和设备，尽管这些资源的管理是非常重要的，但是如果一个企业不进行适当的人力资源管理就不可能取得成功。这就像一辆性能良好的赛车离开了高素质的驾驶员就不能发挥它应有的性能一样，一个企业除非由有能力的人来驾驭，否则就不能良好运作。只有人才能定义企业目标，也只有人才能运作企业并达到企业目标。

无论何种管理方法，也不管管理的对象是谁，企业的运作应该有明确的目的，充分体现人的主观意志和主观能动性。因此，企业的存在必须满足三个条件，一是有目标，二是有能力，三是有动力，只有这三个方面的有效匹配与结合，才能保证企业的快速、高效运作。与此相对应的，现代企业的管理基本上可以分为三类：目标管理、动力管理和能力管理。目标是定位企业为什么存在，主要通过战略规划、绩效管理、业务分工、流程再造、作业计划等管理内容实现；能力是定位企业依托什么存在，主要通过人才选择、员工技能培训、企业知识管理等管理内容实现；动力是定位企业如何存在，主要通过绩效考核、薪酬激励、企业文化、经理人人际关系激励等管理内容实现。在三者当中，能力管理和动力管理都是和人力资源的管理相关的，其中动力管理涉及人力资源的激励，而能力管理涉及人力资源的获取、企业与成长等问题。可见，企业的人力资源管理是动力管理，是现代企业管理的核心和基础。企业的其他管理，如战略管理、财务管理、生产管理、变革管理等的实现都必须结合人力资源管理，而且也都落实在对以上问题的执行这一关键环节上。人力资源作为现代社会企业发展的核心推动力量，已经成为现代企业管理的核心和重要组成部分，在企业的所有业务与工作推动和执行过程中，人的能动性、技能保证和团队化协作成为其得以有效达成的关键因素。人力资源的管理是企业长足发展的驱动力，其核心的管理行为包括人力资源的获取、激励、组织与发展四个部分，这四个部分构成了一个有机的整体，缺一不可，这四个部分的循环往复使企业的人力资源管理和企业管理水平不断得到升华，进而增强了企业的核心竞争力和企业的盈利能力。

二、人力资源管理在企业管理中作用的演变

(一) 现代人力资源管理在企业管理中的作用已发生转变

1. 人力资源管理在企业中的发展过程

人力资源管理按照其在企业管理中的作用，从西方国家的情况来看，可以划分为四个重要阶段：①

(1) 第一阶段 (1930 年之前)，属于人事管理。工作的主要内容是确保员工按企业规定的生产程序进行工作。在测试和面谈等方面的技术出现后，人事管理开始在员工的甄选、培训和晋升等员工管理方面发挥积极的作用。

(2) 第二阶段 (1930—1960 年)，随着工会运动的蓬勃发展，企业迫切需要人事部门与不断壮大的工会运动相抗衡并能有效地应对工会的挑战。这就使得人事管理的作用得到扩大，成为处理劳资关系的工具。

(3) 第三阶段 (1960—1980 年)，这一时期企业对员工的各种歧视受到了法律诉讼和严重的处罚。因此，有效而合法的人事管理活动开始变得越来越重要起来，人事管理在企业管理中的作用越发显得重要，它使企业免受了许多问题的困扰，并直接对提高企业效率做出了积极贡献。为此，人力资源在企业管理中的地位变得不可替代。

(4) 第四阶段 (1980 年以后)，人事管理进入了一个新的阶段，开始转变成为人力资源管理。

2. 人力资源管理在企业中的作用

随着人力资源管理在企业中进入第四阶段，它的作用也随之发生了极大的变化，人力资源管理工作开始从企业员工的保护者和甄选者向企业发展的规划者和变革者转变。

在这个过程中，人力资源管理各个方面的职能发生了重要的变化，它在企业管理中的作用从以下三个方面得到明显的体现：

(1) 参谋和咨询功能不断扩展；

(2) 直线功能得到加强；

(3) 在制定和执行企业战略方面的影响力越来越大。

传统人力资源管理的内容仅仅包括行政管理和事务管理两个方面，现在的人力资源管理不仅包含了原有的管理内容，其工作最显著的一个变化就是不止内容上更充实，已成为企业战略管理的一个重要组成部分，更重要的是在今天和未来的企业中，人力资源管理将包含三个方面的内容，这就是行政管理、经营管理和

---

① 石峰．人本管理：激活人力资源．北京：中国物资出版社，2004.15

战略管理。许多事实和案例表明，人力资源管理原有的作用已变得更加具有商务性和战略性，具有更经济的价值和长久的思考价值，并对人力资源决策起到更广泛和深远的影响。

（二）人力资源管理在企业中的变化

形形色色的企业每时每刻都在承担着巨大的压力。在短期衰退的背后可能潜藏着翻天覆地的行业结构转变。每一代领导者都会感到他们比前一代领导者面临着更为复杂的环境变化，也就是说面临着日益增长的困难和动荡的趋势，这种趋势非但没有表现出缓和，而是更加复杂和明显。未来企业将面对持续不断的压力，管理者们要处理的问题也将比现在经历的要复杂得多。

针对这种情况，现实中并没有一个简单易行的解决方案，事实上成功与否取决于最高管理层所做出的战略决策是否正确，也取决于企业执行这些战略的能力。即使在没有持续变化所带来的复杂性和压力的情况下，这么做也会把企业的人力资源管理推向前台。从最大的跨国公司到最小的国内企业，所有的经理都知道要在当今这个竞争激烈的市场中取得成功，对人员进行有效的管理是生死攸关的大事。西贝尔系统公司（Siebel System）的 CEO 汤姆·西贝尔（Tom Siebel）说："没有恰当的人员，战略就不可能得到实施。"微软公司的比尔·盖茨曾说："我所做的最重要的事情就是雇用优秀的人才。"星巴克（Starbucks）的主席霍华德·舒尔茨（Howard Shultz）认为："要雇用比你聪明的人，并且为他们扫清道路。"全世界的人都认识到了实行有效的人力资源管理的必要性。按照联合利华公司（Unilever）的弗洛里斯·马杰斯（Floris Maljers）的观点，"在公司要实行全球化的时候，有限的人力资源和不可靠的资金是两个最大的障碍"。[①] 这些领导人都知道，人是任何一个机构的核心，要想成功必须在整个公司内由最佳的员工来进行高效率的工作。

科技的高速发展、经济全球化、全球产业化过程的加快以及中国加入世界贸易组织都使企业人才争夺战越演越烈。例如，我国中资企业已不可避免地要面临第三次人才流失。十多年前在中国的外资公司管理人员 90％以上是从国外派来的，今天这些公司 90％的人员来自国内。不管是有意追求还是无奈的选择，人才本土化已成为跨国公司发展的大势所趋。这场人才争夺战的焦点也将集中在高科技人才和高级经营管理人才上，这对本来就不在同一起跑线上竞争的中资公司来说，无疑更是雪上加霜。更严峻的问题还有，我国现今的主流人才是 30 岁左

① 雷蒙德·A·诺伊，约翰·霍伦拜克，拜雷·格哈特等著．人力资源管理：赢得竞争优势．刘昕译．北京：中国人民大学出版社，2001．158

右的一代人。这一代人虽然具有拼搏精神，也有令管理者感到头疼的缺陷。甚至有人尖锐地指出，他们中的一些人忠诚度低，为更高的薪资说跳槽就跳槽，只会做事不会做人。因为没有较高的忠诚度，在一些企业甚至发生了高层“哗变”，这对企业和社会都造成了不良的影响。

全球化、市场化、信息化、产业格局改变等对企业人力资源管理的影响，必然会导致企业人力资源管理产生巨大而深刻的变化，主要表现在以下几个方面。

1. 导致企业人力资源管理的实质发生变化

自泰勒提出科学管理原理以来，企业的组织结构一直是垂直的金字塔式，强调的是命令与控制，重视以严格的纪律与制度约束员工，以完成工作任务的好坏评价员工，即企业人力资源管理的实质是监督管理。全球化、市场化、信息化的发展，使中间管理层次减少，企业组织结构呈现扁平化。企业强调对员工的授权，鼓励员工扩大自己的工作内容，提高员工的通用性和灵活性，更加强调员工的参与管理。同时，计算机及互联网技术在人力资源管理中的应用，使得一些事务性的人力资源管理工作，如培训、考勤、报销、福利项目的选择等，可由员工自我处理。因而，从这一方面说，企业人力资源管理的实质已经转变为员工的自我管理。

2. 加速管理职能从行政事务管理向战略性人力资源管理的转变

众所周知，企业人力资源管理工作大致可以分为两部分：作业性项目与战略性项目。

作业性项目指的是考勤、人事档案管理、绩效考评、薪资福利等行政性和总务性的工作。战略性项目指的是人力资源政策的制定、执行，中高层主管的甄选，员工的教育、培训、职业生涯规划，开发、留住人才等，具有相当的前瞻性。

全球化、市场化、信息化的发展，尤其是计算机及互联网技术的广泛应用，使得稳定的、机械的、重复的人力资源行政事务性工作基本上被机器取代，或者被“外包”，使人力资源管理者能集中精力处理重要的战略性项目。企业人力资源管理部门因而由原来的非主流的功能性部门转变成为主流的战略性部门。

3. 促使管理者角色重新定位

一方面，全球化、市场化、信息化使人力资源的重要程度达到前所未有的高度，也使人才争夺更为激烈；另一方面，计算机及网络技术的应用，使企业中许多人力资源管理工作或由机器完成，或由员工自主进行（如自选福利项目、网上学习等）。因而，人力资源管理者就不再只是行政事务管理者、员工的监督者，很大程度上是战略决策者、咨询者。他们既参与制订企业总体发展战略，又主持制订人力资源战略规划；既为企业高层领导决策提供咨询服务，又为企业员工工作及个人成长提供指导和帮助。

4. 提高了企业人力资源管理的技术含量

长期以来，企业人力资源管理完全由手工操作，技术含量低，既费时又费力，还容易出错。20 世纪 60 年代末，发达国家的一些企业开始把计算机作为自动计算薪资的工具。到了 70 年代末，计算机不但用于计算薪资，而且还用于生成报表和薪资数据分析。特别是 90 年代末以来，由于个人电脑的普及，数据库技术、客户/服务器技术，特别是网络技术的发展，信息技术广泛应用于人力资源管理，不论是薪资和福利计算、招聘、培训，还是考勤、绩效评价、岗位描述、薪酬设计，都开发出了专门的系统和程序，从而大幅度提高了企业人力资源技术含量和工作效率。

5. 导致企业结构发生新的改变

一方面，互联网在企业的应用，使企业许多管理、业务工作由网络完成，从而减少管理人员和业务人员，为企业层次的减少创造了条件。全球化及互联网使企业的外延可以大范围扩展，员工不一定在本地，科研和生产资源可以从异地获取，在世界各地建立分支机构只需在网上输入有关信息即可，本地企业内部管理及跨地区、跨国企业管理都可以依托计算机进行，从而使虚拟经销商、虚拟门市、虚拟部门等内外部虚拟企业盛行。另一方面，还出现了一些全新的部门，如网络直销中心、物流服务中心、员工关系中心等。

6. 促使企业重视人力资本的投资

全球化、市场化、信息化的发展使知识变得比以往任何时候都重要，知识创新成为社会发展的主要动力。企业无论是产品、服务还是生产方式将为知识所控制，而较少受硬件设施的限制。在此情况下，企业之间最显著的差别不是产品、服务或生产经营设备，而是知识型员工。评估企业资产，将主要不是从土地、设备、库存、建筑物的角度去衡量，而关注从寓寄在公司经理和员工大脑中的知识的角度去考虑。因而企业要在竞争中占据主动、立于不败之地，必须重视人力资本的投资。这样一来，人力资本投资这一名词不再仅仅停留在经济学家的理论概念中，而已经成为企业人力资源管理的实践活动了，企业开始通过对员工教育、健康的投资有意识地为组织积累雄厚的、具有竞争力的人力资本了。

7. 加大了企业留住优秀员工的难度

全球化、市场化、信息化的发展大大提高了人力资源市场的透明度，人们能比较容易地获取全球人力资源市场供求信息。同时，全球化、市场化、信息化也使得企业越来越意识到人力资源的决定性作用，普遍重视人力资源的获取、开发、利用和挽留，对能挑大梁的重量级人才更是求之若渴、关爱有加。网络时代是十倍速、百倍速的时代，新型企业尤其是高科技企业迅速、大量涌现，对人力资源尤其是高层次人力资源的需求大增，导致人才短缺。对人才而言，稳定的职业已毫无意义，哪里待遇好，哪里最能施展拳脚，就去哪里工作。这一切，使招聘优秀员工难，留住优秀员工更难。

（三）现代企业管理中需要体现对人的激励

目前，越来越多的企业在关注如何调动企业员工积极性和工作效率，如何激励员工已经成为企业管理者的一项技能，更是一项挑战。激励有很多方面，有物质上的，也有精神上的，有具体的，更有抽象的。激励也不是人们所说的奖励那样简单，激励实际有很深的内容。现代企业的员工和以往比较有很大的不同，他们的素质相对比较高，掌握知识较多，具有以下特点：

1. 创造性强

他们主要依靠自己对新知识的探索和领悟，从而产生创造新事物的欲望，推动生产的发展、技术的更新、产品的换代，从而使知识资本增值。

2. 独立性强

由于知识型员工掌握企业生产发展所必需的知识，具有某种特殊技能，因此，他们更愿意在一个独立的工作环境中工作，不愿意接受其他事物或人员的牵制。

3. 成就欲强

他们不仅想获得一定的物质报酬，更想获得社会的尊重、上级的器重、个人的声望。

4. 自我完善欲望强

知识型员工对知识不断学习、更新，对新技术不断探索追求，以期促进自我完善的意识和自觉性。

5. 流动意愿强

他们有明确的奋斗目标，如何去激励现代企业的员工，应该采用如下的激励策略：

（1）精神和物质相结合

知识型人才需要精神和物质的混合激励因素。对于企业来说，将两者有机地结合就更为重要。如果仅靠物质方面的激励，企业很快就会失去吸引力。因此，企业就要注意到知识型员工的特点，既要有物质方面的鼓励，也要给予他们适当的精神激励。企业可以提供一份与工作成绩和生产率相挂钩的报偿体系，把员工的贡献收益与企业的发展前景紧紧捆绑在一起，目前许多公司曾尝试配置股权、知识参与分配等方法。提高他们的薪金待遇，比其他的员工要高，使其不仅体会到工作的回报，同时使他们感到自己在企业中受到重视。物质利益固然是发挥积极性的基本因素，但精神需求也是一种巨大的推动力，是较物质需求更高层次的需求，可以持久地起作用。因此，在提高知识型员工的综合待遇时，要侧重他们工作方面的满足感，包括工作的挑战性和趣味性，允许发挥其创造性和实现个人满足等内容。

(2) 长期和短期相结合

企业在发挥员工的积极性的同时还要注意他们的长期性培养，不要只顾眼前利益而忽视了他们的长远发展。在知识经济模式中，知识型员工对知识不断学习、更新，对新技术不断探索追求，以期促进自我完善的意识和自觉性。这种自愿“充电”的动力是自我发展欲望的自我暗示和激励的结果。知识型员工自我发展的欲望的目标决非仅仅满足于对现有职务或现有工作的胜任，其目标是为未来职业发展打下基础、创造条件。所以，企业在人员较少的情况下，可以集中精力和资金为知识型员工制订一套切实可行的职业发展体系。这一职业发展体系的主要内容是员工职务或职称的晋升机制，此外，还包括员工培训体系，以及用人制度等。

(3) 个人和组织相结合

营造相互尊重及和谐的工作环境，实行弹性工作制，是企业为知识型员工所能提供的最好条件。企业中，如果人员较少，灵活的工作时间不会产生太大的问题。由于知识型员工更多地从事思维性工作，僵硬的工作规则对他们没有多大的意义，知识型员工更喜欢工作富有自主性和挑战性，更喜欢自由安排时间，以求在自己状态最好的时候创造最佳的工作成绩。因此，组织中的工作设计应注意考虑到他们的特点，尽可能为知识型员工创造一个既安全又舒畅的工作环境，在不断扩大工作范围，丰富工作内容，使工作多样化、完整化的同时，逐步实行弹性工作制，加大工作时间的可伸缩性和工作地点的灵活性，并建立以团队友谊为重的企业文化，使员工觉得工作本身就是一种享受。

(4) 合理的薪酬制度——薪酬制度扁平化

目前，西方企业普遍采取薪酬等级的“宽波段化”，又称为薪酬扁平化。将工资级别减少，由原来的一二十个减少至七八个，将同一级别的工资线延长，即扩大同一级别薪酬的幅度，使处于同一薪酬级别的员工数量增加，但同一级别的员工其薪酬数额相差幅度变大。一些下属可以和主管享受一样的工资待遇，当下属的技能水平和知识技能超过主管时，下属的工资便有可能超过主管。“宽波段化”的薪酬制度比较灵活，每一名员工的具体收入可根据当年的业绩做弹性处理，有利于员工发挥创新性，激发员工不断开发自我潜能的积极性。

（四）现代企业战略管理更需要依托人力资源管理来实现

随着经济时代的迅速发展，企业管理已经渐渐向战略管理方向靠拢，而且国外很多企业在战略管理方面已经取得了很好的成绩。在发展的过程中不难看出人力资源管理在企业战略管理中是占据着相当重要的位置的，人力资源管理承担了作为企业战略基础的职能。

1. 企业的管理模式发生根本性的改变，使人力资源管理重要性加强。

发展已成为社会变迁的主旋律，经济全球化的速度加快等使企业管理模式发生了剧变。这次剧变对传统的人力资源提出了严峻的挑战，它正在把企业的人力资源管理部门推向前所未有的重要位置。

正在发生的管理模式的剧变，首先表现在知识已成为企业沉浮的决定性因素，作为知识载体的企业员工也从思想见解的使用者转化为思想见解的创造者，企业中层管理者也从监督劳动转化为亲自劳动，即管理者实现了向“既是队员又是教练员”的转化。不能实现这种转化的企业将处于被淘汰的边缘。

其次，对员工的考核已从评估有形的岗位成绩转变为评估无形的知识成就。即首先看一个员工能否胜任创造性的岗位，然后看劳动成果中有多少创造性的成果或业务材料中有多少调研的成果。

再次，鉴于知识更新及产业化的速度加快，强调终身学习已成为一种趋势。成功的企业往往都是学习型企业，员工培训也从建设劳动技能转化为建设知识技能。快速、灵活、集中、友善而有趣的知识型企业文化日益受到重视。

所有这些变化的核心都可以归结为作为知识载体的人的变化。人本位思想的回归使得人力资源管理部门已变为企业最重要的部门。

2. 成功实施企业战略，必须有人力资源规划与之相匹配。

企业的战略规划了企业的发展远景、发展策略和发展过程，而人力资源的战略规划是企业战略规划的核心内容之一。

例如，成立于 1939 年的惠普公司现已是经营数十亿美元电器产品的生产厂家。它的产品包括计算机、计算器、精密计量仪器。在公司创立之初，就明确规定了 7 条战略目标，概括如下：

（1）利润：制造足够的利润用于公司的发展壮大。

（2）客户：生产出满足客户需要的产品。

（3）兴趣范围：限制其他公司进入本公司所拥有的独特产品、新领域的可能性。

（4）增长：提高满足顾客需求的盈利产品的市场占有率。

（5）员工：与公司员工分享共同创造的成功；按照员工的绩效提供工作保障；承认个人成就；帮助员工从工作中获得满足感和成就感。

（6）管理：促进主动性和创造性；允许在实现明确的目标过程中，个人拥有极大的行为自由度。

（7）公民权：保证公司所处的社区由于公司的设立比从前更好。

为实现上述目标，惠普公司总结提炼了“人力资源之路”，它包括了一系列观点和策略，主要有以下几方面：

·信任员工，给员工充分的自由。

·尊重和尊严，保持对个人的尊重。

·认同，成就感，参与性。

·保障，持久性的保障和员工的发展。

·保险，解除个人烦恼。

·利润的分享和责任的分担，人际互助。

·目标管理（非直接管理），采用分权制度。

·非正式化，称呼名字，开放式交流。

·将错误看做学习的机会。

·培训和教育，咨询。

·绩效与热情。[①]

惠普公司将人力资源管理作为其战略管理的核心而得到了发展。在公司的其他方面，诸如产品战略、企业和财务方面的决策均由“人力资源之路”驱动，并且与人力资源管理的理念相联系。下面这个典型的例子可以说明这一点，为了保证公司“以个人为中心”，且保持“非正式的、开放的风格”，公司内部各部门均实行小型化，当某个分支机构由于业务发展超过了理想的规模时，惠普公司就对这些部门再进行规模上的划分，以保持公司符合相关的策略。

惠普公司这种一贯坚持以人力资源管理为核心的原则，使公司发展上一直保持领先的地位。结果是公司不论作为雇主，还是作为经营者，都受到了很高的评价，公司的战略目标也得到了很好的实现。

从惠普公司的经验看，只有将人力资源真正视为企业的战略性资源，使人力资源管理为企业战略目标的实现承担责任，才能保证人力资源管理在企业中的战略地位上升，并在企业的运作上得到保证。事实上，已经有很多企业认识到这一点，有些企业成立了人力资源委员会，高层管理者开始关注并参与企业的各项人

---

① 刘善仕．卓越人力资源实践：知名外企人力资源管理案例．北京：清华大学出版社，2004.277

力资源管理活动。

将人力资源管理提升到促使公司战略目标实现的高度后，人力资源管理就不仅仅是人力资源职能部门的责任了，而转变为全体员工及全体管理者的责任，惠普公司的经验印证了这一点。过去是人事部负责，现在企业高层管理者必须承担对企业的人力资源管理责任，并更多地关注人力资源的各种政策。从管理的层次上分析，这种基于战略的人力资源管理可以分为三个部分：第一，专业职能部门人力资源管理工作；第二，高中基层领导者如何来承担履行人力资源管理的责任；第三，员工如何来实现自我发展与自我开发。

在战略层面，人力资源管理的一项根本任务就是如何推动帮助企业的各层管理者及全体员工去承担人力资源开发和管理的责任。可以从以下两个方面理解这一点：

一方面是人力资源管理由行政权力型转向服务支持型。人力资源职能部门的权力淡化，直线经理的人力资源管理责任增加，员工自主管理的责任增加。

另一方面是企业方面的变化，由于目前企业变化速度很快，新型的企业必须是速度型企业、学习型企业和创新型企业。在这样的状况下，人力资源管理要配合企业的不断变革与创新，就需要创新授权。通过授权，建立创新机制。要在企业中引入新的团队合作，形成知识型工作团队，将一个个战略单位经过自由组合，挑选自己的成员、领导，确定其操作系统和工具，并利用信息技术来制定他们认为最好的工作方法。这种被称之为SMT（自我管理式团队）的企业结构已经成为企业中的基本单位。这种企业运作方式可以明显地看到惠普公司“人力资源之路”的影子。

3. 人力资源管理能以多种方式对企业战略计划做出贡献。

绩效评估、人员配备、培训和薪酬之类的体系等能够帮助管理者实施企业的战略计划。企业人力资源计划也可以利用这些系统把战略管理和商业计划联系起来。企业应该把独特的人力资源能力作为制定战略的主要输入要素，并把人力资源管理纳入企业战略的制定过程中，这样，人力资源能力将成为制定战略的一种驱动力，从而能对市场需求的变化迅速做出反应。同时，人力资源成本也应该纳入制定战略过程中。以人为本的人力资源管理使得人力资源的成本大大提高，如果说把人力资源能力作为企业制定战略的主要驱动力可以避免目标的移位和方向的遗失，那么对人力资源成本的定期评审则能够避免由于功能性失调带来的副作用。

人力资源管理对企业战略计划的贡献至少表现在以下几个方面：

（1）就像财务和营销职能一样，人力资源管理在环境扫描方面起着一定的作用，它需要透析现在企业所处内外部环境，并且对未来3～5年内人口、科技、社会问题、经济环境等的发展变化有所预见。同时，人力资源管理职能是个重要的信息源，它可以通过公众信息调查、合法招聘和访谈等手段了解竞争对手的人员配备水平和企业使命，知道对方管理者的行为特征和职业记录，从而制定出优于竞争对手的战略。这样就决定了人力资源管理职能能够帮助企业预测企业所需要的人才类型。

（2）人力资源管理的一个主要作用就是评估一项战略实施的可行性，并把结果纳入制定战略的过程。战略的实质就是集中资源以使企业获得高于竞争对手的优势，这就意味着一些单位、分支机构和生产线可能得不到资源，人力资源管理者必须防止这些部门的人员士气低落。得不到资源的部门对企业的成功和繁荣至少在短期内也是非常重要的，因为如果对这些部门人员没能够很好地安抚和安排将会导致整体战略的失败。

（3）人力资源管理的另一个贡献来自于人力资源计划实施的灵活机制。这种灵活的实施机制提供了处理劳动力短缺或过剩的能力。此外，如果企业的人员配备战略中包含了使用应急雇员和临时雇员的内容，那么这个战略机制是具有机动性的，因为这样的劳动力充分体现了可变成本的特性。结果，企业可以有更大的自由度和灵活性去进行选择。不过，现实中确有一些企业人力资源管理还没有起到战略作用，其人力资源计划缺乏灵活的实施机制。

4. 人力资源管理可以通过提升企业竞争力来实现其战略目标。

众所周知，中国企业竞争力的落后是有很多原因造成的，与外部环境、企业内在能力、拥有的资源都有很大关系，但与人力资源管理关系最为密切，正像人们所说的那样，企业竞争力将由人才竞争力所代替。

人力资源管理对一般管理越来越重要，主要是由于它在提供竞争优势和竞争力，冲击和体现未来高科技发展环境需求方面的作用所致。战略学家迈克尔·波特（Michale Porter）曾提出人力资源管理是获取竞争优势的一个关键。① 在越来越多的企业中，人力资源都被视为赢得竞争优势的一个源泉，而且人们还进一步认识到，企业独特竞争性主要是通过员工高度成熟的技巧、独特的企业文化、管理过程与系统导致的，而竞争优势的获得则是通过高素质的劳动力，而不是通过降低成本来获得，它能够使企业在市场反应、产品和服务的质量、差异化的产品、技术创新的基础上展开竞争。

人力资源管理除了在通过提高劳动力素质来获取竞争优势方面起作用外，在

① ［美］劳伦斯·S·克雷．人力资源管理．孙非等译．北京：机械工业出版社，2003

控制劳动力成本上也发挥了更大作用。在控制成本的巨大压力下，许多管理者越发认识到人力资源浪费的影响，他们需要从劳动力未得到充分利用、缺乏信任、抵制变革、敌对性的劳资关系、激励问题、限制性的劳动实践中来发现生产率低下的原因。需要提到的是，分配在更充分利用人力资源方面的资源比投向工厂和设备的资源更有效率。由于成本的潜在效率，改善人力资源管理对于企业的竞争战略和独特能力的开发起着至关重要的作用。

所以，企业必须找到有效的途径实行高效的人力资源管理，同时提升企业的核心竞争力，不仅要实施人力资源战略管理的战略转变，而且要积极开拓和强化人力资源战略管理的有效途径。将人力资源战略与企业发展战略有机匹配，人力资源战略要为实现企业可持续发展的目标服务，帮助企业提高经营绩效和竞争力，实现企业利益和员工利益的双赢互利。同时，员工从企业的发展中实现自身价值，企业发展战略的实施要有助于员工实现满意度最大化。

5. 人力资源管理在实施企业战略中发挥作用的途径

（1）树立企业人力资源战略管理理念，走出传统人事管理的误区。以人为本的企业经营理念，就是把人力资源看做企业最重要的资源，管理的重点是创造一个好的环境，让每个员工都能充分地发挥所长，取得更大的绩效。首先，转变认识，确立人力资源是第一资源的观念，从战略高度重视人力资源的开发与管理。其次，树立双赢理念，培养企业凝聚力。现代企业与员工之间是互利的共同体，在企业的运行过程中，必须达成双赢的结局，否则企业如一盘散沙。再次，对现代人力资源的再认识。企业要在激烈的竞争中生存和发展，必须把人作为特殊资源。在观念上，要彻底破除资本家意识和官本位意识，切切实实尊重知识、尊重人才，并在整个企业营造一种浓厚的尊重知识、尊重人才的风气，建立科学合理的目标责任管理和计划管理制度。

（2）拓展人力资源战略管理创新之路，实施企业“领导力量”的培养战略。有学者认为，中国的企业在未来的年代里，能不能从容地走向世界，将取决于人的素质的提高。针对企业人力资源管理创新存在的问题，力求避免进入误区，必须采取切实可行的对策和措施打造企业管理创新源泉的企业家精神，有效推进创新工作。知识经济时代的新特征导致了企业管理领域的全面创新，集中于一点就在于知识型管理，即运用集体智慧，提高应变和创新能力的人力资源战略管理。所谓企业“领导力量”，是指在企业生产、技术和管理中起影响和引导作用，在一定条件下实现企业目标的人才群体，它是企业人力资源中的核心资源，是整个企业资源的主体，是企业竞争优势来源与创新的关键因素。企业家要扮演好管理者的角色，创造促进创新的最好方法，造成一种人人谈创新、时时想创新，无处不创新的企业文化氛围，使那些无创新欲望或有创新欲望却无创造行动，从而无所作为者自己感觉到在企业中无立身之处。企业成功走向知识经济的关键是实施人力资源战略管理创新，努力发展建立在高效的人力资源战略管理基础上的领导力量。通过对员工价值观、满意度的分析，结合企业的现状及发展战略，借助于强力型企业文化，依托企业有效的人力资源储备政策及积极措施，制定企业"领导力量"的发展规划。

（3）开展科学的绩效评估，强化人力资源战略管理的根基。作为人力资源战略管理重要职能之一的绩效评估，是指根据一定的目的、程序，并采取一定方法对员工的工作绩效给予评定。企业的绩效评估体系是该企业对其战略目标、战略体系的实现过程进行控制的一种重要机制。绩效考核具有识别和挖掘人才、调整人事安排、调整报酬待遇、决定奖惩以及留住人才的功能。绩效考核是有效实施人力资源开发与管理，以及有效实施激励制度的基础和依据。那么，从绩效的有效性的角度去分析，我国企业建立和实施科学合理的绩效考核制度至少应包含以下主要的内容：首先要制定科学合理的考核标准，建立有效的绩效评估系统。考核要素设计着重从业绩、能力、态度三个角度入手。其次，逐步实现从"终点式考核模式"向"动态绩效管理模式"的转变。考核不仅仅是在年终最后时点的一项工作，而且是一个动态的、持续的、上级与下属互动的绩效管理过程。再次，既要重视员工个人绩效的考核，又要重视团体绩效的考核。最后，要公开、公平、公正、严肃、合理地进行考核。要建立考核小组，防止考核权力集中于个人。要加强对考核者的职业操守教育。

（4）建立以人为本的薪酬管理体系，实施高效的人力资源激励机制。随着知识经济时代的到来，人的因素越来越成为企业实现战略目标的关键因素，企业的薪酬体系在实现竞争优势和战略目标的过程中，具有十分重要的作用。因为，薪酬制度的设计和实施，是整个人力资源战略管理中最复杂的工作，无论是薪酬数量的确定，还是薪酬类型的选择，都应遵循一个最基本的原则——公平性原理。只有建立在公平基础上的薪酬体系才是有效的，才能确实起到激励雇员的作用。有竞争力的薪酬不仅能够吸引和留住优秀员工，而且能够提高员工的工作效率，提高工作满意度。事实证明，要想真正留住人才，留住优秀人才，建立以人为本的薪酬管理观念和体系至关重要。薪酬激励是充分发挥激励作用的一个有效方面，国外各大企业针对各类员工的不同需求和生活方式，设计出包括工资、奖金和福利的多种形式的薪酬组合。由薪酬激励、成就激励、成长激励构成的"激励特区"制度对人力资源战略管理有着巨大的推进作用，既能提高员工的工作积极性及其对企业的认同感和满意度，又能充分挖掘员工的潜力，提高员工的工作效率，确立并保持企业的核心竞争力。

（5）实施人力资源的风险性管理，抢占竞争的制高点。未来最成功的企业将是学习型企业，因为企业在未来唯一持久的优势，是有比竞争对手学习得更快的能力。谁拥有前沿的知识，谁就占有竞争的制高点。人力资源是国际竞争、企业竞争的最重要资源，这就使人力资源成为企业战略管理方面最具有决定意义的内容。一个企业的发展壮大，与其人力资源战略管理的成功有极大的关系。企业竞争的胜利实际上就是人力资源开发与管理的胜利。管理大师杜拉克在其名著《巨变时代的管理》一书中指出，进入知识经济时代，企业出现了一个新的工作者群体，即“知识工作者”。他们与以往的资本经济时代的劳动者有一个根本的不同，即他自身掌握着部分生产工具知识，而不像传统的劳动者一无所有，只能出卖自己的劳动。由此可见，做好“知识工作者”的战略性布局，对他们的开发与管理尤为重要。对企业而言，要想在激烈的竞争中取胜，人力资源部门要上升为战略部门，需要以前瞻性的战略眼光来实施人力资源的风险性管理，帮助企业提高经营效能，促进其成长和发展，规避人员流动风险。

（6）突出人力资源管理的制度化，建立规范的绩效评估体系和科学的激励机制。首先，必须从战略的高度强化制度建设，把人力资源的开发、聘用、考核等内容制度化。其次，要完善工作绩效评价体系，将定性考核与定量考核结合起来，建立起有助于培养团队精神和创新精神、激励员工勤奋工作的激励机制。再次，要建立健全先培训后上岗和培训终身化制度，不断提高员工的业务素质。最后，在社会化保障的基础上，根据工作性质和特点的不同，推行多样化福利制度，量力进行感情投入，增强员工的企业观念和团队精神。

（7）塑造企业文化，凝聚团队力量。企业文化是一种“软性”的协调力和黏合剂，它通过在企业中建立共同的价值观来强化企业成员之间的合作、信任和团结，培养亲近感、责任感和归属感，形成企业强大的向心力和凝聚力。一个企业之所以能够成为优秀的企业，非常重要的原因就是它成功地创造了一种能够使全体员工衷心认同的核心价值观念。在优秀的企业文化中，员工才能树立积极的价值观，才能真正感受到成功的乐趣，才能充分地表现出尽职敬业的精神，企业也才能凝聚着全员的力量不断开拓前进。

从战略的高度来看，企业如果能有效地利用人力资源，那么它就能够提高企业的国际竞争优势，这一点也是人力资源日益受到企业重视的原因所在。人力资源管理在战略管理上的作用主要强调的是，在一个企业中人比企业其他有形的资源更有价值。因此，对于人力资源来说，发挥它在战略管理上的作用就必须把目标确定在人力资源对企业战略发展的长期影响上。在这里，仍然需要强调的是，人力资源管理将从企业战略的“反应者”转变为企业战略的“制定者”和“执行者”，最终成为企业战略的“贡献者”。

第二节 企业战略与人力资源战略的关系

一、人力资源战略与企业结构的匹配

（一）人力资源战略的概念及种类

1. 人力资源战略的概念

著名学者兰德尔·舒勒（Randall Schuler）认为：“人力资源战略实质上是计划和程序，它讨论和解决的是与人力资源管理相关的基础战略问题。”①

从兰德尔·舒勒的观点中得到启发，联系企业人力资源在组织中日益上升的重要地位，我们认为，所谓人力资源战略，就是组织通过制定有效的政策和计划，将人力资源作为重要的资产加以投资，并努力促使其保值和增值，以便提高其对组织的价值。②

在不同的行业中，人力资源管理政策与实践是不同的。这些差异说明公司所处的环境对政策和人事实践有一定影响。然而，行业分类不能解释所有差异，因为公司战略的变化也会影响人力资源的政策和实践。企业一般试图避免过分强调这些企业战略与人力资源政策和实践的匹配，因为过分关心匹配是有害的，每个企业必然存在成长发展的过渡阶段，在这个阶段，不匹配是在所难免的。而且，公司战略和人力资源过多匹配会不必要地限制员工技能的发挥，阻碍创新，降低变革能力。

人力资源战略和企业战略是密不可分的，所有的活动都跟企业战略有关，脱离开来，人力资源战略就不存在了。美国通用电器公司提出人力资源是可信的、可靠的，到处能看得见的，而且是有增值的，所有活动都要跟企业的业绩相关，如果跟企业业绩没有挂钩的话，是毫无意义的。另外，要了解企业在什么时间会有什么目标要加以实现，就应该通过做相应的人力资源的活动来加以配合，以实现企业的需求。

那么，如何衡量企业是否重视人力资源战略呢？我们需要衡量企业是否做到

---

① 李佑颐，赵曙明，刘洪．人力资源管理的战略作用．国家自然科学基金资助项目．刊号 79930300

② ［美］詹姆斯·W·沃克．人力资源战略．吴雯芳译．北京：中国人民大学出版社，2001.8

了以下几点：规划战略时有没有考虑员工激励的问题，有没有利用现有人才的优势来规划战略，人力资源开发有没有成为管理人员会议的主题，有没有因为人力资源管理问题而改变管理人员会议议程。

2. 人力资源战略的种类

目前，企业可供选择的人力资源战略有如下几种：

(1) 人力资源开发战略，包括引进人才、借用人才、招聘人才、自主培养、定向培养和鼓励自学成才等方面内容。

(2) 人才结构优化战略，包括对层次、学科、职能、智能、能级等方面的优化。

(3) 使用人才战略，包括任人唯贤、岗位轮换、破格提升、权利委让等方面的内容。

根据这三种分类，人力资源战略实施的具体方式也可分为三种，即吸引式战略、投资式战略和参与式战略。图 2—1 反映了人力资源战略所涉及的几个主要方面内容：

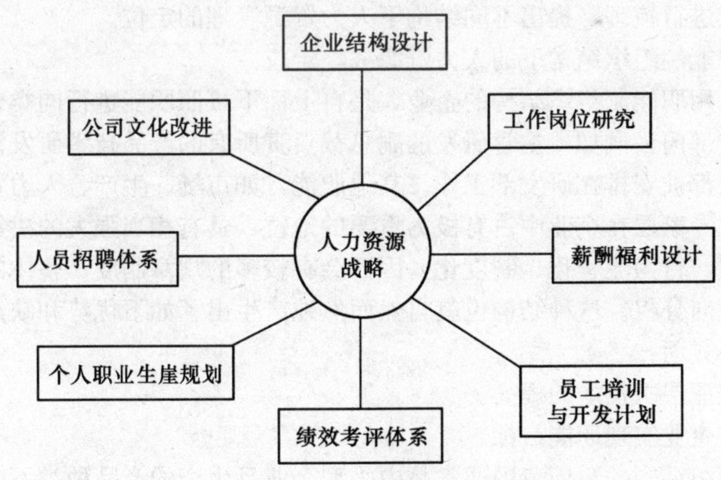

图 2—1　人力资源战略图

(二) 企业组织结构、企业文化和人力资源战略的匹配

1. 不同企业组织结构下的人力资源战略定位

企业组织结构是指企业内部的机构设置和权力的分配方式，通常，企业在机构设置上所采用的组织形式主要有直线制、直线职能制、事业部制、矩阵制。

我们可以把一个企业的组织结构分成这样五个基本部分：战略高层、直线中层、工作核心层、技术专家层和辅助工作层。战略高层是企业的高层领导集团，对企业全面负责，设立、推动企业的战略目标；工作核心层由企业的基层部门组成，直接从事产品生产或服务；直线中层由各部门的中层直线经理或负责人构成，他们的作用在于连接战略高层和工作核心层；技术专家层由企业中的职能人员组成，他们的作用不是直接参加生产或服务过程，而是运用自己的专门知识和技能，帮助以上三个部分提高效率和效益；辅助工作层又称支持人员层。他们不直接同企业的生产或经营发生联系，而是以自己的活动去支持以上四个部分，使它们的工作能够正常地进行，如企业的房屋维修等。

在实际工作中，我们经常会听到人事经理提出这样的疑问："企业中的人力资源管理者到底是什么角色？是服务吗？是战略伙伴吗？"这个问题的实质，就是企业人力资源管理的定位问题。企业人力资源管理作为为企业整体运营提供发展支持的部门，其定位必然取决于企业的组织结构、经营战略、企业类型等多种根本性因素。其中企业的组织结构，对其内部的人力资源管理定位，起着决定性的作用。这就如同一栋房子，不同的设计结构，其承重的部位是不同的，如果非承重墙硬是要把自己当成承重墙，其结果可想而知。本文将通过对三种主要的组织结构特点进行梳理，提出不同结构下人力资源管理的定位。

（1）职能制组织结构下的人力资源战略定位

一个采用职能制组织结构的企业，是自上而下按照职能进行同类合并，形成按专业划分部门。例如，主管研发的副总裁负责所有的产品技术研发活动，所有的研发人员都被安排在研发部工作。其他职能，如市场、生产、人力资源等也是如此。技术专家层在企业中占有极为重要的地位，具有相当强大的决策权力；专业化程度高，行为流程化、制度化，因而会有较多的规章制度；整体的分权形式是有限的横向分权。这种结构也就自然而然地产生出了如下优势和缺点。

在优势方面：

·促进深层次技能的提高。

·促进企业实现职能目标。

这种组织结构的适用范围通常是中小型企业且生产的产品种类不多。

在缺陷方面：

·对外界环境变化反应较慢。

·可能引起高层决策堆积、层级超负荷。

·部门间容易缺少横向协调。

·对企业目标的认识有限。

那么，采用职能制企业结构的企业中的人力资源部，它的战略定位会是怎样的呢？其基本定位可以概括为：服务＋领导。

此种结构下的人力资源部，作为唯一的人力资源工作部门，需要负责全部的人力资源管理工作。因此，一方面它需要为所有的员工提供项目众多的常规性的、一般性的人力资源管理服务。另一方面，由于其专业性及在整个企业中具有相当高度的权威性，因此它拥有足够的力量来推动、执行人力资源管理的职能目标。所以，人力资源部能够在为企业提供全面人力资源服务的同时，提供具有深度的人力资源管理的领导。也就是说，它需要有意识地为企业努力营造灵活、快速反应的管理风格，促进创新，防止企业僵化，以缓解这种企业所特有的缺点，充分发挥人力资源部部门内部的规模效益，充分体现自己的专家角色。

(2) 事业部制组织结构下的人力资源战略定位

相当多的从事多种经营的企业，都选择了事业部制组织结构，例如惠普(Hewlett-Packard)、施乐(Xerox)等。这种组织结构有时也被称为产品部式结构或战略经营单位。它们一般是进行多样化经营的企业，根据单个产品、服务、产品组合、主要工程或项目、地理分布、商务或利润中心来组织事业部。事业部实行决策分权制。事业部制组织结构的特点是整体的技术专家结构很小，在整个企业中的地位相对于其他部分来说，比较次要；直线中层是其关键的构成部分，是重点；在工作核心层中有数个独立的小型的机械性组织。而在这些小型的机械性组织中，专业分工程度高，有很强的技术专家结构，决策权力相对集中，整体的分权形式是有限的纵向分权。因而，事业部制的组织结构主要有以下劣势：

- 导致各个产品线间缺乏协调。
- 容易失去深度竞争力和技术专门化。
- 容易导致产品线间的整合与标准化变得十分困难。

事业部制的优点是：使统一管理和专业化分工更好地结合起来，集中决策和分散经营使高层领导者摆脱了日常经营管理事务，同时又调动了各经营部门的积极性。其缺点是：集权与分权的程度有时难以掌握，处理不好会削弱统一性，协调难度大。

因此，采用事业部制组织结构的企业中的人力资源战略，其基本定位可以概括为：划分层次，上层定位于研发、指导及干部管理，下层定位为提供服务和实务管理。

划分工作层次是必然的结果。这是因为，一方面事业部制的组织结构在客观上已然存在多个人力资源工作单位，并存在于不同部门，因此客观上已经自然而然地形成不同层次；另一方面，这也是事业部组织结构本身所固有的缺点决定的。

因此，为了缓解这些缺陷所带来的问题，采用事业部制组织结构的企业也应有意识地对人力资源管理工作进行分层，以开展不同层次的工作。由于各个事业部都设有自己的人力资源工作部门，因此，这些部门应该是为自己的事业部提供具体而贴近实际工作需要的服务和实务管理，例如工作流程的优化。其工作对象为其事业部内的全体员工，在要求上应该是对本事业部内所产生的人力资源管理问题做出及时、快速、周到的处理与反馈。

另一方面，总部级的人力资源管理部门应针对上述组织结构的缺点，定位于对人力资源管理工作的基础性研究与开发，是对企业采用的人力资源管理的理念、方法等提出改良、完善的对策。其目的是通过其人力资源管理的研发工作，降低企业实行此种组织结构的风险，使整个企业获益。这种定位，一方面是因为客观因素。一是因为总部与事业部的距离很远，在速度上难以实现快速反应；二是由于总部同时面对多个事业部，必然会遭遇众口难调的局面。所以，设置在总部的人力资源部，已无法为全体员工提供一般性的、常规性的服务。另一方面，由于人力资源管理工作者都被分散到各个事业部，因而整个企业丧失了在人力资源管理上的规模经济。而规模经济恰恰是进行深入研究所需要的非常重要的前提。同时，这种分散性导致每个人力资源工作者都不得不将有限的精力应付每天的日常工作，而没有时间来思考、总结工作中遇到的问题，尤其是理论性的思考。因此，总部人力资源部应该承担起这种思考的责任，弥补这种规模经济的不足。然后，通过指导将思考总结的经验反馈给企业及各事业部。

总部人力资源部的第二个定位就是要加强对企业中层干部的管理。由于直线连接中层，也就是各事业部的主要负责人，对整个企业的影响非常大，因而对这部分人员的人力资源管理工作就会显得尤为重要。虽然各事业部的负责人都有相当大的自主权，并且有自己的人事部为之服务，但一方面由于其下属人力资源部还要面向其内部的广大员工；另一方面，其出发点是站在自己事业部的角度，缺乏全局性的考虑，彼此之间差异较大，所以，事业部的人力资源部门的服务带有较大的局限性；再者，各事业部负责人的管理思路与管理水平与公司决策高层的要求之间还存在一定的差距或差异，因此，也需要通过正式的渠道进行思想和意志的整合。故而相比之下，总部人力资源部恰恰可以超越其局限性，提供相当高度且理由充分的人力资源服务。因此，这一定位是十分必要的。

(3) 矩阵式组织结构下的人力资源战略定位

矩阵式组织结构是另一种十分常见的组织结构，其应用已有 30 多年的历史。国际商用机器（IBM)、福特（Ford）汽车等公司都曾成功地运用过这种组织结构。采用这种组织结构的企业，会存在两条相互结合的划分职权的路线：职能与产品。采用矩阵式组织结构的设计，目的在于要兼得职能式和产品式（项目式）

职能划分的优点。因为职能制的职能划分与产品式的职能划分的优缺点正好为互补型。同时，此种结构最为突出的特点，就是打破了单一指令系统的概念，而使管理矩阵中的员工同时拥有两个上级。因此，矩阵式组织结构主要有如下优势和缺点。

在优势方面：

·获得了环境对企业所提出的双重职能的协调性。

·产品间容易实现人力资源的弹性共享。

·适于在不确定环境中进行复杂的决策和经常性的变革。

·为职能和生产技能的改进提供了机会。

·在拥有多重产品的中等规模的企业中效果最佳。

在缺陷方面：

·容易导致员工陷入双重职权的困惑中，从而降低人员的积极性。

·对员工的人际关系技巧要求较高，需要进行全面而系统的培训。

·需要花费很多时间用于协调。

·需要员工对此种组织结构有很强的理解力，并采用一种近似大学式的管理。

·两种职权的平衡来自于环境提出的双重要求。

根据以上这些特点，我们不难发现两种权力的平衡是这一组织结构的关键。很显然，在现实中无法存在绝对的平衡，因而在实际工作中就自然而然地产生出两种演化形式：职能式矩阵和项目式矩阵。前者以职能主管为主要决策人，后者则以产品/项目负责人为主。

无论是哪种演化形式，矩阵式企业结构都存在一个平衡问题。这不仅包括两种职权之间的平衡，也还包括矩阵中关键角色的平衡。因此，此种组织结构下的人力资源战略，其定位就是致力于平衡。这种定位主要集中体现在以下两个方面。

一是加强企业内部的沟通与人际关系引导。由于这种组织结构的信息量很大，信息流又很复杂，因此，必须对所有员工进行正规化、专门化的训练，才能保证这种结构的正常运行。这样做，一方面可以帮助员工更好地理解这种企业结构，更为有效地处理各种信息及二元权力模式下的困惑。另一方面，也可以引导员工正确对待工作中发生的问题，减少冲突，防止有人对这种二元结构的不良利用。因此，人力资源部作为渗透到各个项目/产品的职能，应该定位于积极引导，推动开放沟通的角色。

二是要加强对关键矩阵角色的人力资源管理。由于矩阵式组织结构比单一职权结构复杂得多，因此，它的正常运转需要一系列的全新管理与执行技能，这也是关键矩阵角色不容忽视的作用。换句话说，关键矩阵角色的状态，直接决定着这种组织结构的成败。这些关键角色包括高层领导者、矩阵主管和有双重主管的员工。人力资源部通过自己的工作，必须确保这些关键角色由胜任者来承担，或是使之达到胜任的要求。

当然，以上定位仅是考虑了企业组织结构类型这一个因素。在实际工作中，企业人力资源管理的定位还会受到其他诸多因素的影响，如企业领导人的管理理念和风格、企业的经营战略、企业类型等因素。但是，有一点不能否认的是，企业选择了某种组织结构时，就如同选择了房屋的整体结构设计，其内部各个组成部分的地位既已确定，企业所做的只能是在一定前提下的微调。如果在主观上强行进行实质性的修改，例如，使承重墙体缺失，必然会导致灾难性的结果。

2. 企业文化与人力资源战略的关系

(1) 企业文化的有意打造和培养将促进人力资源战略的顺利实施

企业文化是企业成员共同遵循的价值体系。企业文化作为一种无形资产，其功能就是塑造具有共同理想信念、明确的价值取向、高尚道德境界的工作群体。企业文化是在人力资源管理工作中经过长期的精心设计和有意识的培养逐渐形成的，最终成为企业员工自觉遵守的职业价值观和自然流露出的行为举止。各个企业会因企业的历史、领导者风格、企业的愿景和所提倡的共同价值观以及企业中员工个体的不同而不同。良好企业文化在企业中起着导向、凝聚和规范的作用，是企业发展的催化剂和纽带。在当今社会中，每个企业都会为自己的发展制定共同的愿景和价值观，然而，这是不是就自然而然地成为企业的文化了呢？它是否真的能够成为员工共同的行为价值标准呢？答案显然是否定的。企业的愿景和价值观不可能自动变成企业员工共同的行为价值标准，它需要企业高层的有意打造和培养。

有意打造和培养的企业文化才可能成为企业满意的优秀企业文化。而优秀的企业文化将对企业的人力资源战略实施起到促进作用。这是因为，人力资源管理的目的就是使每一位员工充分发挥他的主观能动性，创造最大的工作绩效，使企业达到利润最大化的目标。但是如何达到目标，还有很多问题摆在管理者面前。现在的企业状况是，能够招聘到优秀的员工，但是对如何留住员工，使员工在工作时发挥出最大的主观能动性，充分调动员工的智力资源，很多管理者对此却一片茫然，不知从何处着手进行，这种情况在国有企业尤为严重。事实上，企业要想留住优秀的员工，充分用好员工，要让员工有一种归属感，企业就需要具备足够的亲和力和良好的工作软环境，即企业必须要建立起优秀的企业文化，为顺利推进人力资源战略搭建起平台。世界上那些成功企业的事实一再证明，拥有优秀企业文化的组织才能够强有力地推进人力资源战略的顺利实施。比如日本企业中普遍具有的员工敬业精神和勤奋态度以及善于创造的集体智慧，美国企业中普遍具有的员工追求创新的动力和先进技术的掌控，这些优秀的企业文化无不成为实现企业人力资源战略的推进器。

(2) 人力资源战略的执行就是对企业文化的具体体现

从传统的意义上说，人力资源工作主要在于薪资福利管理、工作分析、人员招聘匹配、绩效评估、员工职业生涯规划以及人事管理政策的制定和执行，那么，这些工作的目的是什么呢？新经济激烈竞争的环境要求人力资源成为企业变革的推动者和战略合作伙伴，人力资源管理也更加注重人性化管理和员工个人的发展，那么，人力资源部应该怎样做才能适合这些变化的要求，现代人力资源工作的核心究竟是什么呢？这些都是建设企业文化要解决的问题。

人力资源是企业与员工之间的桥梁，优秀的员工才是企业真正发展的动力所在，在企业内部建立与企业的愿景和价值观所一致的企业文化，使其成为员工行动的动力和共同的价值体系，才是当今人力资源工作的目的所在。良好的企业文化是管理制度的升华，它将外在的制度的约束变为内在的自觉的行为。而其他一切人力资源的管理事务，如良好的薪资福利、绩效评估和保留优秀人才体系都是为此目的服务的。因此，在日常工作中，作为人力资源工作者所做的工作是不是符合这个目标，有关政策的出台是不是会影响到公司所提倡的价值观，如何才能使广大的员工更好地认识公司的价值观和愿景并使其成为共同的价值标准体系，如何从战略的角度设计公司的文化，帮助公司成长，这是人力资源工作者需要时时考虑的内容。人力资源部是企业文化的建立者和倡导者，其作用是如何建立和改善企业文化，更好地发挥员工的主动性，帮助企业实现其战略目标。

在许多公司的人力资源部门都能发现这样一个常见的问题，那就是人们更多重视的是那些“良好的习惯做法”，而较少关注所做的事情是否对公司有益。他们常说“我们是专业的人力资源管理人员”，结果往往是只注意了寻求好的人力资源管理方法，却忽视了什么才是企业应该优先解决的问题。实际上，有些企业为一些不那么重要的事情下了很大的工夫，而企业真正需要解决的问题根本就无人过问，尽管这类问题并不都是人力资源人员的错。如果公司的人力资源部门根本不了解有关企业战略方面的任何信息，企业在制定政策的时候也很少征求人力资源部门的意见，并结合人力资源战略来制定企业战略，那么这个公司就已经偏离了它正确的发展方向。

不同的企业会采用不同的人力资源管理方法，也就会采取不同的人力资源战略。某些老板对所雇用的人百般挑剔，另外一些老板则似乎愿意雇用任何一个走进门的人；有些企业对员工进行广泛的培训，另一些企业则让新来的人自己去摸爬滚打；有些企业给的薪酬很高，而且各种补贴很丰厚，有些公司则并非如此。企业对待员工上的这些差异都来自于企业的结构和文化差异，以及企业所处环境不同。在今天，技术以及经济、政治、社会和市场状况的迅速变化意味着没有什么企业能够以往日那种百试不败的办法展开有效的竞争，它们也不能照搬其他企业的做法。正如那些比较成功的企业所理解的那样，永无休止的变化要求你永无休止地学习。

那些相对成功的大的企业，也就是“最令人赞赏的”和“最值得去为之工作的”企业，越来越将它们对人力资源的战略管理建立在理解本企业的企业文化、企业目标和所处环境的基础上。为了招聘到具有恰当才能的恰当人员，并且让这些人员能够保持他们的积极性来最有效率地完成工作，人力资源部门的管理人员需要最先了解本企业业务的需要和性质。他们需要对企业在竞争性的市场中的位置有一个较准确的定位，根据企业发展战略和不断变化的市场环境来制定相应合理的人力资源战略。

二、人力资源战略管理在企业战略管理中的作用

（一）有利于企业适应外部环境的变化

人力资源管理部门可以在企业高层决策者制定企业战略时，向他们提供有关企业外部有关劳动力和与之相关的机遇和面临威胁方面的情报。如潜在的劳动力情况、竞争对手的工资率、对人员雇用产生影响的政府法律和规章因素等。若企业没有意识到人力资源相关外部环境威胁的存在，就有可能在劳动力市场或人才市场中处于不利的竞争地位。人力资源管理部门还可提供竞争对手所使用的激励计划的详细信息，从员工意见调查中搜集到的顾客投诉意见以及劳动法或保险制度等这一类法律方面的信息等。

（二）有利于分析企业内部的优势和不足

人力资源管理部门在企业最高管理者制定企业战略时，可以向他们提供有关企业内部的优势和劣势的信息。经济学家的研究证明，在 1943 年至 1990 年之间美国国民生产总值的增长总额中，1/3 以上是人力资本发挥的作用。如果不考虑自己的劳动力队伍所具有的优势和劣势，可能会导致企业选择那些没有能力实现的战略。如果人力资源职能是战略管理的伙伴关系，即一体化联系时，战略制定者就必须通过人力资源管理与企业的使命、目标、机会、威胁、优势和劣势等联系起来，找出制定战略前所有与人有关的问题。虽然这只是战略的形成，并不能保证战略的成功，但是企业最终要选择能够获得成功的战略。

（三）有利于企业战略管理的成功实施

要想成功实施企业战略，必须有人力资源管理部门的积极参与。人力资源管理部门可以广泛参与到企业的精简和结构重组战略之中，在重新安置员工、设计工作任务、制定薪酬计划、削减保健成本、吸引和稳定员工、创造企业文化等方面都可发挥积极的作用。尤其是在日益趋向服务型和高技术化的经济活动中，具有献身精神的员工将越来越成为企业争取竞争优势而做出的一种必然选择。因此，人力资源管理已被置于帮助企业取得这种竞争优势的位置。

（四）对战略管理工作具有指导作用

人力资源战略可以帮助企业根据市场环境变化与人力资源管理自身的发展，建立适合本企业特点的人力资源管理方法。如根据市场变化，确定人力资源的长远供需计划；根据员工期望，建立与时代特征相适应的激励制度，用更合理、更先进的方法降低人力资源管理成本；根据科学技术的发展趋势，有针对性地对员工进行培训与开发，提高员工的适应能力，以适应未来科学技术发展的要求。由于人力资源战略能充分考虑环境的不断变化，因此，有利于企业不断根据人力资源的变化、时代的特征、环境以及劳动者价值观念而采用不同的战略管理方法。具体包括以下几方面：

1. 帮助企业提升利用市场的机会进而提高组织绩效

组织绩效是通过向顾客有效地提供企业的产品和服务体现出来的，所以，可以认为企业中的人力资源就是设计、生产和提供这些产品和服务的人员。而人力资源管理的一个重要目标就是实施对提高企业绩效有益的活动，并通过这些活动来发挥其对企业成功所做出的战略贡献。

当企业制定战略计划时，人力资源管理作为战略伙伴的一个整体组成部分应有它自己的位置。从战略上来讲，对人力资源必须像管理资金、技术和其他资源那样来进行管理。

在今天的许多产业里，常常发生企业兼并或重组活动。在所有的这些兼并和重组活动中，存在许多人力资源方面的问题，这些问题是与兼并或重组后的企业文化和运作紧密联系的。如果人力资源管理人员作为企业的战略贡献者，那么在最高管理层做出最后决策前，他们就应参与决策。例如，在一个有1 000人的企业，人力资源总监可能要用一周的时间来决定在计划兼并其他公司或进行企业重组时，被兼并或重组的企业间的企业文化是否兼容，优秀员工是否会因文化冲突而离开其所在的企业。在某些情况下，从资金上看可行的兼并与重组可能在实际中并不可行。

人力资源管理对企业绩效的贡献还表现在企业的财政状况上。过去，人力资源管理是以活动为宗旨，主要考虑做什么，而不考虑成本和人力资源开发所产生的获利。在过去，人力资源管理人员通过计算员工完成的活动和任务来证明自身的存在。现在，作为企业的战略贡献者，人力资源管理人员必须把员工活动所产生的东西作为企业的成果，特别是作为人力资源投资的回报。高绩效工作实现的人力资源管理是和良好的企业财政状况相联系的。人力资源管理的其他一些活动如培训等也会给企业的绩效提高带来帮助。因为，培训必然提高员工的能力，员工能力的提高必然给企业带来更大的价值。

2. 提升本企业人力资本价值进而提升企业内部的组织优势

人力资本是企业人力资源的全部价值，它由企业中的人以及他们所拥有的并能用于他们工作的能力所构成。人力资源管理的战略目标就是要不断增强企业的人力资本。

扩展人力资本的一个主要工作是利用企业内部所有员工的才能吸引外部优秀的人才。作为组织的战略贡献者，人力资源管理工作必须保证组织中的各个工作岗位所需的人员供给，保证这些人员具有其岗位所需的技能。对于人力资本而言，如果组织出现技能短缺，除非增加投资，否则这种短缺将会危及组织的竞争力。企业可以通过内部的人力资源管理活动，想方设法留住员工，给他们提供更多成长的机会，为他们进行职业生涯的设计。

作为企业战略作用的一部分，人力资源管理工作要积极提高企业中人力资源的能力，尤其是要提高对企业将来发展所需要的那些能力，通过人力资源的培训和开发来缩短直至消除企业所需技能和员工现有技能之间的差距。其主要活动是在企业内部给员工提供指导并为员工设计向上发展的职业生涯，通过培训和开发能使员工获得在企业内部进一步发展的能力和知识。此外，还可以通过与企业的战略目标相一致的绩效评估系统和薪酬系统的设立来增强企业人力资本的竞争力，达到扩展人力资本的目的。

3. 控制成本以保证企业战略的有效实施

人力资源管理部门可以广泛参与到企业组织的精简和结构重组战略之中，在设计工作任务、重新安置员工、制定薪酬计划、留住优秀员工等方面都可以起到积极作用。人力资源管理已处于帮助企业取得竞争优势的地位。

许多国家制定了与人力资源管理相关的大量法律和规定。其结果是，企业的人力资源管理人员必须花费相当多的时间和精力来保证其工作遵从这些法律和规定。人力资源管理的任务就是保证企业内的经理和员工了解这些法律和规定，以减少法律责任和投诉。所以，从某种程度上说，人力资源管理的主要工作是减少企业所面临的法律问题，从而减少因法律问题而导致的成本开支。

另一方面，在保证合法性的基础上，人力资源管理必须是用有效成本和适时的方法来提供人力资源服务和活动。许多人力资源管理人员已经认识到过多的行政方式正在影响人力资源管理。对高层次人力资源管理人员的一项调查发现，他们94%的时间花在了行政管理事务上，只有6%的时间用在企业的战略管理问题上。但是，人力资源管理人员都表示他们宁愿花94%的时间在战略上，而仅愿花6%的时间在行政上。① 所以，人力资源管理人员必须在保证服从有效成本的基础上来证明他们的存在，并在行政管理上实现有效和负责的人力资源活动。否则，人力资源管理就会被看成是一个不能为企业做出成效的成本中心。

三、人力资源战略与企业战略相互促进

企业战略是企业在其内部优势和劣势以及外部的机会和威胁的组合情况下，为使自己保持或取得竞争优势而制定的战略。企业战略通常也可以从层级的角度被划分成公司层战略和事业层战略。因此，人力资源战略必须建立在与企业公司层战略和事业层战略发展相一致的基础上，只有这样才能发挥人力资源管理的战略作用，才能通过人力资源管理提高企业的绩效，实现企业的战略目标。

从实际情况来看，人力资源战略和企业战略的具体配合方式通常也可以用表2—1来加以描述，如图2—2所示。

表2—1　　人力资源战略与企业战略的关系表②

基本经营战略	文化战略	人力资源战略	特　点
低成本低价格经营战略	官僚式企业文化	吸引式战略	·集权式管理，生产技术较稳定，市场较成熟 ·企业注重员工的可靠性与稳定性 ·工作高度分工，严格控制
独创性产品经营战略	发展式企业文化	投资式战略	·以创新和独特的产品战胜竞争对手 ·注重员工独立思考和创新能力 ·工作内容模糊，非重复性，具一定风险
高品质产品经营战略	家族式企业文化	参与式战略	·产品的优秀品质依赖于员工的积极参与 ·重视培养员工的归属感和忠诚感，授予员工参与决策的权利

①② 摘自：中国人力资源开发网．www.chinahrd.net

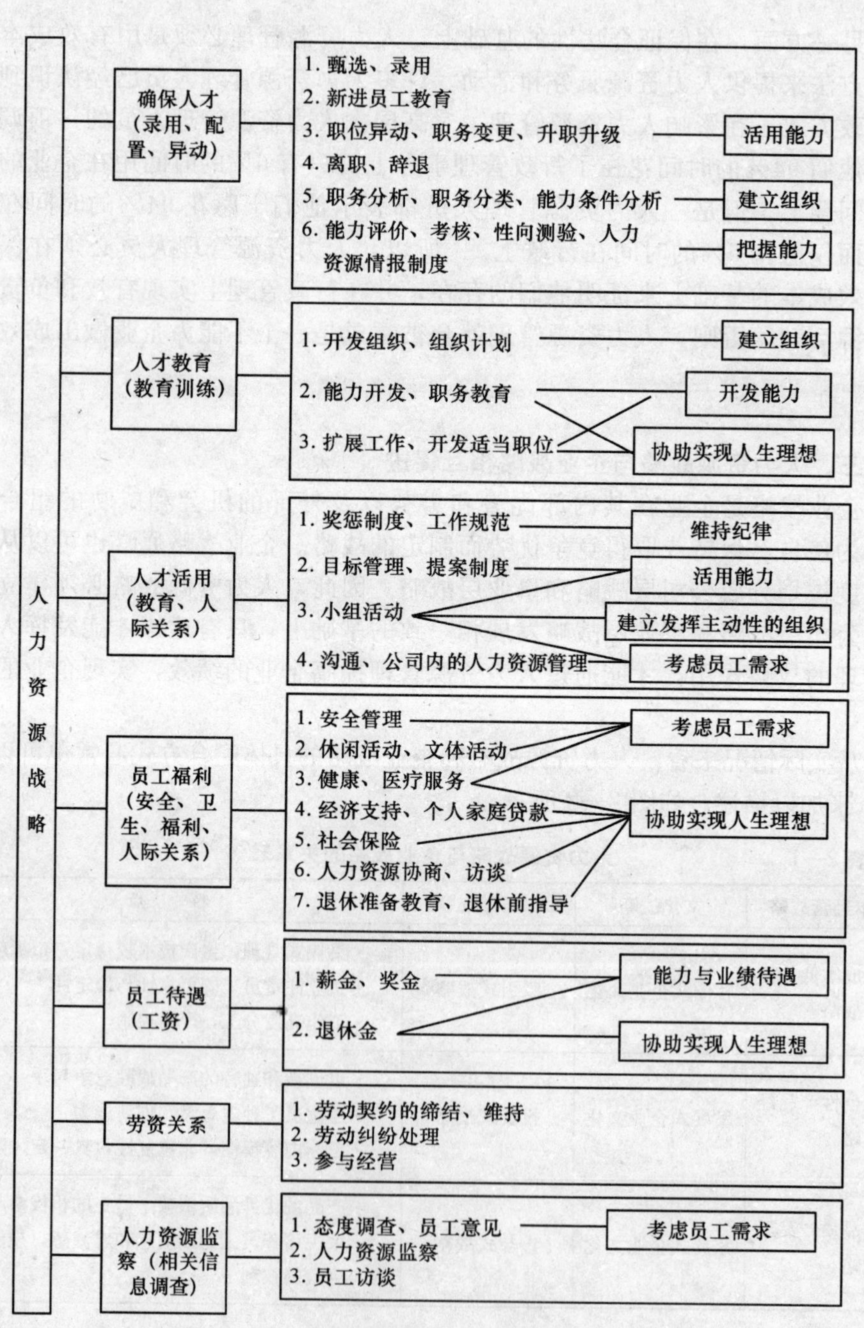

图 2—2 人力资源战略与人力资源管理关系图

理解人力资源战略和企业战略的关系需要从以下几个方面入手：

首先，人力资源战略是企业战略的重要组成部分和支撑，是企业总体战略的具体体现和实施。

制定企业战略通常需要考虑两方面的因素，一是企业内部资源状况，二是企业外部环境变化。人力资源战略可以为企业的决策提供内部信息，包括人力资源状况、人力资源素质、人力资源工作绩效的改进、人力资源培训与开发的效果等；人力资源战略还可以为企业提供外部信息，包括劳动力市场的供给状况、竞争对手所采用的人力资源激励方法等。

其次，企业战略是人力资源战略的前提和基础。

如同企业业务战略要求变化和发展一样，企业的人力资源规划也要随着进行相应变化和发展。有些企业花了很多的时间和精力来确定适应于特殊商业环境和企业战略发展的人才需求规划，如通用电气公司长期致力于开发与其众多不同业务部门的要求相匹配的管理人才发展规划。一般情况下，在环境变化的时候，企业往往指望招募到适合新环境的人，这实际上就是根据公司的战略定位确定新的人力资源规划要求。

企业不同的业务战略影响着人力资源规划，如一个制度化的企业需要比较传统化的管理者，也就是能够保持连续性、稳定性和控制力的人。随着企业的组织变得越来越灵活，为适应竞争环境的变化，需要有更加灵活的管理者或改革型领导人。

作为对企业战略概念的解释和延伸，目前在管理学界已形成了有效处理人力资源与企业业务战略适应性的各种方式。迈克尔波特提出了一个与企业战略有直接关系的人力资源管理方法，他确定了关键的战略选择（成本领导、区别或焦点）所要求的不同管理特征，人们可以用管理人才开发指标来具体地说明这些特征，而获得相应的人才，这也是公司战略得以确保的基本前提。①

具体的企业战略需要具有不同能力的人力资源。创业、高速成长、业务成熟、转型状态以及产业退出代表了一个企业生命周期的各个阶段，而每个阶段需要不同的管理人才。

最后，人力资源战略是实现企业战略目标的有力保障。

当今世界，工作日益复杂化，企业重组和兼并现象屡见不鲜，对信息技术的广泛依赖程度明显加深，所有这些都使得企业需要更加重视人力资源的管理，制定适合本企业发展的人力资源战略。人力资源战略可以帮助企业创造良好的企业

---

① 李佑颐，赵曙明，刘洪．人力资源管理的战略作用．国家自然科学基金资助项目．刊号 79930300

文化和工作氛围，增强员工的忠诚度，促进员工关系管理等，它是企业管理者手中强有力的武器。现在越来越多的企业已经开始意识到人力资源战略的重要功能，并开始跟随人力资源战略的角色进行转变，正像前文所提，从企业战略的“反映者”转变为企业战略的“制定者”和“贡献者”。

人力资源战略要想很好地发挥它的战略作用，就应该根据基于企业业务需要和企业文化的不同的企业战略来加以制定。

第三节 人力资源战略在人力资源管理中的作用

一、现代人力资源管理需要实现职能的战略转变

在对人才的激烈的争夺战中，企业对人力资源的管理和开发已经体现出了新的特征：

1. 跨国公司对人才的争夺将会更加激烈。随着外国公司人员本地化的趋势不断加强，这种对人才争夺的力度还将加大。

2. 企业和社会对人才素质的要求将会越来越高。随着人力资源的学历结构、知识结构、技能结构不断地调整更新，企业对人力资源管理者的要求也相应水涨船高。现代企业的人力资源管理已经不同于传统的计划的人事管理，控制变为支持，监督变为激励，命令变为指导已成为人力资源管理的新特征。

3. 吸引、留住、开发、激励高素质人才变得同等重要，人才培养已经成为提升企业竞争力的有效方式。

现代人力资源管理应该也正在逐渐实现其职能的战略性转变，从战略的角度理解企业所处的形势，进行工作分析和工作设计，进行战略人员配置和人员激励以及开发，推进企业变革。人力资源管理实现战略转变后的新角色包括以下几个方面：一是战略管理。协助企业实现制定的战略目标，使人力资源的战略目标与公司的战略目标保持一致。通过企业人员配备和开发，帮助企业实现经营目标。二是变革管理。根据企业内外的环境变化不断更新企业架构，引入新的管理方法和企业变革管理方法，帮助企业减少变革期间给企业带来的伤害和混乱。三是组织管理。设计有效的人力资源工作流程并经常改进，提供客户至上的员工服务。四是员工管理。人力资源部对员工的状况要保持高度敏感和积极回应，同时尽量建立无障碍沟通，为员工提供各种必须的资源和所需的系统帮助。

二、实现战略转变的人力资源管理可以促进人力资源管理和开发工作更顺利进行

1. 战略导向的人力资源管理要求人力资源管理从企业战略的角度出发，分析和诊断企业人力资源现状，为企业战略的制定准确、及时地提供有价值的人力资源各种相关数据。

2. 战略导向的人力资源管理可以灵活地按照各种制度规定，并结合企业的实际情况制定适合本企业发展需要的人力资源政策，建立起系统的人力资源开发与管理体系。

3. 战略导向的人力资源管理将薪酬体系和绩效评估体系的建设和企业战略有机地结合，可以提升人力资源管理工作的效率，吸引并留住适合企业的优秀人才，并对他们施以更有效的激励来发挥他们最大的潜能。

4. 保证人力资源管理系统的效率。在企业的实际人力资源管理工作中，存在着投入成本和产出收益之间的矛盾，行政管理和事务管理需要投入大量的人力成本，但并不能创造出最大化的价值。在企业实施成本领先战略中，应努力控制人力资源成本，这就需要将人力资源集中在与成本—收益关系紧密的工艺上，从人力规划和管理等方面进行严格控制。如何平衡行政管理、事务管理、人力资源战略管理三个方面的投入，是企业保证人力资源成本有效的关键。规范人力资源管理方面的行为，建立客观的人与事的评价与检测标准，建立相应法律法规，才能保障企业和劳动者的自身利益，保障双方的合法权利，使得人力资源管理系统更高效化、标准化和现代化。

三、人力资源管理者在人力资源战略实施中的角色转变

众所周知，用战略的视角从事人力资源管理，当然依靠组织中的全体员工，特别是组织中的高层管理者以及所有为实现企业战略目标而努力的其他业务管理者，因为他们中的每一个人都对工作流程和企业成果承担着最终责任。他们实际上影响着将人力资源管理充分整合到企业各个工作环节中的过程和最终结果，而这个过程和最终结果直接体现了他们为股东创造经济价值、为顾客创造合格产品或提供优质服务和为员工带来福利和发展的所有承诺。

不过，人力资源战略在日常的人力资源管理中真正发挥出作用的直接影响群体，应当是企业中的人力资源管理者。在今天的大部分企业中，人力资源管理者仍然被认为扮演着政策和规章督察的角色，他们一头扎在各种雇用和解雇的文件堆中和相关事物的处理之中，执行着由他人做出的薪酬决定。在得到企业高层管理者给予的更多授权时，他们会从事人员招募的日常事务、管理培训与开发计

划，或者设计加强员工队伍多元化的创新方案。但是，事实上，人力资源活动通常于组织所期待的实际工作相脱节。也就是说，并没有为企业因为人力资本的投入而带来更大的收益做出切实可行的贡献。难怪有人说，应当考虑在企业中废除人力资源管理。那么，人力资源管理者在人力资源战略实施中的角色应当怎样转变呢?

至少，人力资源管理者可以通过以下四个方面的转变，来促进人力资源战略的有效实施：

(1) 人力资源管理者应当把自己视为企业高层和各项业务管理人员在战略执行过程中的合作伙伴，帮助他们把发展企业的各项计划从办公室落实到各项经济指标上去。

(2) 人力资源管理者应当成为各项业务活动的专家，在每一个人力资源管理环节上彰显职业化。提高管理效率，在保证质量的同时努力降低成本，争取最大化的产出。

(3) 人力资源管理者应当是企业内员工各种合理愿望的支持者和表达者，能够及时向企业高层管理人员传递员工所关心的信息。与此同时，能够努力帮助员工提高对组织的奉献能力，并最大限度地帮助员工在组织中体现出这种能力。

(4) 人力资源管理者还应该是企业寻求持续变革的思考者和推动者。在企业制定工作流程、塑造企业文化、提高组织对市场的适应度中发挥积极的影响力。

【本章小结】

人力资源管理是企业有效运作的基础，更是核心。随着人力资源在企业中角色的演变，越来越多的企业已经清醒地认识到人才才是企业的第一资源。人力资源是一种战略性资源，企业为了在行业中占领制高点，并得到长期的发展，必须有大量的顶尖人才为企业服务，因此，对人力资源的管理应提高到一种战略的高度。人力资源战略和企业战略相互促进才能帮助企业成功地完成战略目标，但是由于每个企业的组织结构不同、特点性质不同，因此不能照搬别人的人力资源管理方法，而是应该选择适合本企业情况的人力资源管理方法和战略。我国企业中，在对人力资源管理方面还存在很多不足，更新观念、取长补短才能使企业中的人力资源管理活动为达成企业战略发挥应有之作用。

【重要概念】

人力资源战略　　企业战略　　企业文化　　组织结构

【复习思考题】

1. 人力资源管理在企业管理中的作用经历了怎样的演变过程?
2. 人力资源战略分为哪些种类?
3. 企业战略分为哪些种类?
4. 我国企业在人力资源管理方面存在哪些问题?
5. 在不同组织结构和企业文化下的企业应如何定位人力资源管理?

【应用案例 1】

诺德斯特姆公司的人力资源管理战略

高档商品零售商销售点上通常离得很近，并且往往出售虽不同但十分类似的商品。因此，他们的销售额和边际利润通常不相上下。但是，诺德斯特姆公司(Nurdstrom)却持续创造了高于行业平均水平的利润，并且在其他竞争对手利润下降或者利润平平的情况下，一直保持盈利。

诺德斯特姆公司成功的关键在于其独到的员工管理方式。在该公司，负责销售的员工被称为“合作者”(associate)，被视为公司最宝贵的资产。该公司成功的根源在于其“为顾客提供最佳服务”的战略。它鼓励“合作者”当企业家并与顾客或“客户”建立紧密的个人关系。实际上，许多客户只从诺德斯特姆的某个特定的“合作者”那里买东西，他们会主动与“合作者”打电话确定时间表或约定见面的时间。

诺德斯特姆公司的人力资源战略就是对本公司销售人员给予大力投资。该公司为“合作者”提供有关的商品和产品线的各种培训，并且还支付高额薪酬。该公司的组织结构图描绘得与传统零售商的正好相反，“合作者”处在结构图的最上层，接下来是部门和商品经理，最末层才是高级管理人员。这个事实正好说明了该公司对其员工的承诺。这种组织结构描述与公司“顾客至上”的经营理念紧密相关。高、中、初管理者的所有活动都应有助于销售人员的工作。

资料来源：[美] 杰弗里·梅洛．战略人力资源管理．吴雯芳译．北京：中国财政经济出版社，2004

问题：

(1) 该公司人力资源战略的特点是什么?

(2) 该公司人力资源战略怎样有力地支持了公司战略?

【应用案例 2】

美国西南航空公司人力资源战略的成功应用
——将员工需求满足与组织竞争优势能力相联系

美国西南航空公司通过以下几个方面证实了其杰出的全面战略：(1) 成为唯一一家 20 世纪 90 年代初盈利的美国大型航空公司；(2) 拥有最成功的航空公司股票；(3) 成为历史上唯一一家荣获银行业“三重王冠”称号（根据顾客满意度来衡量）的航空公司。以西南航空公司的成功为榜样，大陆航空公司（Continental）和联合航空公司（United Airlines）在提高盈利能力的过程中都效仿了西南航空公司的一些战略方法。

西南航空公司的成功在很大程度上归功于非常重视员工的创造价值。“LUV”和“FUN”是西南航空公司员工关系方法的基石，它表现了对个人的关注和尊重，有意创造了一种鼓励全体员工寓工作于乐的环境。西南航空公司的低人员流动率和高生产率表明，该公司为员工创造了巨大价值。

西南航空公司的成功还取决于它有能力把为员工创造的价值转化为顾客和股东价值。由于具备这种能力，便形成了西南航空公司的竞争优势，使其能获取价值。因此，正如佩弗（Pfeffer）所说，西南航空公司树立了一种通过人创造竞争优势的典范。

西南航空公司竞争优势的创造和保持可以看做是一种有效的循环。我们需要用激励、组织能力以及战略定位的理论来说明这种循环，首先，西南航空公司为其员工创造价值，这就激发了他们的动机；其次，西南航空公司通过设计操作流程，利用鼓励员工降低成本、改进服务的行为规范，将员工创造的某些价值转化成为顾客价值和公司价值；再次，西南航空公司通过低成本和高质量服务（相对于其竞争对手而言）获取价值。这种创造价值、转化价值、获取价值的循环可以用于其他劳动力依赖型服务（指劳动力成本在总成本中比例很大，员工可以极大地影响日常工作质量的服务）的行业，以构建竞争优势。

付费的意愿

西南航空公司通过以下手段增进其乘客的付费意愿：(1) 提供更高水平的服务（被定义为适应乘客需要的可靠服务）；(2) 提供频繁的往返航线；(3) 令乘客感到愉悦。这样，西南航空公司给许多乘客留下了独特的印象，他们在票价相同或非常相近的情况下会选择西南航空公司。特布·凯莱特（Herb Kelleher）简洁地描述了这个结果，“每个人都很看重以非常合理的价格提供非常优秀的服务”。

更高水平的服务是指航班更准时、行李更少丢失、乘客更少抱怨。交通部掌握的统计数据表明，西南航空公司在服务方面一直比其竞争对手好。西南航空公司将频繁的往返定义为每天有许多次航班往返于所服务的城市之间，使乘客能够方便地选择。该航空公司通过表演玩笑和逗乐来愉悦乘客，使人们在漫长的一天多一些愉悦，消除了一些紧张感。同时，西南航空公司对待安全问题的严谨态度使它在大型航空公司中保持了最佳安全纪录。

西南航空公司被称作“无装饰”的航空公司（意指只提供基本服务），这意味着付费的意愿会减少。但西南航空公司不提供的是那些乘客认为不太重要的服务。例如，在 65 分钟的航程中，一顿饭是不重要的；对乘一条航线直接飞往目的地的乘客来说，转机行李搬运是不需要的；在短途飞行中指定座位是无关紧要的，关心座位问题的乘客可以早些到达机场以保证得到其选择的座位。

价格

与其他大型航空公司对顾客进行复杂的细分，进而采用多种价格结构的做法相反，西南航空公司采用一种长期价格结构，其价格战略是提供特定市场价格最低（或等同）的机票。

由于西南航空公司的成本定位于其竞争对手，因此，在竞争者慢慢降价时，就不能稳定地保持其低价格的地位。但是，由于其竞争对手成本结构比较高，如果将价格降到与西南航空公司一样一般就会无利可图，从而使西南航空公司能确定其价格基线，有机会将价格调整到能够盈利的水平。这样，该公司获取的利润或附加价值就不会被“竞争”吃掉。

成本

西南航空公司发生的最大成本之一是人力成本。据美国航空公司（American Airlines）的 CEO 鲍伯·克兰戴尔（Bob Crandall）说：“没有任何其他行业的人力成本会在总成本中占如此大的比重。西南航空公司的大部分员工都直接参与全程运送乘客的活动，包括大门服务员、坡道服务员、行李管理员、机组乘务员和飞行员。同样，这些人不仅直接影响到成本，而且还影响到乘客的体验，这种体验会对乘客的付费意愿产生影响。”

西南航空公司付给其员工（其中 84%的人是工会会员）行业低等水平的工资，并提供按照行业标准来说不错的福利。基于这种薪资比例或短缺的福利，它并不占成本优势。但是，西南航空公司员工的生产率大大高于其他大型航空公司。这是因为机组乘务员和飞行员无论在空中飞行还是在地面工作都有工资，地面工作人员（行李管理员和剪票员、大门服务员和坡道服务员）无论是否在为飞机起飞做准备都有工资。平均而言，一般航空公司每个航班大约45分钟周转一架飞机（乘客登陆、飞机清扫、行李和补给装上飞机、飞机加燃料、新乘客登机），而西南航空公司平均只用17分钟。西南航空公司只在每天至少能起飞8次航班的城市开设服务。因此，它空中和地上的员工的工作效率都很高，这就降低了单位劳动力成本。此外，飞机利用率的提高，也降低了资本设备成本。从1992年西南航空公司可用座位成本可以看出这些成本减少的综合效应，每个可用座位成本为0.070 3美元，在大型航空公司中是低的。

为什么西南航空公司能通过压缩飞机的停航时间（从45分钟压缩到17分钟）来降低成本呢？原因有三个：第一，机型标准化，整个机群都由737型飞机组成；第二，没有膳食，食品补充比较快、比较容易；第三，也是最重要的——运营流程，比如登机手续和跨功能协调，与员工的“快速活动”相结合。西南航空公司的班机从一降落到打扫干净、准备就绪，飞机上和地面上的每个工作人员都努力做着每件事，以便下一班航班能准时起飞。有时为了有利于起程，连飞行员都帮助搬运行李。

西南航空公司的员工愿意快速工作并参加这些与众不同的经营流程，他们为公司做出了奉献。这种奉献可能使西南航空公司愿意进一步去满足员工的某些经济和非经济需求。许多社会心理学以及组织理论著述对这种现象进行了描述，Mow-day，Porter和Steers（1982），Walton以及Hackman论述了这种奉献精神的形成。March和Simon（1958）论述了认同与交换理论概念。根据这些理论，可以断定奉献源自于员工的需求在西南航空公司得到了满足。

在西南航空公司，满足非经济需求的手段是称作“LUV”为“FUN”的方案。LUV是该公司的一种核心价值观，是人与人相处的方式。LUV包括对个人的尊重和对他人的真正关心。实际上，LUV体现了这样的格言：“用你让他人对待你的方式对待他人。”其中的“他人”被定义为西南航空公司的组织成员，也包括顾客。正如西南航空公司的一位经理所说，“在西南航空公司，团队是最重要的……没有团队的成功，你不可能有个人的成功”。一位高级主管人员在罗列西南航空公司不成文的规则时将对内部和外部顾客的同情列在首位。但是，LUV至少是在西南航空公司并非是盲目的。一直未达到该公司标准的员工会被辞退。采取不可接受的行为的顾客也会被谢绝服务，被令其另寻其他航空公司。

FUN（玩笑）正好名实一致。西南航空公司实行了一种“工作时吹口哨”的哲学，班机乘务员可以藏在机舱顶上的行李箱中，让没有思想准备的乘客大吃一惊，大门服务员可以进行“谁的短袜上有最大的窟窿”一类的比赛。通过各种玩笑、社交聚会以及一般的娱乐行为，该公司到处充满了FUN。某航班经理解释说："我们这里就是一个大家庭，家庭成员在一起有乐趣。"赫布·凯莱赫将西南航空公司的 FUN 概括为："我们用实例证明，你不必心情紧张地去争取成功。"

FUN 和 LUV 都不是不经意地出现的。西南航空公司在面试中一般会问："使你感到最为窘迫的时刻是什么？"等问题，作出令人厌烦或以自我为中心的回答的人会被视为不合适的人员，被迅速地过滤出来，通过这样的人员甄选程序就能淘汰那些木讷、浮躁和没有爱心的人。正如某位经理所说"我们在发现那些不可能教会的东西"。LUV 和 FUN 根植于西南航空公司文化中，并体现在其经营政策上。例如，允许员工在夏季随意穿着，航班乘务员一般穿短裤和运动鞋。西南航空公司上上下下都观看一群员工（包括 CEO）表演"Southwest Airlines Shuffle"的录像（也称作" Just Plane Fun Rap"），以下是其中内容的摘录：

我们是西南航空团队，我们就是这个样子，没有 MVP，我们每个人都是巨星，飞行就是乐趣，服务就是乐趣，乐趣就是我们的顾客应当得到的东西。

公司资助社交聚会是常事。在这种活动中，鼓励员工穿着节日服装，CEO 在为乘客发复活节彩蛋时则穿着卡通兔子服装。一位员工评论说："这不只是一份工作……有博爱、福利、游戏……你可以去参加红辣椒烹饪比赛、圣诞节聚会、万圣节庆祝活动……总有些活动在进行。"（Levering and Mosk-ouwitz, 1993, 45）。航班乘务员工会主席公开声明："他们鼓励你走出来，享受美好时光。"FUN 和 LUV 创造出一种承诺，它改变了员工对他们与航空公司关系的认识，用经济学术语来说，这减少了他们的机会成本。

机会成本

个人的机会成本指的是以付出了特定量的努力而得到的最低报酬水平。报酬包括金钱（某些经济需求的满足）和某种程度上的非经济需求的满足。

根据简单程式化分析，西南航空公司借助卓越的员工关系减少了员工的机会成本，这一过程经历了以下三个步骤：第一，从员工个体的观点看，如果总报酬（金钱和非金钱报酬的总和）增长，则员工所得到的总价值也同样增长。在西南航空公司的案例中，金钱报酬相当于行业平均水平，而非金钱报酬则大于其竞争对手（也许归功于 FUN 和 LUV）。结果，员工所得到的价值增长了。第二，在组织为员工提供非金钱需求满足的时候，成本没有增加（或者说只有适当增加）。第三，当员工所得价值的增长高于成本的相应增加（如果有增加的话）的时候，机会成本减少。机会成本的减少也与员工对环境的理解一致。如果另一个组织以同样的工资和较低的非金钱需求满足为该员工提供工作的话，该员工会认为这个工作机会吸引力不如现在的工作。实际上，西南航空公司用一种使员工得到的价值大于公司成本支出的方式进行员工管理，从而创造了价值。

通过组织能力创造价值

乌尔亘奇（Ulrich）和雷克（Lake）把组织的能力主义定义为：建立影响其成员创造组织特有能力的内部结构和流程，从而使企业适应不断变化的顾客和战略需求的企业能力。西南航空公司为其员工创造价值的技能，既符合该定义，也符合巴尼（Barney）的定义。巴尼认为，这种能力一是很珍贵的，二是难以复制的，三是竞争优势的组成部分。

离开特定环境为员工创造价值不是一种组织能力。任何组织都可以为其员工创造某种水平的价值。西南航空公司为员工创造价值的能力之所以能作为一种组织能力，是因为该公司始终如一地为员工创造高于其竞争对手所提供的价值。

通过组织能力转化价值

前面所讲的机会成本下降并非完全成为员工生产力供应者的价值，这些价值的某些部分被西南航空公司重新获得，表现为员工在工作数量和质量上的杰出努力，这又转化为更低的成本和更好的服务。这种为顾客和股东重新获得价值的过程又由以下两方面构成：操作流程和植根于西南航空公司文化的行为规范。操作流程如跨职能协调、登记手续等有助于西南航空公司实现飞机 17 分钟的周转时间，并因此降低成本，针对“什么样的努力水平是恰当的”行为规范也有相同的作用。其他行为标准，比如将 LUV 扩展到顾客的行为规范，鼓励员工提供友善、准时以及无争议的服务。这两方面的标准都基于西南航空公司重视努力工作和顾客满意度的文化。西南航空公司的一位经理（过去是联合航空公司的员工）在描述公司个人所完成的工作量时说：“哇，我不知道你能做这么多……这正是在西南航空公司已经根深蒂固的事情……它正是公司期望你做到的事情。”（Levering &Moskowitz，1993)

尽管西南航空公司通过行为规范和操作流程来转化价值的能力很重要，但仅有它还不能为顾客和股东创造价值。员工必须愿意遵守这些规范并参与到这些操作流程之中。员工之所以是自愿的、积极参与的，是因为公司有能力为他们创造价值。因此，为员工创造价值和将价值转化为顾客及公司价值，这两方面的能力都是必不可少的。

资料来源：［美］杰弗里·梅洛．战略人力资源管理．吴雯芳译．北京：中国财政经济出版社，2004

问题：

(1) 美国西南航空公司是怎样理解其人力资源战略内涵的?

(2) 美国西南航空公司的企业文化怎样成功地支持了人力资源战略?

参考文献

1. [美] 劳伦斯·S·克雷曼. 人力资源管理 [M]. 孙非等译. 北京：机械工业出版社，1999

2. 张维炯，王建铆编. 人力资源与组织行为学（第一册）[M]. 北京：机械工业出版社，2004

3. 石峰编著. 人本管理：激活人力资源 [M]. 北京：中国物资出版社，2004

4. [美] 雷蒙德·A·诺伊，约翰·霍伦拜克，拜雷·格哈特等. 人力资源管理：赢得竞争优势 [M]. 刘昕译. 北京：中国人民大学出版社，2001

5. 刘善仕. 卓越人力资源实践：知名外企人力资源管理案例. 北京：清华大学出版社，2004

6. 李佑颐，赵曙明，刘洪. 人力资源管理的战略作用. 国家自然科学基金资助项目. 刊号 79930300

7. [美] 詹姆斯·W·沃克. 人力资源战略. 吴雯芳译. 北京：中国人民大学出版社，2001

8. 赵曙明. 中国企业集团人力资源管理战略研究. 南京大学出版社，2003

第三章

人力资源战略管理

学习目标

通过学习本章内容，能够准确地掌握人力资源战略管理的概念，熟悉人力资源战略管理的五个特征，全面地理解人力资源战略管理的宏观目标和微观目标，正确把握影响人力资源战略管理的内外部环境。

第一节 人力资源战略管理概述

一、人力资源战略管理的含义

（一）人力资源战略管理的概念

所谓人力资源战略管理是指企业为了实现经营目标，在人员规划、人员招聘和甄选、员工绩效考评、薪酬福利的设计和发放以及员工的培训与开发等诸多方面所制订，并依次实施的全局性、长期性的思路和谋划。

（二）人力资源战略管理的特征

从以上人力资源战略管理的定义中不难发现，人力资源战略管理具有以下几个显著的特征：

1. 全局性。它是关乎企业成败的战略性管理，是与企业的整体利益紧密联系的。

2. 长远性。这一战略管理的内容并不是一朝一夕就能够看到效果的，它需要企业的长期投入与关注。

3. 阶段性。虽然它是一项长期性的管理，但是，企业还是据此定出阶段性的目标，使这一项关系到企业生死存亡的战略管理能够分阶段地加以实现。

4. 稳定性。这一战略管理内容一旦确定，企业不会轻易对此加以大幅度地改变它，当然，随着企业总体战略目标的变化而做一些微调的可能性是存在的。

5. 应变性。与上一个特征相辅相成，当企业战略有大的转变，该项战略管理的思路、内容以及方法都可能随之加以改变。

二、人力资源战略管理内容的制定与实施

在企业中，人力资源战略管理的制定与实施，就是要采用相应的手段和方法，确定并实现企业人力资源的有效利用与培训开发所构成的中长期总体目标。

企业人力资源战略管理所要解决的，并不是一个一个具体的个别岗位的人员选用或一些偶然变化带来的人员安排的使用问题，它的基本着眼点是根据企业中长期发展的需要，从总体上考虑、谋划企业的人力资源发展目标，制定相应的实施方案与措施。通常，企业的人力资源战略管理内容，可以通过以下业务的划分方式加以制定和实施：

（一）人力资源规划

人力资源规划也可称人力资源计划，它是指对组织的需要进行识别和应答，并通过制定相应的政策、系统和方案来确保人力资源管理在变化的条件下持续有效发展的过程。有关这一方面的内容将在本书的后面章节详述。

（二）人力资源招聘与甄选战略

人员配置，也就是对未来员工的招募和甄选过程，始终是人力资源管理的一个关键战略领域。如果企业的业绩直接来源于所雇用的人员的话，那么，在人员配置过程中所采取的战略和所做出的决定会直接影响企业的失败与成功。

作为人员配置过程组成部分的决策可以对企业的利润产生重大的影响。一项调查发现，45%的公司按每人 10 000 美元计算人员流动成本，10%的公司按每人 40 000 美元计算人员流动成本。人员流动成本通常随职位等级以及工作复杂程度的增高而提高。在技术型公司，人员流动成本可能是令人惊愕的，例如，位于美国加利福尼亚州帕箩阿尔托（Palo Alto）的阿吉兰特技术公司（Agilent Technologies）按每名离职员工平均 20 万美元、每名软件工程师 25 万美元计算人员流动成本。①

（三）员工培训与开发战略

员工培训与开发日益成为企业的一个主要战略问题，主要是基于这样几点原因：

1. 技术的快速变化，不断加快技能的过时速率。

企业为了保持竞争力，需要不断使用现有的最好和最新的技术来对员工加以培训。当企业处于这样一个十分动荡的环境中实施管理，必然使管理人员萌发不断学习的需求。

2. 那些重新设计后具有更广泛职责的职位，也要求员工承担更多的职责，积极创新，进一步提升人际关系技巧，以确保其工作绩效达到标准。

3. 企业的兼并与收购活动大量增加。

实际上，这些活动需要将一个企业的员工整合到与其他文化差异较大的企业之中。当兼并与重组后的财务和业绩结果达不到预期目标时，原因很可能就在于企业的人力资源管理系统而不是运营和财务管理系统。

4. 员工比过去更加频繁地跳槽。

对某一个特殊雇主的忠诚度降低而更多地忠诚于员工自己的职业生涯，是当今企业面临员工持续高涨的流失率尴尬局面的重要原因。因此，需要企业花更多的时间使新员工融合到工作场所，以及花更多的资金和其他资源增加其忠诚度。

① ［美］杰弗里·梅洛．战略人力资源管理．吴雯芳译．北京：中国财政经济出版社，2004.187

5. 企业经营的全球化需要管理人员甚至普通员工都需获得相应的跨文化知识和沟通技能。

（四）员工绩效考评战略

众所周知，当今的任何一个企业在实现其战略目标方面，必须依赖于对员工绩效方面的管理能力，企业需要确保绩效标准与组织的需要相一致。所以，绩效考评比以往任何时候都更加成为企业的战略问题。有效的绩效考评战略要求员工和管理者能够一起设定绩效期望、审查效益、评价企业和个人需要以及规划未来。事实上，绩效考评战略已成为体现和完成企业战略最为重要的有效武器。这是因为，今天的企业不能容忍不能带来高业绩和生产率太低的员工。因此，企业需要更加完善它的绩效考评战略，以确保员工符合市场变化和适应组织需要的员工计划能顺利实施，及时指出绩效的缺陷并加以纠正，使员工的行为能够被正确引导到为特殊的目标绩效而努力的正确方向上，而这些目标是与工作团队和企业的战略相一致的，同时，也是向员工提供适当的明确反馈以帮助他们能够得到顺利的发展。

（五）员工薪酬福利战略

企业内部的员工薪酬福利作为组织的关键战略领域，对企业吸引求职者、留住优秀员工以及实现组织目标，进而确保员工始终拥有最佳的工作表现是至关重要的，可以说，都产生着直接的影响。值得注意的是，薪酬福利同时也日益变成了企业一个重要的经济难题：薪酬福利方案在企业的运营成本中的比重明显增长，这一现象在劳动密集型的服务行业中表现得尤为明显。所以，企业面临着一个重要的平衡性问题：一方面，必须确保薪酬和福利能够激励和留住优秀的员工；另一方面，薪酬与福利还应该使企业保持一种在市场上能够有效竞争的成本结构，确保企业战略不因成本的因素而失去竞争的优势。

（六）劳资关系的和谐战略

劳资关系对于企业来说，始终都是一种重要的战略性敏感和热点问题。因为员工与雇主间的劳资融合度直接会对员工士气大小、激励的效果和生产率高低产生巨大的影响。如果员工感觉到企业的雇用条件和状况不够令人满意的话，他们就不会做出绩效承诺和组织承诺。可以说，企业能否协调好日常的劳资关系，减少和避免劳资纠纷的发生，是企业能否最终实现其战略目标一个关键变量。

第二节 人力资源战略管理目标

人力资源战略管理的基本宗旨就是通过确保企业拥有良好技能、有责任心、有良好动机的员工，激发起他们的能力，以获得持续的竞争优势，目标就是要让员工在一个经常变化的环境中有一种稳定感，以便使企业、团队和员工个人的要求，通过发展和实施人力资源的政策和项目来得到满足。正如管理学家戴尔和霍尔德所说的那样，人力资源战略管理应当提出一种具有较宽内容，又能适应变化的一个整合框架。

在考虑人力资源战略管理宗旨的时候，有必要考虑人力资源战略对利益相关者的利益影响，其中包括雇员、业主和管理人员。用管理学家斯托里的话来说，那就是“柔性的战略人力资源管理”将更加重视人员管理之间的人际关系，强调工作的安全性、持续发展、沟通、参与，强调工作生活质量以及工作生活之间的平衡，特别是职业道德。用奎因·密尔斯的话来说，他们要时刻考虑人，考虑到整个企业中所有人员的需求和期望。如果只是“刚性的战略人力资源管理”，则是站在有益企业的角度上，仅仅强调了人力资源投资的回报。正像前文所述，人力资源战略的内涵中既包括了资本的含义也包括了人本的寓意。所以，最理想的是，人力资源战略管理应当试图去取得刚性和柔性之间的平衡。

一、人力资源战略管理的宏观目标

企业人力资源管理是指根据企业的战略目标制定相应的人力资源战略规划，并为实现组织的战略目标进行人力资源的获取、使用、保持、开发、评价与激励。正像前一章所阐述的那样，企业人力资源管理服从于企业战略的指定和实现。制定企业战略要反映人力资源的现实，实现企业战略需要通过企业人力资源的管理过程去获得和安置人力资源、培训和发展人力资源、评价和激励人力资源。因此，人力资源管理目标应该与企业战略目标保持高度一致，人力资源战略管理目标应该成为整个企业战略目标的一部分，人力资源管理目标是实现企业战略目标的中流砥柱。

从宏观的角度分析出发，人力资源战略管理的目标应当至少包括以下几个部分：

（一）规划人力发展

规划人力发展相当于为企业不断地注入发展的动力。企业的发展需要有适合各个岗位的人员从事工作来实现。在原来的计划经济条件下，员工一旦被录用，如果员工不是因为政治或者触犯法律的原因，企业是不能裁员的。同样，员工在不同企业之间的调动也具有非常大的难度。然而，在市场经济条件下，企业和员工是雇用与被雇用的关系，企业与员工都具有双向选择的权利。人员的流动是必然的，企业的裁员危险同样也是不可避免的。因此，规划人力发展就显得相当重要。人力发展包括人力预测、人力增补及人员培训，这三者紧密联系，不可分割。人力资源战略管理一方面对目前人力现状予以分析，以了解人事动态，另一方面，对未来人力需求做预测，以便对企业人力的增减进行通盘考虑，再据以制定人员增补和培训计划。所以，人力发展是人力资源战略管理的不可或缺的组成部分。企业进行人力资源战略管理，首先要进行人力资源的供求分析。企业的人力资源需求来自于企业的战略规划和组织外部环境变化对人力资源所提出的要求，它不仅包括需要人员的数量，还包括需要人员的质量（即职位类型和素质要求等）。另一方面，人力资源的供给分析则来自于对企业现有人力资源的盘点，包括组织现有人力资源的数量和质量。然后，通过对比人力资源的供给和需求，企业可以确定其现有的人力资源与未来的人力资源需求之间的差距，从而为制订企业的人力资源具体规划和设计人力资源战略管理的其他职能模块奠定基础。有关人力发展的具体方法和步骤将在后面章节详述。

（二）不断增强企业的人力资本

无论对于营利性企业还是非营利性企业，企业的生存与长久发展是所有活动的行动目标。在激烈竞争的市场环境下，企业的生存与长久发展依靠的是，企业能够敏感地发现和预测各种市场因素变化，并制定相应的资源优化配置方案。人力资源应根据企业的战略目标和企业人力资源状况科学地制定人力资源开发与管理战略，使人力资源的利用效率增加，从而使人力资源在企业中能够创造价值并实现价值的增值。

过去企业往往注重于卓越人才所创造的显而易见的价值，忽视了企业人力资源价值增值问题。所谓“得人心者得天下，得卓越人才团队者则可直取天下”，企业要想在市场竞争中取得决赛的最后胜利并固守既得成果，必须两者兼顾。历览古今中外在军事、政治、经济以及如体育竞赛等社会竞争领域，概莫能外。实际上，企业人力资源管理部门的工作除了从外部引进企业现阶段所需要的紧缺型人才和战略型的经营管理人才外，其重点主要还是在于加大对企业现有人力资源的开发和管理力度。现代社会的知识教育已经不再局限在正规院校围墙之内，知识渗透更加容易，为个体追求人的全面自由发展提供了理论上的可能。如果我们的企业管理者仍然推行老子式的“愚民”或“无为而治”政策，或者是泰勒式的欠缺人性化的单纯追求效率的科学管理方式，就不可能适应知识经济时代竞争和发展的需要。

企业应该充分认识到这种变化趋势，在企业人力资源战略设计上，尽可能考虑为有所追求的职员创造宽松环境和有利于学习成长的条件，设计好职员的成长空间，满足个性化和人性化管理的时代潮流。

人力资本是企业人力资源的全部价值，它由企业中的人以及他们所拥有的并能用于他们工作的能力所构成。人力资源管理的战略目标就是要不断增强企业的人力资本。

扩展人力资本的一个主要工作是利用企业内部所有员工的才能吸引优秀的人才。作为企业的战略贡献者，人力资源管理工作必须保证企业各个工作岗位所需的人员供给，保证这些人员具有其岗位所需的技能。对于人力资本而言，如果企业中技能人才严重短缺，将会危及企业的竞争力。企业通过内部的人力资源管理活动，想方设法留住员工，给他们提供更多的成长机会，为他们进行职业生涯的设计。作为企业战略作用的一部分，人力资源管理工作要积极提高企业中人力资源的能力，尤其是要提高对企业将来发展所需要的那些能力，通过人力资源的培训和开发来缩短直至消除企业所需技能人员和现有员工技能之间的差距。其主要活动是在企业内部给员工提供指导并为员工设计向上发展的职业生涯，通过培训和开发能使员工获得在企业内部进一步发展的能力和知识。此外，还可以通过与企业的战略目标相一致的绩效评估系统和薪酬系统的设立来增强企业人力资本的竞争力，达到扩展人力资本的目的。

（三）促使人力资源的合理运用

只有少数企业其人力的配置完全符合理想的状况。在相当多的企业中，其中一些人的工作负荷过重，而另一些人则工作过于轻松；也许有一些人的能力有限，而另一些人则感到能力有余，未能充分利用。人力资源规划可改善人力分配的不平衡状况，进而谋求合理化，以使人力资源能配合组织的发展需要。企业是为实现一定目标而存在的系统，组织结构就是为了更好地通过配置资源实现这个目标而将企业系统有机地细分为相互支持的子系统的集合。企业组织结构的最大问题在于它既不支持企业的经济目标，似乎也不支持企业的权力目标，更像是许多独立组织的硬性捏合，整个组织结构是条块分割的，无法形成一个系统，缺乏可运行的“管理生产线”。这既增加了组织运营成本，也会阻碍甚至扭曲经营管理信息的传递，破坏组织运行效率。治理结构与职位结构也存在类似的难题。人力资源的组织结构通常因不同的企业规模、行业特点等而有不同的种类。传统的人力资源管理结构是按照人力资源职能划分部门，各部门分管人力资源管理的一部分职能，再由负责人向人力资源副总裁汇报工作，而人力资源副总裁通常又需要向一位负责行政管理的副总裁汇报工作。然而，随着企业规模的不断扩大，各部门之间的协调越来越困难，而且人力资源管理职能已经从战略上对企业的有效性做出贡献，传统的直线职能式人力资源组织结构已不能适应企业发展的需要，新型的网络式、矩阵式、虚拟式等人力资源部的组织结构不断产生。

（四）配合组织发展的需要

任何组织的特性，都是不断地追求生存和发展，而生存和发展的主要因素是人力资源的获得与运用，也就是如何适时、适量地使组织获得和使用各类人力资源。由于现代科学技术日新月异，社会环境变化多端，如何针对这些多变的因素，配合组织发展目标，对人力资源恰当规划甚为重要。传统的人事战略管理主要关注的是确保企业在恰当的时间招聘到合适数量的雇员，即在对企业现有人力资源供给、企业战略目标对未来人力资源需求的影响等进行一系列分析和预测的基础上，确定如何吸收必需数量和质量的人力资源以满足企业发展需要。传统的人事战略管理偏重于根据供需产生的缺口，决定如何制订计划来解决人力资源供需之间存在的不平衡状态。然而，当企业受现有资金、人员、时间限制时，传统的人力资源战略管理没有提出受资源条件限制的企业如何突破以上“瓶颈”，如何提高人力资源战略管理能力，如何充分利用现有人力资源，以较低成本、较快速度填补人力资源供需缺口，实现人力资源战略目标基于整合的人力资源战略管理思想，强调人力资源是企业一项重要的战略资源，人力资源价值既具有总量特征，又具有结构方面的特征。它既具有数量、质量的特征，又随结构变动而变化。当人力资源总量一定时，人力资源结构的变动将直接影响人力资源价值的形成。人力资源价值从个体角度分析，可确定为人力资源所拥有的知识、技术、能力等质的特征，而当企业拥有一定数量人力资源时，人力资源价值不仅是相应数量个体拥有知识、技能的总和，而且企业对人力资源的任用和配置影响其结构的形成，从而进一步影响人力资源价值量的大小。因此，人力资源的战略价值不仅由现有人员拥有的知识、技术水平决定，也受人力资源管理能力的影响。当人力资源管理能力提高时，企业不仅能够得到相应数量、质量的员工，而且，企业根据内、外部环境条件不断调整人力资源结构，人力资源价值也会随之提高。因此，基于整合的人力资源战略管理思想，就是将资源与能力相互结合，根据人力资源规划过程涉及人力资源数量、质量、结构三方面，通过分析人力资源规划中的需求结构、现有结构、可变动结构、缺口结构、供给结构、新建结构等各结构之间的相互关系，从动态的角度揭示资源与能力的互动关系。

（五）保证有效的成本系统

影响企业结构用人数目的因素很多，如业务、技术革新、机器设备、组织工作制度、工作人员的能力等。人力资源规划可对现有的人力结构做一些分析，并找出影响人力资源有效运用的瓶颈，降低人力资源在成本中所占的比率。

在企业的实际人力资源工作中，存在着投入成本与产生价值之间的矛盾，行政管理和事务管理需要投入大量的人力资源成本，但并不能创造出最大的价值，而人力资源管理战略相对需要投入的人力资源成本较少，却能产生高附加值。

作为企业战略的贡献者，人力资源管理必须用合法和有效的成本方式来提供人力资源服务和活动。然而，根据对一些企业人力资源管理的调查表明，人力资源管理投入的分配与它们实际对企业的价值贡献之间是不相适应的，人力资源管理的大量时间和成本集中在行政管理上。然而，人力资源管理的最大价值却是在战略管理上，行政管理活动只对企业产生有限的价值。在过去的几十年里，许多国家制定了与人力资源管理相关的大量法律和规定。其结果是，企业的人力资源管理人员必须花费相当多的时间和精力来保证其工作遵从这些法律和规定。人力资源管理的任务就是保证企业内的经理和员工了解这些法律和规定，以减少法律责任和投诉。所以，从某种程度上说，人力资源管理的主要工作是减少企业所面临的法律问题，从而减少因法律问题而导致的成本开支。

（六）使企业获得持久的竞争优势

不同的企业发展战略要求不同的人力资源战略与之相适应。人力资源战略是企业人力资源部门一切工作的指导方针，是企业发展战略的核心。企业发展战略是使企业能够在竞争中保持和取得优势而制定的企业长远目标和与目标保持一致的行为计划，通常分为公司战略和事业层战略。只有当人力资源战略与企业战略相适应时，才能充分发挥人力资源在企业发展战略中的独特作用，从而最终达到提高企业发展战略的目的，提高企业的效益，为企业取得竞争优势。

众所周知，人力资源相对于企业其他资源来说，是一种较为独特的资源。人力资源具有一定的排他性。也就是说，企业员工的一些能力只适合本企业，这种能力只有在一定的环境下才能够发挥其最大的效用。然而，每个企业又是一个有其自身特色的小环境。虽然在整个大环境下各个小环境之间有着千丝万缕的联系，但是人力资源在不同环境之间的转化需要一定的时间。确切地说，在这个企业中的人力资源能够实现效用最大化，如果换一个企业环境，效果就不如以前那么理想。因为竞争者很少有机会接触到对手的人力资源管理实践，即便可以接触到并加以模仿也很难获得同样的效果，所以企业自身所拥有的人力资源在一定程度上可以说，在人力资源管理中所形成的竞争优势能够持久保持并且比较难以模仿。因此，系统的人力资源战略管理能够保证企业在市场竞争中具有特殊的竞争优势。

如何实现人力资源的配置效用最大化，如何建立适合本企业的人力资源管理系统将是人力资源战略管理的目标之一。因此，构建高效的人力资源战略管理体系有着十分重要的意义。它包括五项基本工作，即5P模型：识人（perception），选人（pick），用人（placement），育人（professional），留人（perservation）。它是以识人为基础，选人为先导，用人为核心，育人为动力，留人为目的的人力资源管理体系。在人力资源管理功能上，应该建立起以识人为基础的工作分析系统，以选人为基础的招聘选拔系统，以用人为基础的配置与使用系统，以育人为基础的培训与开发系统和以留人为基础的考核与薪酬系统。这五大系统是建立企业人力资源管理体系的标志，也是其运行机制的重要方面。

总之，人力资源战略目标往往是企业人才观念的集中体现。目标的内容种类很多，也呈现出多种色彩。如：微软公司奉行的是“以最丰厚的政策吸引最优秀的人才”；宝洁公司强调与员工共同成长和健康地生活；而亚洲最佳雇主 Leviala 公司则提倡员工快乐工作。这些目标都反映了企业如何从根本上评价员工的价值，并根据这样的价值观来确定管理的方向。

二、人力资源战略管理的微观目标

企业人力资源管理体系从企业人力资源管理职能的角度划分，可分为人力资源管理体系的人力资源战略规划系统、工作分析系统、招聘系统、培训与员工发展系统、绩效考核系统、薪酬福利系统等六大子系统，其中企业人力资源战略规划统领其他子系统。

（一）人力资源战略规划系统

人力资源战略规划系统是指企业为适应内外环境的变化，依据企业总体发展战略，并充分考虑员工的期望，而制定的企业人力资源开发与管理的纲领性长远规划。人力资源战略规划是企业人力资源开发与管理活动的重要指南，是企业发展战略的重要组成部分，是企业发展战略实施的有效保障，也是各项具体人力资源管理活动的起点和依据。它可以分为企业人力资源战略规划、企业组织变革与组织发展规划、企业人力资源管理制度改革规划、企业人力资源供给与需求平衡计划等子系统。

（二）人力资源管理的工作分析系统

工作分析是对组织中各工作职位的岗位设置目的、岗位职责、岗位工作内容、工作关系、工作环境等工作特征以及对完成此工作员工的素质、知识、技能要求进行调查后并进行客观描述的过程，工作分析的结果就是编制出《岗位说明书》。工作分析最核心的内容包括工作说明和任职资格两大部分内容。工作说明旨在客观准确地对职位相关要素进行描述，是针对职位的，通常包括该职位的主要工作职责、主要工作内容、完成工作所需要的职权、在履行工作时与其他职位发生的工作关系和工作条件等内容。这项工作是管理规范化的基础，任何一个新入职者都可以通过工作说明来了解这个职位。任职资格是对能胜任职位者所具备的特征进行客观描述，是针对任职者的，通常包括任职者基本特征（包括年龄、性别、学历、专业、性格等）、工作经验要求、工作技能、任职前需要的培训以及可能的特殊要求等内容。通过任职资格的描述，企业就可以把人和职位进行合理的匹配。工作分析是整个人力资源管理活动的基础和前提，它有着极为重要的意义。

（三）人力资源管理的招聘系统

招聘系统是在人力资源战略规划系统做出企业人才供求分析之后才启动的。招聘就是寻找并吸引合适的、有潜力的、薪金合理的工作候选人来从事企业内部的工作，只有吸引到优秀的人才，公司才能在市场竞争中取胜。好的员工能为公司创造更多财富，还能为公司赢得更多潜在的客户和合作伙伴。

（四）培训与员工发展系统

培训作为开发与发展人力资源的基本手段，在提升企业人力资本价值、增强企业竞争力方面有着重要作用。导入人力资源管理的企业特别注重对员工的培训与开发。企业一般从公司发展和员工职业特征角度来为员工设计职业发展规划。有些企业在设计员工职业发展规划时只是从企业发展规划画出员工发展路径，对于员工如何按照其路径来实现自己的职业目标并没有制定出可操作的流程和制度，所以职业发展路径也就成为水中月镜中花。要想真正“充实”职业发展路径，就要组织系统的工作分析，通过工作分析来明确界定每个职位的具体的任职资格以及为达到任职资格所需要的相关职业培训，所以工作分析是个人职业发展规划的基础。

（五）绩效管理系统

由于绩效考评是对人的评价，它关系到所有被评价者的切身利益，所有的人都很敏感。所以，在绩效考评中，除了要有一套科学的绩效考评指标之外，还应该实施培训，同时，要进行沟通、沟通、再沟通。绩效管理与传统的绩效考评有很大的差别，绩效考评仅仅是绩效管理的一个环节，而绩效管理是一个包括计划、组织实施、控制与绩效改进（绩效管理的重点）的全过程的管理。绩效管理不仅仅是人力资源管理的职能，它更是企业战略管理的组成部分。

（六）薪酬福利系统

在人力资源开发与管理中，薪酬福利管理是一项重要的内容。薪酬制度是否科学，给予员工的福利是否让员工满意，不仅关系到员工的切身利益，也将直接影响企业的人力资源效率和劳动生产率，从而影响企业战略目标的实现。

第三节 人力资源战略管理的环境

企业运行的环境对其成功有着深远的影响。在一个企业中，人力资源依存于企业环境中，且为企业环境的第一大要素。企业环境作为人力资源管理的一个存在载体，为人力资源管理提供配置资源、机会、限制，这些将决定人力资源管理真正意义和存在性。当人力资源管理能够提供企业环境所需要的人才和劳动生产率，并为企业环境所接受时，人力资源管理才能在企业中持续发展和为企业带来动力。同时，企业也要面对许多新的挑战。企业通常以采纳或修正战略的方式来抵消变革中的不利影响或对这种变革加以利用的能力决定着它的成功甚至生存。在本节中，我们把影响人力资源战略管理的环境分成两部分，一部分为影响人力资源战略管理的外部环境因素，另一部分为影响人力资源战略管理的内部环境因素，以便我们在人力资源战略管理的过程中能够更加清晰地把握这些环境变化因素。

一、内部环境因素对人力资源战略管理的影响

企业人力资源内部环境或条件是企业经营的基础，是人力资源战略制定的出发点、依据和条件，是竞争取胜的根本。对企业的内部环境进行分析，其目的在于掌握企业人力资源目前的状况，明确企业人力资源所具有的长处和弱点，以便使确定的人力资源战略目标能够实现，并使选定的人力资源战略能发挥优势；同时对企业的弱点，能够加以避免或采取积极改进的态度。内部环境是条件，创造了条件，抓住了机遇，企业的人力资源开发和管理就会很顺利。

一般来说，一个企业的人力资源内部环境包括企业可能获得的资源的数量与质量、企业战略与企业文化、员工期望等几个方面。对每一方面的分析和评价，需要回答一系列的问题。从对这些问题的答案中，就可明确企业所具备的长处和劣势。

（一）企业可能获得的资源的数量、质量与结构

首先是人力资源现状与趋势分析，即组织内部人力资源的供需状况与结构层次；其次要分析组织可利用的其他资源，包括技术信息等，特别是和人力资源管理与开发有关的资源，同时要对每种资源进行评估，以确定每项资源对组织的优势与劣势。

进行企业人力资源的数量与质量的分析就像观察一个人，不仅要看他的身高、相貌，还要看他的能力、心态，才能做出综合判断。典型的人力资源的数量与质量分析分为两部分：静态分析和动态分析。静态分析包括性别结构、年龄结构、人员配置图、职务结构、职称结构、专业结构等方面，这些指标大家经常看到；动态分析包括流动率、晋升率、员工满意度、各岗位能力评估、继任计划等方面，其中有些指标可以定期完成，有些则需要不断调整，比如继任计划。

对未来的预测是最难的，准确程度是很低的，但人才储备又是实现企业战略所必需的，这就给人力资源管理者出了一道难题。在需求预测方面，一些常见方法有：查漏补缺的判断法、预测跟进业务的基准法、对已有业务的比率预测法、自下而上的调研法和抽象个别因素的回归分析法。这方面的研究告诉我们，由于基础信息的不完备，以及大量假设和不可控因素的存在，长期预测很难保证有效性。尽管如此，预测还是要做的，正如一位管理学家指出的："在掌握信息的40%的时候就要做出决策，因为要等到拥有70%的信息时再做决定就已经晚了。"

为了做好人才的"质"与"量"的配合，人力资源战略还要制定出相关政策与措施的指导原则。这些政策就是大家耳熟能详的考核制度、薪酬制度、用人制度等。明确了人力资源战略的重点，自然就会找到各种措施的平衡点。

（二）企业战略与企业文化的分析

人力资源战略派生并服务于企业的总体战略，人力资源战略必须与组织整体战略协调。企业文化对人力资源战略有很大的影响，它决定了员工价值观与行为规范。人力资源战略的制定还需考虑企业文化因素。

文化是一个民族、国家进行战略选择的根本，也是企业的灵魂和永续生命力的根源。根据制度学派的理论，文化作为独特的非正式制度，对企业人力资源管理的实践起着重要的影响作用，不同文化背景下的企业人力资源管理模式有着显著的区别。中国传统文化是以儒家思想为基本价值取向的，主要内容包括强调道德伦理、家长制观念、"中庸之道"和"以人为本"等。这样的传统文化对我国人力资源管理工作的影响是深刻的：第一，将人的道德性看做人的存在价值的主要标志，"德不称其任，其祸必酷"；第二，家长制观念带来家长式领导；第三，强调"中庸之道"，即注重人际关系的和谐；第四，与西方相比，我国古代就追求“天人合一，以人为本”。美国是一个市场经济较为成熟和完备的国家，美国文化的特点是崇尚法治，而非人治，鼓励个人奋斗，强调个人主义，强调科学的定性和定量分析，因此，美国人力资源管理工作具有典型的市场化配置特征。这使得美国人力资源管理模式呈现出法治化、规范化、技术化的特征。由于人在一定程度上是文化的产物，因此，企业文化对企业人力资源战略管理有着深刻的影响。

企业战略应与企业文化相互适应和相互协调。企业文化主要表现在企业的价值观念、行为准则、愿景和使命上，说明企业为什么存在（why），企业是什么（what）以及该怎么办（how）的问题。在研究中发现，优秀的企业文化可以塑造优秀的员工，提高员工的认同感和责任感。作为企业或企业家行为选择结果的企业战略调整、变革决策必然要受到企业文化的影响。企业文化是企业员工普遍认同的价值观念和行为准则的总和，这些观念和准则的特点可以透过企业及其员工的日常行为而得到表现。因为文化对企业经营业绩、企业成长与发展水平存在着影响是一个不争的事实。其对企业经营业绩以及战略发展的影响主要体现有：导向功能、激励功能以及协调功能。企业文化影响着企业员工，特别是影响着企业高层管理者的行为选择，从而影响着企业战略调整方向的选择及其组织实施。正是由于这种影响，与企业战略制定或调整和组织实施过程中需要采用的其他工具相比，文化的上述作用的实现不仅是高效率的，而且可能是成本最低、持续效果最长的。从这个意义上说，文化是企业战略管理的最为经济的有效手段。例如，世界优秀企业成功背后都有其强烈的企业文化基因发挥关键性作用。如英特尔精神——“只有偏执狂才能生存”；海尔文化——“日清日高，日事日毕”。

因此，人力资源管理者必须高度认识企业文化的战略地位，文化管理乃为人力资源管理的最高境界。在实际工作中，通过组织文化的提炼、诠释、传承、创新，借助人力资源流程认真贯彻和时时培训教育，鼓励员工为了追求美好的愿景，实现共同的使命而愉快、勤奋地工作，塑造与企业相适应的员工，把哲学理念的抽象转化为生产力，直接作用于企业的生产。

（三）员工期望的分析

“没有满意的员工就不会有满意的顾客”，这是现代企业管理者的共识。传统企业曾以牺牲员工满意度来保证顾客满意和“企业满意”，实践证明，这样做只有一时之功而无长久之效。

所谓员工期望，就是指员工通过对自身掌握的信息和从外部获得的信息进行综合分析、评估的基础上，在内心中所形成的对企业提供给自己的“产品”（包括工作、薪酬、福利等）的一种基本要求，并据此对企业的行为形成的一种期望。

行为科学家对人类的各种需求提出了许多假说，企业对员工激励的方式就是建立在满足员工需求的基础之上的，其中比较著名的是马斯洛关于需求的五层次论。这里我们可以借助这一理论看看怎样管理员工的期望，给员工以合理的激励。

马斯洛的五层次需要包括：生理上的需要，安全上的需要，感情上的需要，尊重的需要，及自我实现的需要。其中，生理需要、安全需要和情感需要属于相对低层次的需要，包括人们要求生存、要求保障自身安全、需要友爱和归属感等。尊重的需要和自我实现的需要属于高层次的需要。尊重的需要可以有内部尊重和外部尊重。内部尊重是指一个人希望在各种不同情境中有实力、能胜任、充满信心、能独立自主。总之，内部尊重就是人的自尊。外部尊重是指一个人希望有地位、有威信，受到别人的尊重、信赖和高度评价。尊重需要得到满足，能使人对自己充满信心，对社会满腔热情，体验到自己活着的用处和价值。自我实现的需要是最高层次的需要，它是指实现个人理想、抱负，发挥个人的能力到最大限度，完成与自己的能力相称的一切事情的需要。也就是说，人必须干称职的工作，这样才会使他们感到最大的快乐。马斯洛提出，为满足自我实现需要所采取的途径是因人而异的。自我实现的需要是在努力实现自己的潜力，使自己越来越成为自己所期望的人物。

至于在企业界，无论是生产线上的工作人员，还是基层管理人员，甚至高阶层的经营管理人员，每个人都有不同的期望：求职时希望找到理想的工作；被录用后希望试用成绩良好；试用及格后希望能够在工作上胜任愉快，希望有培训机会多学一点，希望考核成绩好、年终加薪幅度比别人高，希望工作有成就感，快速升级……有的职员一方面自信有能力达到自己的理想，不能达到时不服输；另一方面，又觉得现实冷酷，太不公平，付出的努力得不到相应的报酬，而产生内心的矛盾——究竟是安于现状？还是继续努力？向理想迈进？还是自暴自弃？因此，如何利用员工的期望来达成人力资源的管理是业内人士应该考虑的问题。我们应贯彻这样一种思想：赢得员工的精神是成功的人力资源管理的基石。所以，制定人力资源战略时必须充分考虑员工的期望，这样才能保障企业的长远利益与员工队伍的稳定发展。

二、外部环境对人力资源战略管理的影响

战略性的人力资源管理明确地承认每一个领域中外部环境的威胁与机遇，并试图抓住机遇从中获利，同时把不利的影响降到最低程度。对一个企业来说是威

胁的因素，也可能对另一个企业来说就会成为机会。例如，由于伊拉克战争的爆发，使得近几年全球市场的石油价格节节攀升，这也许对于以石油为燃料的电力企业来说是个威胁，但对于以煤炭生产和运输商来说却是一个极好的机会。

我们可以大致将这些因素区分成两个大的类型：社会环境和任务环境。

社会环境包括各种趋势和普遍力量，这些趋势和力量与公司没有直接的联系，但是它们会最终、间接地对企业造成影响。在社会环境中，这里主要指的是四种典型的普遍力量：经济力量、技术力量、法律和政治力量以及社会文化等因素力量。这些力量通过他们对任务环境的作用而自始至终、间接地影响着某一特定公司是否能成功。

任务环境包括直接影响该企业的运营和战略的那些因素。这些因素也被企业的运营状况所影响。这里将要考虑下列任务环境因素：劳动力市场、竞争、市场（顾客和委托人）以及其他利益相关者，例如，政府和特殊利益群体。任务环境因素与企业有直接的联系，而且受到社会环境因素的影响。

有关影响人力资源战略管理的外部环境，也可以从以下的划分角度进行分析：

（一）行业与竞争对手分析

这一因素主要是指行业情况、产品生命周期、本企业在行业中所处的地位、市场占有率、主要竞争者的优缺点及其人力资源情况等。

市场环境是外生变量，企业是环境的接受者。随着中国加入世界贸易组织，中国经济将逐步真正融入经济全球化的大潮之中，市场范围倍速扩大，专业分工也倍速深化，对于中国企业来说，国内国外市场的界限已日益模糊，国内市场和国际市场逐渐统一，它们的区分只是纯粹的地理概念。经济全球化与经济市场化构成企业生存和发展的基本环境，不适应环境则必然被市场淘汰。因此，企业面临的挑战之一就是建立适应市场环境变化的人力资源战略。

竞争对手的人力资源战略与举措对一个公司的人力资源战略形成有直接的重要影响。如果一个公司发现它的竞争对手对相似的工作支付更高的工资，那么如果该公司要吸引并留住生产率高的劳动力的话，它就必须决定是与竞争对手的工资水平持平还是超过它。竞争对手的其他战略对某个特定公司来说会决定它的总体地位。例如，虽然苹果电脑公司从创建开始经历了极高的增长，但是在 20 世纪 80 年代中期 IBM 进人个人电脑市场时苹果电脑公司面临了严峻的竞争。IBM 是一个让人望而生畏的竞争对手，并且开始给苹果公司带来负面的影响。苹果公司从百事可乐公司聘请约翰·斯卡利（John Scully）作为首席执行官来设计新的企业战略和市场营销战略，并且成功地取得了复兴。在 20 世纪 80 年代后期和

90 年代早期，尽管 IBM 遭受了下滑和减产，苹果公司却一片繁荣。到 90 年代中期，康柏、戴尔及其他竞争对手加入持续增长的个人电脑市场，苹果公司又一次遭受大规模减产。

在人力资源战略形成过程中，竞争因素一直是一个重要力量，但是在 20 世纪 80 年代后期竞争因素呈现出新的重要意义，此时正值美国经历 30 年代大萧条之后最严重的一次衰退。迈克尔·波特的《竞争战略》一书确定了新的竞争基调。从本质上说，波特的模型表明对一个产业来说四种主要的竞争因素确定了竞争的舞台。这就是：(1) 这个市场的潜在进入者；(2) 公司的客户；(3) 各种供应商的行动；(4) 可得到的该公司产品的替代品。每一股力量都与其他的力量以一种动态的方式相互作用以建立起某一特定水平和类型的竞争。例如，迈克尔·波特的四种主要的竞争因素中，我们同样可以看到，制定人力资源战略时必须注意的竞争因素影响。人力资源战略中的市场的潜在进入者指的是某个职位的未来供给量是否会提升或者下降？是否有类似的技术人才转行到稀缺资源的岗位上去，等等。

在第二章中，我们考察了企业整体战略的形成是如何影响人力资源战略的。我们可以通过指出两个趋势来概括竞争舞台。首先，在许多市场中竞争成为全球的，尤其是消费类电子产品和计算机、钢铁以及汽车行业更是如此。美国公司不能再忽视来自其他国家和地区的强大竞争，尤其是德国、日本、中国台湾以及韩国。第二，正如我们在前面指出的，在 20 世纪 80—90 年代，美国公司经历了一次大规模的收购狂潮。这一系列的收购和合并把国外公司和国内公司都卷入其中，并且在国内的许多产业部门中将许多公司的力量整合在一起集中在少数人手中。在 80—90 年代期间，一直延续着这种收购和接管的战略，并且使得公司制定了进攻和防守两种竞争性接管战略。特别是，恶意接管对许多公司来说是件棘手的事情。市场的竞争加剧必然导致各个企业之间的人才竞争日趋白热化。不断地监督竞争者的人才策略将为企业带来更强的竞争力。

(二) 劳动力市场分析

如同雇主争夺顾客一样，它们也在争夺雇员。在吸引雇员、给付酬劳和使用雇员方面的竞争力量，对于每个公司的人力资源战略都有着极大的影响。这些力量在各个区域内都会发生作用。

劳动力市场的属性由社会环境中所有要素决定，该市场的属性包括劳动力供需状况及趋势、就业及失业情况、劳动力的整体素质以及重要人力资源可能的变化预测等。这些变化对现在和未来的劳动力市场的形成有着重要的意义。因此，在确定人力资源战略时，劳动力市场是一个非常重要的因素。无论在哪个国家、地区，劳动力市场都代表了劳动力结构。构成劳动力市场的关键四个维度是：失业率、受教育水平、职业水平，以及年龄、性别和种族。

1. 失业率

失业率的高低是劳动力供需关系的直接反应，它是衡量一个地区劳动力市场供需紧张状况的指示器。同时，对失业率的分析并不能只局限在表面数据上。深层次的挖掘数据底下潜在的信息是人力资源战略设计者所必须具备的能力。例如，由于经济动荡导致的失业率上升与行业萎缩导致的失业率上升的情况是不同的，它们所反映的劳动力市场情况有很大的差别。

2. 受教育水平

劳动力的受教育水平严重影响企业的发展。现在我国许多企业正努力从原先为外国企业加工产品转变成拥有自主知识产权的生产、研发基地。在转变的过程中，不仅对研发人员的受教育水平有着非常高的要求，同时对于管理、生产人员的教育水平要求也不断地提高。评估现在与未来的劳动力受教育水平，制定企业的人力资源发展战略是相当必要的。

3. 职业水平

随着科技的发展，现在中国劳动力大军中包括更多的白领和技术专家岗位，蓝领和工人岗位因机器智能化而逐渐减少。但是，由于法定劳动时间的缩短，人们有更多时间休闲，所以服务业中的就业机会在增加。就某个具体职业而言，专业所占比例上升幅度非常大的职业为计算机类的职业。今天紧缺的人才，在未来又会是一个什么情况呢？这些都将影响到企业人力资源战略的制定。

（三）社会文化与法规分析

社会文化与法规分析包括政治环境、风俗文化、国家法律法规等，这对跨国公司尤为重要。

1. 社会经济状况对企业人力资源战略管理的影响

物质决定意识，经济基础直接影响上层建筑。每个社会都有自己的主导价值观，它决定了社会风气的性质和方向，直接影响人的行为。管理心理学认为，人的行为受动机的驱使，动机又受到需求的支配。马斯洛的需要层次论提出了人的基本需求的五个层次。改革开放 20 年来，我国的国民生产总值逐年递增，并成功地加入了世界贸易组织，这些都为中国企业的发展和加强企业人力资源战略管理工作提供了强有力的物质基础。但是，我国企业的人力资源战略管理与发达国家相比还有很大的差距，1990 年我国的教育经费占国民生产总值的比重只有美国的 40.4%，而总量更少。各行各业的人力资源战略管理的发展也不平衡，有的企业还苦于找不到治厂良方。总体来看，人力资源的开发和管理与当前的社会经济发展和文明进步还不协调。而世界经济发展的历史已经表明，人力资源的开发和管理越进步、越充分，对其他物质资源的开发和利用也就越进步、越充分。因此，从社会经济的大环境看，我国的企业界还应顺应当今世界由物力资源开发向人力资源开发大转折的潮流，建设人力资源依托型的经济。

2. 法律环境对企业人力资源战略管理的影响

法律是一切活动的行为规范，企业要想在竞争的环境下获得发展，就必须遵守游戏规则。然而，仅仅是遵守游戏规则是远远不够的。遵守游戏规则只是企业谋求发展的前提，充分的预测和利用游戏规则才是人力资源战略管理的关键。

很可能外部环境中的其他任何部分都没有法律环境中的变化对人力资源管理的影响大。在几乎所有与雇佣关系有关的方面——从雇用到解雇——都有法令颁布。法律环境表现为一个复杂的法律法规网络，这个网络极大地限定并且明确指出在人力资源管理中什么是合法的。逐渐形成这些法律是由于劳动力市场中的各种弊端，例如，虐待童工、性骚扰、缺乏工伤保护、解雇老年人和残疾人及故意歧视某些群体，这些弊端都会导致极端的贫困。有时候我们会忘掉这些带来了过多的与就业和人力资源有关的法律的社会弊端。由于这些法律的复杂性和法庭案例及执行条例出台带来的司法解释的频繁变化，明智的管理者在遇到问题时会求助于律师提供法律建议。在这里，覆盖了大多数管理者应该熟悉的基本原则，但是并不打算把管理人员训练成劳动法律领域的律师。

企业同时也可以充分地利用法律法规。例如，某员工在某方面具有残疾，但这种残疾并不影响他所从事的工作，国家法律规定企业是不能因为员工的残疾而解雇。但是，我们可以反过来考虑这个问题，例如，现在一些地方法律法规规定，如果某一企业接受一个残疾人员、下岗职工，可以享受某方面的减税优惠。社会经济生活中一个越来越明显的趋势是对市场的管制越来越少，而对与人有关的事务的法律限制却越来越多，越来越严格。这在全球发展的方向都是一致的。企业面临的挑战之二是建立满足国家法律及适应法律变化的人力资源战略。

3. 科技和知识经济对企业人力资源战略管理的影响

以公路、机场等为代表的工业社会经济的基础设施，开始逐步升级为以因特网为基础设施的信息经济，具备信息基础设施是这个时代获得竞争优势乃至生存机会的基本前提条件。正所谓科学技术是第一生产力，人是生产力中最重要的因素。现代企业的特征之一是科学管理。没有一流的人才，就不会有一流的产品和服务。面对知识经济到来的挑战，面对科技和经济的全球化，科技人才的流动和竞争局面将会形成，尊重知识、尊重人才，既重视数量，更重视人才质量的良好风气将在全社会形成，企业也会将人力资源当做生存的根本和发展的源泉，科学和技术的发展无疑将成为企业的人力资源战略管理考虑的重大因素之一。

技术革命影响人力资源管理，组织在不同方面都感觉到了这一深远的影响。例如，组织承担着开发出复杂的培训方法以使雇员跟上新技术趋势的责任，同时还要找到使用新技术的方法来管理员工数据库，进行生产中的人力资源规划和进行薪酬档案及福利管理。技术革新已经对人力资源各项职能的绩效产生了重要的影响，从雇用和甄选到解除雇佣关系和提前退休等职能都受到了影响。

因此，在这个时代的生产函数中，人力资本已经成为决定性的生产要素，但由于经济结构的迅速转型与教育制度的相对滞后而使得人力资本又成为最为稀缺的资源。人力资源管理信息系统的核心不仅在于其功能，而且，也更为重要的是，将企业各个信息系统整合为一体，使其联动配合，服务于企业发展战略。当前企业面临的挑战是如何建立整合的人力资源战略管理信息系统。

4. 社会的文明进步和悠久的民族文化对企业人力资源战略管理的影响

我国是有 5 000 年文明历史的礼仪之邦，古代的政治家和思想家早有选人、用人的思想和论述。唐太宗的“为政之要，唯在得人”，康熙皇帝的“政治之道，首重人才”等都体现出求贤若渴的思想。社会的文明进步离不开人才，人才的积累又有力地促进了社会的文明进步。我国是社会主义国家，党中央历来重视思想政治工作。思想政治工作既是现代企业管理的重要组成部分，又是做好企业各项工作的有力保证。思想政治工作的对象是人，怎样留住人、用好人，调动每个人的积极性，是思想政治工作好坏的标准。必须强调物质文明和精神文明两手抓、两手都要硬的思想。所有这些，也将会有力地促进企业的人力资源战略管理工作。

社会文化环境包括社会的文化价值观、规范和习俗，而且还有年龄、性别和地理位置分类等自然特征。生活方式也是这个因素的一部分。这种力量与人们思考和反应的方式、与他人相处以及享受生活的方式有关。很明显，这些社会文化和人口统计特征通过客户和劳动力等任务环境中的要素来影响一般及特殊行业中的企业。

【本章小结】

人力资源战略管理是指企业为了实现其经济发展、完成经营目标，在人员规划、人员招聘和甄选、员工绩效考评、薪酬福利的设计和发放以及员工的培训与开发等诸多方面所制订并依次实施的全局性、长期性的思路和谋划。人力资源战略管理的特征是全局性、长远性、阶段性、稳定性、应变性。从宏观的角度分析出发，人力资源战略管理的目标应当至少包括这样几个部分：规划人力发展，不断增强企业的人力资本，促使人力资源的合理运用，配合组织发展的需要，保证有效的成本系统，使企业获得持久的竞争优势，提高企业的绩效。人力资源战略管理的微观内容目标包括这样几方面：人力资源战略规划系统、人力资源管理的工作分析系统、人力资源管理的招聘系统、培训与员工发展系统、绩效管理系统、薪酬福利系统。外部环境对人力资源战略管理的影响主要包括：行业与竞争对手、劳动力市场、社会文化与法规。内部环境因素对人力资源战略管理的影响主要有：企业可能获得的资源的数量、质量与结构，企业战略与企业文化和员工期望。

【重要概念】

人力资源战略管理　　人力资源战略管理宏观目标

人力资源战略管理微观目标

【复习思考题】

1. 人力资源战略管理的概念是什么？
2. 人力资源战略管理的特征包括哪些？
3. 人力资源战略管理的目标是什么？
4. 影响人力资源战略管理的外部因素主要是什么？
5. 影响人力资源战略管理的内部因素主要是什么？

【应用案例 1】

科宁公司（Corning）是美国最早认识到人力资源战略管理方法价值的公司，特别是员工培训投资价值的大型企业之一。在 20 世纪 80 年代末期，由于海外市场竞争日趋激烈，与许多其他美国制造商一样，科宁公司也开始遭受市场损害。外国竞争对手能够开发出与科宁公司的竞争优势基础相同的技术，而且劳动力成本相对较低，因而能成功地与科宁公司对抗。除非开发出全新的经营手段，否则科宁公司面临着退出海外市场的局面。

1989 年，科宁公司在西弗吉尼亚州的布莱克斯伯格（Blacksburg，West Virginia）重新开设了一家工厂，彻底改变了经营方法，从 8 000 个应聘者中挑选出 150 个生产工人，让他们接受广泛的培训。事实上，工厂运作第一年时员工培训时间占工作时间的 1/4。培训内容包括让工人学会承担过去由管理人员承担的责任，掌握在以团队为中心的环境中使用的各种技能。为保住现有的工作，工人们必须在两年内掌握三个不同的技能模块，这使工厂得以在最短的停工期内重新开工。这个“新”工厂只有四类工作职位，而原来有47个工作类别。这个培训提高了员工的灵活性、降低了监督管理成本，也提高了生产率。结果，在工厂运作的头八个月，原先预计开工后会亏损230万美元，事实上却产生了200万美元的利润。显然，对员工进行战略性的培训是组织资源的明智投资。

资料来源：[美] 杰弗里·梅洛．战略人力资源管理．吴雯芳译．北京：中国财政经济出版社，2004.213

问题：

(1) 科宁公司的人力资源培训与开发战略实施的依据是什么？

(2) 科宁公司通过实施人力资源培训与开发战略的收益具体表现在哪些方面？

【应用案例2】

詹姆巴果汁公司（Jamba Juice）于1990年在旧金山成立，现已在美国15个州中有了300多家分店，拥有4 000多名员工。詹姆巴公司是零售混合搅拌冰、鲜榨汁、保健汤和面包的“领头羊”。从建立之初，它就面临一个重大的挑战：要不断地发现并保留高素质的管理者。詹姆巴公司处在快速成长时期，面临着激烈的行业竞争，同时还面临处在旧金山湾区这一地理位置挑战，需要为新招募的年轻员工提供许多其他的职业发展机会。因为在那里有一大批雇主是基于技术的，他们能比一般零售商提供更多的资金奖励。

为了拓展市场，詹姆巴公司必须吸引和留住这些年轻的员工，以帮助他们实现目标。因此，它提出了一套新的薪酬政策，不但使其能够在成长的果汁行业内竞争，而且还可以与同样吸引年轻员工的技术企业竞争。詹姆巴公司新实行的“J. U. I. C. E计划”是根据总经理的财务业绩表现而给予他们一定比例的现金奖励。为了让好的经理进入董事会，该公司为总经理们提供了三年期分享企业利润的机会。如果总经理在其经营期间销售额逐年增长，那么每三年支付给他们的留成账户上的钱会自动增加。就像科技公司提供的三年或五年期的股票期权一样，詹姆巴公司的留成账户提供应期绩效奖励，同时还提供了长期忠诚于詹姆巴公司的激励。除此之外，詹姆巴公司还为所有基层管理者提供传统的股票期权，如果经理助理得到了提升，他们的总经理也会因为培养他们而付出的努力得到1 000美元的奖励。

但是，在一个以高营业额为主的激烈竞争的行业中，詹姆巴公司实行“J. U. I. C. E计划”的第一年其经理们的销售额却下降了，在另一方面该计划也受到了澳大利亚和欧洲的员工、经理以及特许经营者的质疑。具有讽刺意味的是，公司的薪酬战略计划方案并没有实现预期的盈利，这对于它的成长来说无疑是火上加油。

资料来源：[美] 杰弗里·梅洛．战略人力资源管理．吴雯芳译．北京：中国财政经济出版社，2004．258

问题：

(1) 该公司遇到的最大的人力资源战略挑战是什么？

(2) 该公司薪酬设计的方案在体现人力资源战略性方面有何特色？

【应用案例 3】

微软招聘战略人才

有这样一些卡片，这些绝非一般卡片。它们根据微软公司以下的“成功六要素”提出了多种“才能”：个人专长、绩效、顾客反馈、团队协作、长远目标及对产品和技术的挚爱。

微软的经理选出五至七项“才能”来描述对每个职位的要求，而一般做法则是用工作内容及职责来描述。所有经理以卡片上列出的问题为指导，在面试及评价候选人时都有同样的标准和要求。

聘用精英人才是软件业成功的关键，因为企业的真正资产在员工的头脑里。因此，企业越成功，招聘工作也越关键。George Taninecz 在 Industry Week (《工业周刊》) 写到：“随着新技术的采用、目标市场的繁荣及产品销量的猛增，企业的成功往往带来对员工的大量需求。”

近十年来，微软公司的员工激增，随着这个软件业巨头在亚洲不断壮大，招聘成了更艰巨的挑战，不仅因为当地熟练员工供不应求，更因那里的信息技术专业人员纷纷投靠他们认为有机会增强才干的公司。Microsoft (Malaysia) Sdn. Bhd. 总经理 Benedict Lee 说到：“他们平均在一个公司呆三五年就跳槽。”

·聘人哲学

为了保持不同凡响的增长率，微软公司必须不断积极聘用高素质员工。它的招聘举措有员工推荐、报纸及行业广告、贸易展和会议、校园招聘会、网上设置公司起始页、实习计划及猎头公司。

但微软之所以能独步业内，并不是因为有这些活动。更准确地说，靠的是蕴含在这些活动中的聘人哲学。它的招聘不是针对某个职位或群体，而是着眼于整个企业。这就意味着要确保聘到从长远来看适合企业的人才。

"企业的本质决定了它需要这样一支员工队伍：它能自如地适应以满足顾客需求为己任的组织架构。"Microsoft PTY Ltd. 在 Australia 的人力资源发展经理 Robyn Peters 说："要做到这点，就要聘用最适合微软整个组织的理想人选，而不仅是考虑让他们担负的具体职位。"

在产品周期通常只有 6～18 个月的软件行业，岗位责任和职位变动频频。微软公司的招聘着眼于才能，目标是为了聘到孜孜不倦的学习者、能随时解决业内新问题的人以及适应业务需要、能在公司内变动工作的人。

微软成立之初，就对招聘超常地重视。当时，公司盈利全靠两位编程元老 Bill Gates 和 Paul Allen，因此，所有新聘员工都必须配合好这两位创始人的奇才。

员工参与是聘到最合适的精英的关键。从副总裁一直到董事长盖茨等所有高级管理人员都要亲自参与，这样，就强调了招聘环节对公司成功的重要性。

微软鼓励员工举贤荐能。据《工业周刊》报道，约有 30%的新开发人员是通过这种渠道聘到的。员工的推荐大约有 50%肯定都是很好的线索。

应聘者经过招聘人员的预试之后，还要通过公司其他员工的面试。他们会要求应聘者演示专业技能，如编码等。有时还会出点脑筋急转弯的问题，如"美国有多少个加油站?"不一定都要答对，他们只是想了解这些人思考和解决问题的方式。

·新法出台

微软员工对于面试非常投入，希望有一种方式能客观描述公司的期望。管理开发部门的 Nancy Rotchford 说到："公司不同部门的经理采用的是市场上不同的招聘模式。结果，谁也闹不明白到底该用哪一种。因此，我们决定开发一种适合我们经理独特要求的方式。"

1994 年，在澳洲微软有限公司进行了一次以才能为基础的招聘模式。Robyn 说："这一工具使我们能够明确指出微软的战斗口号：我们需要工作勤奋、能用 30 种才能完成工作的聪明人。"

但这次时机选得不太好。公司在引进这种以才能为本的招聘模式的同时，正在进行一套新的薪酬机制改革。将这二者相结合的做法，最初为员工所拒绝。后来，他们还是意识到了这种工具确实为面试提供了一种更好的框架，有助于做出更好的招聘决策。

搜集到员工的反馈后，Nancy 便在 Robyn 的协助下进一步完善它。她们给每项才能加注定义，对才能的层次和面试的问题加以更贴切的描述，增加参考书、指导手册和才能卡等辅助资料。1995 年，这种招聘模式的第一版正式面世，并向微软在全球的办事处推广。

这一工具不仅调整了微软的招聘工作，使公司能够招到高素质的员工队伍，而且也可以用于职业发展和接班规划。

Robyn介绍道，每位经理都会同下属一起找出员工现职要求的5～7种才能，并就今后的行动计划达成一致，这样员工就能向着目标水平努力。他及他的前任也就是这样携手合作，帮他担负起微软马来西亚公司掌舵人的职责。

这种才能工具也使微软公司得以“更为成熟地培养员工随着业务发展进行管理的能力。”（Robyn）微软公司向来以聘用和提升技艺精湛的员工出名。不过，提升优秀的专业人员、鼓励他们继续留在专业领域工作的后果之一，就是经理没有足够的时间去管理好或学会管理好别人。拥有这种工具则可以帮助负有人事管理职责的经理做好管理工作。

但这种以才能为基础的工具之所以能对微软公司行之有效，关键在于它同微软的用人哲学相吻合。我们不妨来听一下Center for Effective Organizations的高级研究家Gerald E. Ledford，Jr. 对才能的定义。他在Compensation and Benefits Review（《薪酬福利评论》）杂志上写到：“所谓才能，是指能够展现出来并带来业绩的个人特质，包括知识、技能和行为。”

Gerald的定义中强调了三点要素，其中两点与微软公司的经验相一致：

1. 才能独立于职责和职位之外，可从一项工作转到另一项工作上。这反映了微软公司“着眼于企业全局而非某一职位”的聘人哲学。

2. 才能显示出业绩潜力，无须回顾过去的实际业绩。微软公司利用才能区别员工水平，确定员工需要培养哪些技能。

3. 至于将薪酬同才能挂钩这一点，Robyn感到，毫无必要改变目前已与业绩挂钩的薪酬计划。她说：“毕竟，这种才能招聘模式带来的最终结果是业绩的提高。”

“除了才能模式外，还有其他招聘方式吗?”微软公司的顾问早就问过Robyn这个问题。这位人力资源部经理认为，现在转向另一模式未免操之过急。“现行方案尚需时间。尽管我们一直关注着先进的人力资源实践，但目前还没有完全探索出所有才能的潜力”，她答道。照目前情况来看，在相当一段时间内，微软的经理们还会继续使用那些才能卡片。

资料来源：点亮网 . www. dianling. com

问题：

（1）微软公司的工作岗位分析系统是怎样影响它的招聘战略的?

（2）微软公司的招聘战略管理的特色是什么?

【应用案例4】

新加坡航空公司（SIA）的人力资源管理实施

过去22年间，新加坡航空公司经历了高速发展，目前共有员工约2.3万人。该公司在一系列市场调查评级中均取得了很高等级，其优质服务也为公司赢得了众多奖项。

公司面临的商业环境可谓充满挑战，变化无常。美国对航运业放松管制，亚太地区低成本航空公司不断投入经营，都激化了竞争，降低了运费。新加坡航空公司力图以全方位优质服务，保持其在众多竞争者中卓然不群的形象。公司与众不同的服务从全程国际通信服务到机票预订服务，无微不至。

公司经营成本的两大项一是燃料，二是员工工资。通过更新机群减少了燃料消耗，提高了使用效率。新加坡航空公司机群的平均服务年限为五年，而全行业平均为11年。公司信念是通过提高生产率控制成本，通过使用多种人力资源战略，即招聘与选拔，业绩评估，事业发展与奖励有机结合，最大限度地提高服务质量。这些战略同等重要，相互依赖。

对所有潜在雇员的选拔过程审慎而严密。除去面试外，还依靠心理测试。公司十分强调要选拔那些适应“工作第一”的企业文化的申请者。新加坡航空公司将培训与发展视为提高员工服务能力、促进员工事业发展的重要人力资源管理方法。部门经理在协调与工作技能有关的培训（如计算能力）方面起着重要作用。针对更广义技能（如管理能力）的培训则由公司集中安排。平均算来，每位员工每年的培训天数为11天。

总的来说，公司运用两套业绩评估系统：一套针对高级职员，另一套对其他职员。高级职员评估系统的特点在于对个人潜能和职务升迁的分析。论及职务提升，公司的惯例是从低级职员中选拔人才填补高级空缺。因而潜质较高的员工就能在组织内部实现其职务升迁，其他员工还能通过调换同级职位丰富阅历。在实践中，大多数员工每四年就有调换工作的机会。公司人事变动率很低（在3%到6%之间）。

公司奖励包含一整套福利。除去工资外，还有医疗保险、旅游贷款和股票期权。总体福利具有一定吸引力，但与新加坡其他雇主所支付的工资标准相比，新加坡航空公司员工的实际收入并不算高。

资料来源：E·麦克纳，N·比奇．人力资源管理．北京：中信出版社，1998.32

问题：

新加坡航空公司是怎样管理其人力资源的？

【应用案例5】

台湾洁星公司的新人发展规划

初期与企业的适应不良症状会在很长时间影响新进人员的工作绩效，更为严重的是员工对企业的印象大打折扣，其对士气的影响不容忽视。一家知名日用品国际企业的台湾分公司是如何解决这常见病的呢？

台湾洁星公司是一家国际公司在台湾的分公司，主要生产日用消费品，产品项目涵盖了妇幼、美容、美发、食品、纸类及清洁卫生产品等多项类别。自20世纪80年代中期进入台湾市场后，持续投入了丰富的人力、物力及技术上的投资，致力于在台湾成为行业翘楚。由于该行业竞争异常激烈，公司需要第一流的人才以维持领先的地位，且要求创新与创意的行动，引导消费潮流。面对迅速成长的团队，如何运用时机训练及发展新进人员，更是人力资源管理者必须关切的重点。

新人发展规划

该公司对新进人员的发展方案设置如下辅导机制，以协助新人尽快进入状态。

1. 向新进人员提供学习网站

公司提供全球统一的新人在线学习系统，介绍丰富详尽，包含公司理念精神、文化宗旨、历史沿革、产品介绍、组织概况、全球分布、连接各区域网站、人际关系处理、绩效评估、工作技巧、管理能力、成功特质等。其中，提供直线主管学习如何带领新人的相关信息与时间表。一旦新人报到后，人力资源部即寄发网站使用名称及密码给新人，并邀请该人先行浏览以进一步了解公司，新人进公司后可持续运用内部网站学习相关内容。

2. 为新进人员制订引导上线计划

为帮助新进人员有效地融入组织中，并缩短学习曲线以确保新进人员能成功安置就绪，洁星公司制订了新进人员引导上线计划。自新进人员接受工作至进入公司三个月之内，人力资源部将《新进人员导引手册》给新人的直线主管作为参考，负责引导计划的执行，并且确保所有的活动进行，同时担任教练并保证提供相关资源。这点与微软公司的“导师计划”有些类似，只是在于该公司有独特的

《新进人员导引手册》。此手册内容共含9大类、90个项目，载明新进人员应学习的内容，提供新进人员的直线主管参考，并于手册中列明于新进人员就职满三个月后主管须交回评估表。

3. 带领新人到训练营训练

每年一度的新人训练营，集中当年度新进人员，以正式并统一的教材介绍企业的经营理念、愿景宗旨、核心价值、商业道德、成功特质、训练发展、员工服务与福利等，以使新进人员清楚深入了解企业的理念与状况。新人训练营邀请公司重要高级经理人担任讲师，由其经历与身教宣传公司的核心宗旨，更具说服力且切中要点，并以高级主管的欢迎与参与，显示公司对新进人员的重视与关心。同时，训练营也通过新进人员经验分享座谈，让新进人员共同分享成功或失败经验，彼此学习仿效。领导者经验分享座谈则由成功的管理者与新进人员座谈，分享他们在公司的成功经历，协助新人建立自信及愿景，并协助新人解答与企业或职业生涯相关的疑惑。

该公司通过三段式的新人发展规划使得新人很快从“局外人”变成“局内人”。新进人员学习网站——方便新人搜寻信息；新进人员引导计划——辅助直线主管充分准备以发展新人；每年一度的新人训练营——运用集体式社会化以累积新人经验与人际关系。贯穿公司整体运行的主轴，是强调直线主管全面掌控的领导文化，所有的机制与实务操作都受到这种氛围的强烈影响。所以，直线主管在新人发展规划中的地位至关重要。

对大陆企业的启示

以笔者的体会看，大陆企业非常不重视新人的发展规划。而新进人员多渴望了解企业的信息，他们在进入新的企业后充满动力，希望能吸收企业提供的所有讯息。而企业将他们放在一边听之任之，反而使得新人吸收不正确的信息，造成企业内部的流言满天飞。尽管一般大陆企业因资源限制不能做到台湾洁星公司那样完备的新人发展规划，但从中我们可以得出一些启示，采取一些简便易行的策略来解决新人的烦恼。

1. 为新进人员做一些职前具体准备

在新进人员到职日之前就着手一些准备措施，有两大好处：一是降低成本(还未开始计算薪资)；二是可以事半功倍地提升新进人员的动力及热诚，因为这时新人对企业的了解愿望最为强烈。就算一般企业没有网站让新人学习，同样可以采取邀请新进员工参观企业、观察同类职位工作情况、参与企业会议等互动性活动、阅读相关工作书面资料等方式，帮助新进人员思考组织的文化，并提早学习适应组织，及调整相关的价值观。

2. 编撰员工手册

员工手册是企业中非常重要的文件，实质上是企业各项制度的缩编本。企业在编写员工手册时，应按照员工从新进时最需要了解的信息以及经常遇到的作业流程的顺序来编撰。这样，新员工在进入企业后，就会收到企业发给的一份员工手册，员工手册中首先列出欢迎词，并介绍公司的经营理念、组织结构，然后告之报到流程、日常考勤制度、薪资福利、绩效评估、个人发展等相关内容。员工通过自学，即能了解公司的价值观，并了解公司的最基本制度，既避免了他们到处打听的麻烦，又防止了不正确信息的传递。

3. 发展师徒制

传统的师徒制其实可以引入到现代企业中，只是师徒关系更为平等化。在新人进入企业后，其直线主管应指定一名资深员工担任其“导师”，负责其日常工作的指导。师徒制的作用在于协助新进人员更有效地了解环境，并可借助人际关系的建立舒缓孤独带来的压力。“导师”在新人就职的初期，引导新人了解公司内外的环境，提醒遵守相关规定，并以过来人的身份协助新人建立人际关系并能解答疑惑。为防止新人受“导师”的负面言语或举止影响，在人选的抉择上须慎重，并施以适当的训练。

4. 多进行面对面座谈

尽管有了上述方式来引导新人融入企业，但是不可避免新人仍将会产生大量疑惑，并面临多种压力。为此，企业在新人工作初期应指定其直线主管定期与新进人员进行回馈面谈。借助面谈的过程与互动，直线主管为新进人员解决疑惑，并觉察自己平日的疏漏以便改正，而新进人员也由主管的回馈改进方向，解决平日沟通的问题。同时，人力资源部门也应与新进人员进行定期面谈，这时人力资源部门应注意与其直线主管的职责划分。人力资源部门利用其沟通协调的专长，观察新进人员的适应状况，及时予以疏导。

资料来源：中国人力资源开发网．www. chinahrd. net

问题：

（1）洁星公司的人力资源战略目标是怎样通过新员工培训体现出来的？

（2）洁星公司员工培训的战略特色是什么？

参考文献

[1] 宋联可，杨东涛．备战：部署人力资源战略规划［M］．北京：机械工业出版社，2006

[2] 叶生，陈育辉．仁本管理：中国式人力资源战略实操全录［M］．北京：

中国发展出版社，2005

[3] 杨清，刘再烜．人力资源战略 [M]．北京：对外经济贸易大学出版社，2003

[4] [美] 詹姆斯·W·沃克著．人力资源战略．吴雯芳译．北京：中国人民大学出版社，2001

[5] 盖勇，孙平．人力资源战略与组织结构设计 [M]．济南：山东人民出版社，2004

[6] 赵慧英，林泽炎．组织设计与人力资源战略管理 [M]．广州：广东经济出版社，2003

[7] [美] 杰弗里·梅洛著．战略人力资源管理 [M]．吴雯芳译．北京：中国财政经济出版社．2004

[8] E·麦克纳，N·比奇．人力资源管理 [M]．北京：中信出版社，1998

[9] 天天人力网．www.tthr.com

[10] 中国人力资源开发网．www.chinahrd.net

[11] 点亮网．www.dianliang.com

间能有效地互相配合。因此，不同的人力资源战略必然会影响到人力资源管理活动的内容和效果。舒勒（Schuler，1989）将人力资源战略分为三种类型，分别为：积累型、效用型和协助型。[①]

1. 积累型（accumulation）的战略，即用长远的观点来看待人力资源管理，注重人才的培训，通过甄选来获得合适的人才；以终身雇佣制为原则，以公平原则来对待员工，员工晋升速度慢；薪酬是以职务及年资为标准，高层管理者与新员工差距不大。基于建立最大化员工投入及技能培养。

2. 效用型（utilization）的战略，即用短期的观点来看待人力资源管理，较少提供培训；企业职位一旦有空缺随时进行填补；非终身雇佣制，员工晋升速度快；以个人为基础的薪酬。基于极少员工承诺和高技能的利用，只要该员工能创造价值和开创市场就用，不用考虑员工是不是忠诚于企业。

3. 协助型（facilition）的战略，即介于前两者之间，个人不仅需要具备技术能力，同时在同事间要有良好的人际关系；在培训方面员工个人负有学习责任，公司只是提供协助。

斯坦福大学的迈尔斯和斯诺教授提出来与企业战略相协调的人力资源战略中，除了以上三种人力资源战略管理方法外，还提出了防御者战略、分析者战略和探索者战略。

以麦当劳为例，产品市场相对狭窄，属于效率导向的企业，怎样管理人员确保高效率是很重要的，宜采用防御者战略。专门生产化妆品的研发机构，因为要不断地寻求新的技术，宜采取分析者战略。此外，追求新市场，同时维持目前存在的市场的企业，也适合采用此种战略。探索者战略的明显特点是不断寻求新市场，开拓新的市场，开拓新的客户。以联邦快递为例，每 24 小时之内可以把世界上任何一个货物送到需要送到的地方，这个公司采取探索者战略，不断寻求新市场和新客户的特征是显而易见的。

正如前文所述，人力资源应该被视为企业的一项重要资产来进行管理，在管理的过程中，战略方法的选择很重要，要依据本企业阶段性发展的战略需要来进行规划。例如，在企业发展初期，各方面都还不成熟，通常会采取效率导向的防御者战略。因为这时的企业组织需要集中化的控制系统和标准化的运作程序，通过有限的环境观察制定合适的战略来维持内部稳定性。在这个时期，企业应该倾向于采取积累型的人力资源战略，通过建立员工最大化参与机制并加强对员工的技能培训来获取员工的最大潜能；在企业发展的成长期，企业在维持目前存在的

---

① 李佑颐，赵曙明，刘洪．人力资源管理的战略作用．国家自然科学基金资助项目．刊号 79930300

市场的同时会努力挖掘新市场，此时所采用的是分析者战略。企业组织会严密而全面规划自己的行动方案，组织的各种决策也具有相当的弹性来适应随机的外部市场的变化以及企业组织内部的各种职能方面的更新、变革，提供低成本的产品来提高企业竞争力。在这样的企业战略下应该采取协助型人力资源战略，鼓励员工能力、技能和知识的自我提高，做好对员工正确的人员配置和弹性结构化团体之间的协调工作；在企业发展的成熟期，企业的竞争战略是以市场为导向，持续地寻求新市场，开发新产品，这时的企业组织结构规范化程度比较低，各种资源配置很快且效率高，采用分权的控制系统，企业内外部环境、条件变化极快，所以，企业需要运用各种手段广泛的侦察市场情况来为本企业的持续、高速发展提供参考。基于企业这样的发展时期，该企业战略基础上的人力资源战略则应该选择效用型战略，基于极少的员工承诺和高技能的利用，雇用具有岗位所需技能且立刻可以使用的员工，员工的能力、技能、知识能配合特定的工作。

（二）与人力资源战略管理方法相对应的战略决策

企业在确定未来几年的发展战略和经营目标后，首先需要确定与之相配套的组织机构框架和运作模式。为达成企业发展战略需要配套制定人力资源发展战略，使企业在适当的时间和需要的场合具备相应的人员作为实施战略目标的资源保障，另外，更为重要的是这些个体资源能在整体运作过程中发挥其应有的作用，使人才资源作为企业资本的一部分发挥综合能力。

实际上，企业战略能否得以实现，需要有畅通的业务流程作保证，根据业务流程经过的部门确定相应的部门职责和具体部门组织架构，最终分解成每个岗位的岗位职责，根据人力资源战略和岗位职责制定岗位所需要的能力素质，根据岗位能力素质要求配置人员和制定员工发展和培训计划，根据企业经营战略目标、岗位职责和能力素质要求制定绩效考评体系和薪酬福利激励机制。

当然，上述人力资源的管理要素如果有信息技术作为运作支持平台，将大大提高企业人力资源管理的运作效率和质量。

从表象上看，上述内容像一条锁链，一环扣一环，但在实际运作过程中又互为因果，哪一环出了问题，都会直接影响到其他环节的实施。企业发展战略决定了人力资源发展战略，但如果我们制定的人力资源发展战略缺乏可操作性，不能得以很好实施，往往就会变成企业战略目标无法实现的根源了。

企业有时会盲目地以为，把符合企业发展战略要求的最好素质的人聚集起来就能实现企业战略目标。其实并不现实，因为最好素质的人集合在一起的时候，并不能把他所有的能力都发挥出来，即使发挥出来，也不能保证他们所作努力都是同向的，其主要原因可能是他们之间缺乏发自内心的共同的价值观和使命，两者在一起的时候貌合神离，相互之间缺乏理解与包容，可能为了每个人都争当红花，缺乏绿叶的陪衬，而使红花缺乏养料而提前枯萎；即便是既有红花又有绿叶，他们之间如何具体搭配也是非常重要的。其实，在一个团体中的人也是一样，他们需要互相配合和支持，共同的文化背景和理念，使他们的合作变得轻松愉快，即便这个集体中的每个个体不是最强，它也能发挥集体的最大能量，反之则不然。为此，人力资源战略的制定需要把方方面面的因素综合起来考虑，理顺人力资源管理各个模块之间的关系，平衡各模块之间的力量，使之形成合力而不是摩擦力。

基于前面谈到的人力资源管理的战略方法，我们可以从以下几方面来帮助企业实现持续竞争力。①

1. 企业文化

正如前文分析的那样，企业文化是一种从实际从事经济活动的组织之中形成的组织文化，它指一个企业在运行过程中逐步形成的，并为全体成员普遍接受和共同奉行的理想、价值观念和行为规范的总和。

企业文化会影响企业运作的过程与结果，无论是人与人之间的关系或是组织中所弥漫的气氛，都将对整个组织的运作产生极大的影响，所以说文化是一个企业塑造非正式的人际关系和组织气氛的主要动力。企业要想保持自身竞争力就需要不断地创新，一个企业的组织文化必须是能够支持创新活动的，这样也将能进一步增进创新产品或服务商业化的机会。

现实中，高层管理者的经营理念与态度是影响组织文化的主要因素，他们掌握着企业运作的主要资源，操控企业的整个局面，如果他们不能促进企业文化的形成，那么企业内的员工就很难达成一种企业文化的共识并为企业效忠。一个支持创新型的组织文化至少应该具备下列特质：②

（1）强调自我导向，尊重个体的差异，注重个人需求的平衡对等。

（2）在人际关系方面，强调人与人之间的信任、亲密、平等、开放与合作的关系。

（3）在对领导与决策的看法方面，尊重决策和参与。缩短上下级距离，加强上下级及平行的沟通。

（4）在对环境适应的看法方面，认为创新、改革、学习与成长是克服危机的基本法则，信息的取得、分析与决策则主张采取问题导向及顾客取向的方法。

2. 组织结构再造

---

①② 李汉雄．人力资源策略管理．广州：南方日报出版社，2002.87，88

企业的组织结构若能进行扁平化之再造将有助于组织沟通更有效地进行，因为扁平化的组织结构不但能减少组织层级，还能提供组织沟通的推动器，即非正式沟通。非正式沟通通常能够促进组织成员间的相互学习。

在企业经营中，由于传统的功能式组织逐渐失去对环境的应变能力，Starr指出若能打破过去传统的运作模式，建立一个反应极快的组织，关键在于解除官僚体制的限制。以前的矩阵式的组织形态过于复杂而且缺乏效率，为了追求效率与创新，企业可以采用项目式组织，以便于组织内功能的整合。

再造之后的组织形态不需要拘泥于形式，可根据本企业运作情况精心设计，但它一定要有以下特点才有可行性：

（1）人际间能相互支持并且组织内层级间能进行清楚而有弹性的沟通。

（2）能够有利于企业制定明确的发展计划，创造并分享企业愿景。

（3）便于工作任务的分配以及员工分工协作，提高工作效率。

（4）有助于加强企业的凝聚力。

3. 职业生涯规划

职业生涯是企业中的员工在一生工作经历中所包括的一系列活动和行为。职业生涯规划分为个人的职业生涯规划和组织的职业生涯规划。个人的职业生涯规划是指在对个人和内部环境因素进行分析的基础上，通过对个人兴趣、能力和个人发展目标的有效规划，以实现个人发展成就最大化为目的而做出的行之有效的安排。

若想企业组织高效运转，提升竞争力，必须使企业成员了解目前所处的事业环境，并塑造企业与成员间的共同愿景，所有的成员都需充分了解企业的目标和自己的工作任务。但企业组织同样要考虑到员工的需求，满足员工的需求才能留住核心员工，留住对企业最有价值的资源，让他们更好地为企业创造效益。企业成长可以促进个人成长，为个人成长提供一个足够施展个人才华、施展用武之地的空间，同样，企业也要为员工提供个人职业发展的平台，以实现员工较高层次的需求——自我实现的需求。对于物质、金钱方面的奖励只能满足员工在职业发展上较低层次的需求而无法让他们达到更高层次的满足。尤其对于新进人员而言，若能直接提供富有挑战性的机会，可协助其未来在职业生涯发展上获得成功，或是协助员工订立职业生涯发展的目标，并借此发现培训需求等。

通常，新进员工工作年限在3～6年者，在工作上遭遇不适应的状况是很常见也很正常的，这个时候他们心理压力比较大，情绪上波动也较大，这时很需要主管或职业生涯导师的指导。而工龄较长者容易进入疲劳期，工作上表现为业绩开始下滑，创新力、责任感降低，没有了往日的激情，这时需要对他们进行必要的职业生涯教育，以免影响群体士气。

员工在企业工作了很多年却还不明白自己到底为什么工作，自己的职业发展目标是什么，更不明白自己究竟可以取得什么样的成就，有哪些条件可以利用，这些是在很多企业中普遍存在的问题。其中主要的原因，是企业在管理的过程中不能以人为本，不能激发员工的个人潜能，没有帮助员工寻找最适合自身发展的工作方式，使员工对自己的职业生涯感到渺茫。

目前，仍然还有一些员工对职业生涯规划存有误解，人们感到这是企业的事，如果企业不能为员工规划职业发展目标说明企业人力资源管理存在问题，是企业的凝聚力存在问题。存在这些想法的员工认为，一个好的企业能让每一名员工清晰地看到企业为他们规划的职业目标，以及分解到年的目标。这可能是对职业生涯规划的严重误解，而出现误解的原因从根本上讲也是由于企业管理者教育、引导不够造成的。解决问题的方案就是：

首先，不断地学习，不断地提升自己的综合素养，以期望能在以下几个环节有所作为：

（1）帮助员工实现理想。不能只满足于个人理想的实现，要把帮助员工实现他们的理想作为目标，从而达成团队的成就。

（2）培养员工良好心态。一个没有良好心态，不能正视工作生活中的挫折的员工是不会在职业生涯中取得成就的。

（3）把道理说给员工听。员工只有在真正理解事情的前因后果之后，才能尽心用正确的方法去做正确的事。

（4）做给员工看。手把手地教员工如何去做，可以通过角色扮演或实地访问告诉员工如何掌握工作要领。

（5）放手让员工试做。要敢于让员工去尝试、去反复实践自己教给他的方法，并鼓励他们站在自己的肩膀上创新。

（6）及时给予员工指导。密切注意员工工作中的进展状态，帮助他们分析问题，协助他们找到解决问题的办法，恰当地纠正他们的差错。

其次，要教育他们树立正确的职业生涯观。

职业生涯规划的过程是一个员工与企业互动的过程，在这个过程中员工本人的作用应该占主导地位，这个主导地位并不意味着员工可以想干什么就干什么，想怎么干就怎么干，而是指员工在全面分析自己的优势、劣势和环境的机遇、挑战方面具有主动权；是指员工有权利主动地进行人力资本投资，有权利主动地积极地在企业中找到自己合适的位置。如果员工对自己没有清醒的认识、准确的定位、明确的从业愿望，企业为员工规划职业生涯又从何谈起呢？

再次，指导他们掌握正确的职业生涯规划方法。具体的步骤主要如下：

第一步，自我剖析："我能干什么"。如前文所述方法，对自己进行全面的分析与认识。

第二步，职业生涯机会评估："什么可以干"。分析内外环境给自己职业生涯带来的机遇和阻碍。

第三步，职业生涯策略："我怎么干"。职业生涯策略是指为实现职业生涯目标的行动计划，一般较具体，有很强的可行性，如：构建人际关系网、参加组织培训计划等。职业生涯策略还包含一些前瞻性的准备，包括参加进修班学习，掌握一些额外的技能或专业知识。

第四步，反馈与修正："干得怎么样""应该怎么干"。每过一段时间，经理人要审视内在和外在环境的变化，并及时调整自己既定的职业生涯规划。

4. 组织学习

被美国《商业周刊》推崇为当代最杰出的新管理大师之一的彼得·圣吉写了一本书，书的名字叫《第五项修炼：学习型组织的艺术和实务》，作者在书中高度概括了组织学习的重要性，称它是一个企业打算持续健康发展下去所不可缺少的前提条件之一。

在知识经济时代背景下，企业在组织变革及人力资源管理方面的竞争战略优势，集中体现在能够敏捷和持续地进行学习的能力和机制建立上。以学习型组织为基础的人力资源管理系统的建立将会极大地促进人力资源战略和企业战略的整合，从而使人力资源战略发挥最大效用。面对日趋激烈的全球经济一体化的竞争和挑战，每一个要在市场中立足、生存、成长和发展的企业都必须成为不断学习、创造和运作新知识的学习型组织。

单纯从转化的角度看，组织的基本功能就是为企业中的成员和团队提供创造和积累知识的工作条件与适宜的环境，使之能有效地进行群体知识创造。很多日本公司在战后之所以能很快摆脱危机、取得战略竞争优势，其奥妙就在于能够连续地、渐进地进行这种群体知识创造。

组织学习的首要任务是发展、培育具有"自我超越"精神内涵或人力资本存量的组织成员。组织学习的关键环节是通过改善"心智模式"、建立"共同愿景"和实现"团队学习"，把个体的自我超越精神或人力资本整合成企业作为学习型组织所要求的群体精神创造力或人力资本。组织学习最终是要让整个企业变成一个学习型组织，而学习型组织的最高境界就是从组织发展战略的高度形成企业作为学习型组织的系统思考和知识创造功能。

5. 人员选用

分为招募和调任两部分。

（1）外部招募

领导者的领导风格通常会影响创新活动的进行速度和成功概率，因此，团队领导是否有创意，能否给予团队成员自由的空间去思考创新的方法是企业选聘领导者主要的选用条件。对于项目管理者，职位、资历、年龄、教育程度与创新成效可能成反比关系。至于创新团队的成员招募，宜采用资源参与方式，才能使团队更积极、更有效率地达到目标。但其选用重点在于经验，在于能否将工作上所学习到的经验应用于创新活动中。对团队成员而言，教育程度与创新成效成正相关，而年资与创新活动则成负相关。

由于企业在不同阶段所强调的工作性质并不相同，所需要的人力资源也不相同，所以企业必须在适当的时机招募适当的成员，以提高创新效率。除了内部晋升外，外部招募已经成为企业吸收人才的另一来源。

（2）内部调任

有人认为内部成员的升迁与工作转换会由于不连续而延长创新时间，故应尽量避免，全职成员比兼职成员更有助于创新时间的缩短。所以，原则上应该使用相同的一批人参与整个研发的过程，但若其在某一阶段显出明显的不适应，则可以将其调离，使其在别的岗位上发挥更大的效用。

企业内部若能通过事前规划选拔优秀人才，当较高职位出现职位空缺时首先考虑由内部选任，将能有效提高组织员工的士气。内部晋升政策实际上是表明企业内部是存在个人发展机会的，这种机会不仅仅来源于第一个职位的空缺，而且来源于企业内部已有员工去填补该职位空缺时同时产生的其他职位空缺。比如，在一个有五个管理层次的公司中，当层级最高的第五级管理层中出现职位空缺由内部人来填补后，职位空缺就会逐步渗透下去，在这个填补职位空缺的人员的位置上又出现职位空缺。

在外部招募的众多甄选方法中，评价中心法是比较常用的，它适合用来招募管理者，它可以对人员素质有一个全方位的了解，利于企业招募到较合适人才。

6. 职位管理

首先，我们要明确职位管理的原则，主要有以下三个：

（1）设立、调整、变更职位应与企业的经营战略、业务发展和组织架构调整相一致。

（2）设立、调整、变更职位应遵循精简的原则，在保证工作正常开展的前提下，职位数量应尽量减少，每个职位的工作量应饱和。

（3）设立、调整、变更职位须经人力资源部门审核，公司总经理批准。

其次，确立职位管理的机构。一般来说，应把人力资源部门作为职位管理的专业机构，承担企业职位管理的业务指导、审核、备案和监督等工作。如果是集团，则应确定集团人力资源部作为职位管理的机构。

再次，也是最重要的，就是建立职位变动管理的流程和制度。对职位的管理是组织管理和人力资源管理的基础，一个企业出现相同职位名称不同的情况，说明这个企业的组织管理和人力资源管理水平是低下的，也说明这个企业的组织化和正规化程度不高。

产生这种现象可能有几个原因，主要是企业缺乏职位管理相关的制度和流程，人力资源部门缺乏职位管理的意识和技能，企业没有进行过职位分析和梳理等等。

明晰岗位所承担的职责，确保岗位上的人员做正确的事情，“一要做正确的事情，二要正确地做事情”，很明显，事情是否正确具有决定性作用。而事情错误，给企业带来的损失远远高于“做错事”造成的事务成本。具体的错误可能有以下几点：

（1）因人设岗，因小事设岗，导致员工、管理者双重困惑。

（2）员工不清楚本人职位设置的目的和职责要求，工作找不到主次和方向，管理者不了解某些职位设置的理由，无法给予有效指导。

（3）没有职位说明书，员工工作全凭上级领导的安排。

（4）企业从来没有做过工作分析或工作调查，员工认为是浪费时间。

（5）人力资源部辛辛苦苦写出来的职位说明书，却被业务部门抱怨，说他们不了解业务流程和责任，职位说明书和员工的实际工作状况脱节，无法起到应有的指导作用，职位说明书成为一种摆设。

（6）员工以职位说明书为挡箭牌，没有写在职位说明书上的事情坚决不做。

（7）职位说明书写完就大功告成，没有人负责更新和维护。

（8）管理缺位、多头管理造成的岗位职责权限不清，存在职责交叉或缺漏等情况，职责没办法落实到岗位上。

（9）没有职位说明书作为明确的指引，招聘负责人在招聘时找不到职位的基本任职要求，于是招聘者的感觉成为招聘标准，这种主管标准过高或过低都会造成招聘的预期目的落空。

（10）企业简单地套用行政级别管理职位，按职务级别高低进行职位价值管理，认为同一行政级别职务价值相等，片面追求同级别的待遇平等，反而造成内部不公平。

（11）管理者无法有效区分职位和具体任职者，评价职位价值往往具体化到职位担当者的个人特征（如学历、专业、工作年限等）。

（12）多人担当同一职位时，要么一刀切地给予相同的薪酬，要么靠领导拍脑袋决定每个人的定薪标准，缺少科学性强、公平合理的职位评价方法。

正确的做法是，根据组织结构、部门设置和职位设置状况，采用科学的方法进行工作分析，在工作分析的基础上进行职位划分。指导职位担当者和职位主管者进行职位说明书的撰写。明确企业报酬要素（做了什么，有什么价值，有什么能令人接受），确定各要素的评分和权重。根据企业规模、行业特征、发展阶段等具体因素，确定采用最适应企业的科学的职位评估方法（排序法、归类法或要素计分法），对职位价值进行评估。以工作技能、所需要的技能、对企业的价值、企业文化以及外部市场为基础的职位评估，为企业系统地确定各职位相对价值。通过完整的职位管理体系为企业员工的甄选、培训、管理者培养、绩效管理、薪酬制定等管理工作提供有力依据。

7. 员工的培训与开发

正如前文所述，对于企业来讲，人力资源开发战略与管理离不开培训体系的建立，为员工做好职业发展规划，才不致落入成为“学校”的命运。现在，终身雇佣制虽然似乎已经被抛弃了，但建立与员工双赢的培训体系、职业规划体系确实更多地被企业接受，也成为员工选择企业的重要条件。培训投入对企业竞争力的形成和增长更具有明显的效果，无论是美国、日本、欧洲的企业发展都证明了这一点，他们在员工培训上的投入基本上都达到了占其工资总额的2%～3%。

进入知识经济时代，劳动者的个人智慧和知识终于从企业发展的资本意义上获得承认，个人开始意识到智慧和知识可以作为资本参与到企业创业和发展之中，而企业也认识到人力资源是形成企业竞争力的要素。

在这样的理念和认识的基础之上，企业开始重视员工培训、职业发展等投入产出效应，也就是更深入地理解到人力资源开发对企业发展的积极意义。事实证明员工培训、职业发展方面的投入与企业持续发展、保持竞争力是正相关的。

这种投入从简单的技能培训发展到规范标准执行方面的培训，又发展到管理方面的培训，甚至发展到帮助员工实现人生目标的职业发展培训。企业投入最终所形成的双赢局面，其效果已超出了在厂房、设备及其他硬件环境方面的投入。在这方面，企业可采用的具体策略可以概括为以下几点：

（1）培训体系的建立

在培训需求评估方面：即便在人力资源这个大前提下，企业也不是就要机械地安排培训，而是要花更大的精力，去思考和分析诸如投入多大比例的资金和保证安排多少时间进行培训的问题。在培训方面的投入产出模型，也很有必要遵从绩效理论和经济学理论的指引，通过详细分析培训需求来做好培训规划。

员工的工作流程是保证工作效率的基础，因此一般企业都有入职培训，使新员工能融入企业的执行体系中去。比较困难的是处理知识型员工的培训，他们的工作需要大量的知识积累，而且很难评估知识积累与工作效率的关系，工作成效实际上更多与个人素质有关。

实际上，从企业不断修正管理瓶颈的过程中，来进行需求评估是最有效的方法，管理瓶颈的存在主要的原因正是来自于制度的建立，以及来自于员工对工作的理解及胜任程度。

在培训体系的目标建立方面：学习理论和绩效原则是建立培训体系的基础，绩效原则能帮助企业把握好培训体系的方向，保证在培训上的投入符合企业和员工发展的根本利益；学习理论能为培训体系建立好具体的操作流程，设计出科学的培训方案。

企业的培训体系包括生产技能的培训、技术革新的培训、生产管理的培训、品质保证的培训。在激烈的竞争环境中，各方面的培训都需要关注到，企业的运作所需要的要素包括厂房、生产设备、资金，也包括拥有劳动技能、创新能力的人。

在内外部培训资源的利用方面：培训无疑是提升生产技能、心理素质、职业观念的重要途径，在这里，可以做出简单的划分，即技能型培训与思维开发型培训。在理清楚培训目标后，培训资源的选择对培训效果便有举足轻重的作用。

工作流程、生产技能这方面的培训可以主要依靠内部的资源进行，以传帮带为主要方式，通过反复练习来达到理想的培训效果，因为这些具体的作业，即便是行业专家，也并不是很清楚。通常，经验的积累、分析对培训效果的影响是巨大的。

(2) 培训的实践安排

在岗位技能型培训方面：企业的培训与职业教育不同的一点在于更多的实践性、操作性，理论的体系研究不是其追求的重点目标，即便是在企业的开发部门或其他知识密集型的部门，岗位培训也都是不可缺少的。对于高级技术人才或管理人才的岗位培训当然不是完成表格设计等内容，需要通过培训来帮助他们理解公司的决策过程、交流沟通的渠道和建立完善的人际关系。

在具体的操作环节，岗位技能培训就容易理解得多，包括开动机床、焊接装配、电脑打字等工作，都需要进行技能型的培训，使之能在工作岗位上熟练工作，达到必要的效率、安全和质量指标。

在管理人员的培训上，岗位技能培训需要围绕企业的决策体系和执行体系来展开，一些企业在判断管理人员的工作绩效时，认为需要长达半年的磨合，培训方面的瓶颈就在于此。

在对高绩效员工的培训方面：一般来说，高绩效员工在企业的贡献也许主要体现在产品开发、技术改造、流程规划、组织管理方面，其工作具有一定的创造性，对这一群体所进行的培训与技能培训应该区分开来。在学习知识方面，他们经历的大学教育或者更高的教育已经奠定了基础。

员工培训有许多有效的方式，比如脑力激荡法、扩散思维法、逆向思维法，都可以利用专门的培训课程来提高。

和技能型培训相比，对高绩效员工的培训的难度在于培训效果不能及时表现出来，也有更多的随机成分，这种培训其实不一定能在短期内实现。

(3) 培训效果的评估

技能型培训的评估比较方便，主要关心的是培训前后操作速度的提升、生产品质的稳定、错误数量的下降，这些均可以方便地进行统计比较，量化方案的设计相对比较简单。如果把这些统计与人力资源成本结合起来分析，培训效果的评估也就能得到了。

知识创造型的培训则需要通过包括受训者的内审和感知来评估，这些受训者对思想的接受和表达比较清楚，可以直接总结培训效果。当然，从它们的作品和设计中也能观察到培训效果，直接的量化目标就比较难于定义。

总之，培训的安排不能搞形式主义，培训后的考核和评估都是必要的配合手段。而且，评估要与企业的人力资源开发相关联，为其人力资源的含量分析提供量化依据。

正如大多数人力资源专家所说，培训的两个根本意义，一是为企业培训出合格的生产、管理或开发人员，二是提升员工的工作能力，使个人有所发展。实践应该说是培训的延伸而不是终结。

8. 绩效考评

很多企业中大多数员工，甚至包括人力资源管理人员均对企业的绩效管理感到非常失望。究其原因，不仅仅是因为绩效管理体系的不完善，比如：绩效没有关注企业战略、业绩指标不合理、业绩标准过高而难以达成、绩效缺乏沟通与反馈、绩效考评中主观因素等。其实，真正令员工失望的是员工认为绩效管理是企业高层借助中层管理者对基层员工进行控制的手段，从而在企业内部造成绩效管理的政治倾向——讨好上级、诋毁业绩竞争者等，以至消解了通过绩效管理建立一种沟通渠道、传播管理信息、认可员工行为与成果达到满足内外部顾客需要，以达到企业经营目标的真正目的。

对于企业来讲，企业综合绩效决定了其在市场中的竞争力。由于在一个完全竞争的市场里，顾客可以有多种选择，因此，企业的绩效可以从顾客的需求角度来加以界定。对员工来讲，其行为产生的结果——绩效，只有满足于（内部或外部）顾客的需求（产品或服务），才能具有价值。假使一个企业能将其绩效关注于顾客需求，而员工又能采取相应的行动，那么，这个企业将会在市场竞争中获得优势。绩效管理应达到一种将企业经营战略要求转变为员工能够实施的行动，从而满足企业的经营目标的目的。以顾客为中心引导员工关注有价值的行为和成果，可以消解传统绩效管理中的不足。

首先，明确谁是你的顾客。所有的企业都有自己的顾客，这些顾客既可以是企业内部的，也可以是企业外部的；就企业各个部门以及员工来讲，也存在类似的状况。要明确顾客，应从企业的横向（流程）进行梳理与分析，首先明白谁是顾客，其次，把握（内部或外部）顾客对产品或服务或信息的需求。我们可以通过回答以下几个问题来帮助分析：

（1）我的顾客有哪些?

（2）顾客需要的是什么?

（3）能准确地予以描述吗?

（4）这些确实是顾客需要的吗?

（5）顾客有什么要求?

其次，按照自己成功的关键因素概括出顾客的要求。多数情况下，企业、部门或员工不止一个单一的顾客。拿仓储部经理来说，他要面对自己的上级、采购、生产等方面的人员，不同的顾客对他提供产品或服务的要求将会有所不同。成功关键因素能够通过估计风险、顾客与供应商之间的相互依赖性帮助确定主要因素，以勾画出决定企业、部门以及员工个人是否取得成功的优先领域。只有通过建立在理解顾客的需求和企业核心能力上，才能有效连接顾客需求与核心能力。

再次，明确企业、部门和员工是否履行关键成功因素的指标。指标作为绩效要求应清楚地展现出顾客的需要与要求，同时还能提供给企业、部门与员工相应的信息，以使其能知道自己是否取得成功。因此，这些指标重点应放在满足顾客需求价值活动的成果上。

最后，确定哪些行为是各级人员完成绩效要求所必需的。行为应是可以量化或至少应是可以清楚确定的，以使各级员工能充分理解自己需要什么行为才能成功地满足顾客的要求。

9. 薪酬管理

企业发展的动力之一在于选择适合本企业发展的管理机制，特别是员工管理机制。传统的工资体系，例如等级工资制、岗位（职务）工资制等，其实质是与传统的晋升激励相配合，即激励雇员在组织内部沿着一种纵向的等级结构攀升。这种传统的激励机制有明显的缺陷，例如，仅从物质角度保证报酬差别的合理性，没有考虑员工的内在心理因素；仅从雇主和管理者的角度考虑公平的尺度，带有主观性和非民主性，很少体现员工的意志；仅从内部管理的角度考虑工资差别和报酬公平，没有考虑外部环境变化对员工报酬的影响等；过分夸大岗位晋升的激励作用，忽视了员工，特别是高层次员工的需求等。现代企业薪酬管理改变了这种传统的员工管理方式，综合运用了多种动力机制，包括物质方面、精神方面、团队方面的责任感和风险意识。

即使再完善的薪酬战略，企业薪酬成本和员工技能、态度与行为的改变也并非易事，原因在于薪酬战略只是驱动组织绩效提升的一部分，而不是全部。薪酬管理虽然不能承担员工管理的全部职责，但是如果缺乏有效的薪酬战略，企业的人力目标就无法实现。总之，薪酬管理只有与人力资源管理系统相互配合，才能有效地解决人力资源的问题。

具体来说，薪酬战略和其他人力资源战略之间的关系可以概括为如下几点：

（1）招聘战略对薪酬战略有着基础性的影响，员工招聘的结果直接影响着薪酬战略的制定基准，薪酬战略所具有的特征也有助于员工招聘活动的成功开展。

（2）薪酬战略与人力资源开发战略作为两种资产工具，具有类似资产的投资组合的关系，都可以使企业的资产——人力资源——产生保值增值的效果。总薪酬战略是对薪酬管理与人力资源开发战略进行整合与平衡的最佳诠释。总薪酬战略认为，培训开发的机会越来越成为一种企业的内在激励薪酬，并越来越受到重视。当培训开发被看做是一种内在薪酬固化于企业总薪酬体系之中时，基于总薪酬的成本收益分析就成为人力资源投资组合管理的重要环节。狭义的薪酬战略侧重于短期的人力资源投入产出效应，而人力资源开发战略则更侧重于长期的投入产出效应。

（3）在薪酬管理实践中，经常会出现这样的状况，薪酬体系设计得很完美，可是绩效考评结果有偏差、不公正。薪酬体系设计得再好，总有员工对其公平性产生质疑。这说明只有完善的绩效管理体系，设计出科学合理的绩效考核指标，才能建立有效的薪酬管理体系。薪酬战略应该与绩效战略相整合，员工的基本薪酬应与长期绩效相结合，因为无论是以职位为基础还是以能力为基础支付基本薪酬，本质上都反映了员工创造长期绩效的能力。而从行为绩效与结果绩效来看，结果绩效的可衡量性越高，企业就越应该采取激励薪酬形式；行为绩效的可观察性越高，就越应该采取成就薪酬形式。员工的福利和绩效薪酬之间的整合对于人力资源管理也是很重要的。例如，延期性支付薪酬与福利组合方式都是与绩效紧密联系的。

10. 员工关系管理

从理论上说，企业人力资源管理从三个方面影响着企业和员工、员工与员工之间的关系，这三个方面就是工作设计、人力资源的流动和员工激励。员工关系管理的最终目的不仅仅是让员工满意，而应该是使每一位“权力人”满意。“权力人”应该包括顾客、员工、出资人、社会与环境，甚至包括供应商和竞争对手在内。员工关系强调在个人的层面上加强企业与员工的直接交流和与员工的关系，试图通过增加交流的灵活性和广泛性的议题，加强员工对管理的参与。这样有利于使员工的价值观与理念和企业的价值观融于一体，体现企业人力资源管理中“以人为本”的哲学思想。

从目前成功企业的企业文化分析中看，他们都非常重视对企业各种“权力人”权力的尊重。惠普的企业文化明确提出“以真诚、公正的态度服务于公司的每一个权力人”的思想，这与 IBM 公司的“让公司的每一个成员的尊严和权利都得到尊重，为公司在世界各地的消费者提供最上乘的服务”有异曲同工之妙。

现代行为科学的研究表明，每个人都生活在组织的内部，由于安全与自尊的需要，自然希望了解所属环境发生的一切事情。实行员工参与管理的目的还有以下几点：

（1）让员工参与组织内部的管理决策，可取得员工的支持。

（2）发挥出了员工的潜力。实践证明，让员工参与管理制度，在实际应用过程中，确实可以收到良好的效果。

（3）增加了产品的产量。

（4）改善了员工与管理人员的关系。

（5）加强了员工的自治、自立、自强的心理。

（6）使管理者更能集思广益，决策更加明智。

（7）有效地发展了员工的管理才能，提高了员工对组织与工作环境的认识，减少了反抗心理。

二、人力资源战略管理与企业经营战略的整合

（一）制定人力资源战略管理的步骤

人力资源战略管理应当与企业战略相互配合，从而达成互动。作为企业“战略合作伙伴”的新型人力资源经理，应当如何根据企业战略与理念制定人力资源

战略？企业所制定的人力资源战略是否有助于企业战略的实现与“落地”？或者是否真正指导着人力资源管理制度与流程的有效实施？

制定有效的人力资源战略，需要经过以下三个步骤：

第一步，明确企业的核心能力，结合企业的核心价值观，从而明确企业需要建设一支怎样的职业化人才队伍。

核心能力是用以贯彻公司战略，竞争对手所无法仿效的独一无二的一种系统能力。不同的企业战略要求不同的核心能力。[①] 然而，核心能力蕴藏于员工个体中，由员工来执行，并经由企业文化与机制对员工承载的能力予以放大。这样，我们就找到了企业战略与人力资源战略之间的桥梁——通过明确公司核心能力，结合企业核心价值观，进而明确企业需要建设怎样的职业化人才队伍（核心职位/类型/能力）。

第二步，通过界定P－O－D－A，制定人力资源战略。

回答了企业需要建设怎样的职业化人才队伍问题，接下来就要界定员工的价值定位（P）并对公司的三个选择性战略要素（O、D、A）做出选择，这四者界定清楚了企业的人力资源战略：

（1）明确员工的价值定位

员工的价值定位（Positions）是从员工个人角度界定个人与企业的隐含关系。价值定位决定了企业能够吸引和保留怎样的人才，特别是核心团队、职位、人才。从某种意义上讲，核心人才决定了你的员工价值定位。

（2）三个选择性战略要素

第一，人才获取（Obtains）方式，即企业人才主要通过何种方式获取，主要有外部招聘和内部培养两种。所有企业都需要培养人才，问题是招聘过程中有经验的人选应占多大的比例，以及配置于什么级别？如内部人才不足以协助企业增长或做出改善，则应考虑把重点暂时转移。

第二，权责（Duty）承担方式，即员工工作与责任以团队还是以个人为重点，但二者之间需要保持适当的平衡。

第三，绩效衡量（Appraise）方式，指企业强调短期效益还是强调长期成就，企业业务性质在很大程度上影响着管理者的抉择。

第三步，根据人力资源战略，制定人力资源管理策略与流程。

战略已定，接下来的就是战略的实施、战略的评估与控制问题了。

完成了以上步骤，企业人力资源战略已基本成型，接下来就要考虑通过制订

---

① 摘自：中国人力资源网．www.hr.com.cn

行动计划、预算和流程，将战略付诸实施。一个好的战略会因为糟糕的实施战略而带来灾难，战略制定与战略实施应视为同一个问题的两个方面。同时，在行动计划中也要对企业经理人员的角色与行为予以规划。因为无论多么出色的人力资源战略，企业经理人员的角色与行为都足以影响其成败。企业总裁应当成为企业的第一人力资源主管，他参与设定人才标准，与人力资源部一同设计人才战略，并有高度影响力。前线经理会视人力资源管理工作为其工作的主要部分，通过接受培训获取人力资源管理技能，亲自负责其下属的人力资源和绩效管理；而人力资源部则需要支持前线经理，并向其提供咨询与统一的人力资源管理平台。

（二）人力资源战略与企业竞争战略的整合

人力资源是企业生存的关键资源。人力资源管理被提升到战略高度，与企业战略整合已被提上日程，二者相互支持，相互配合，才有助于企业实现最终目标，提高核心竞争力。美国著名管理学大师波特在《竞争战略》中提出了三种企业经营单位竞争战略，人力资源战略可与其分别整合。

1. 与低成本战略的整合

此战略以规模成本取胜，关键在于生产的高效，因此要严格控制生产的各个环节，要求员工尤其是车间生产工人的稳定性，尽量减少员工缺勤或表现不稳定造成的损失，企业与员工之间更多地表现为雇佣关系。由于高度分工，员工易感到工作枯燥乏味，产生厌倦情绪，此时使用诱引式人力资源战略较为适宜，一方面用丰厚的薪酬吸引、培养、留住人才，保持企业员工队伍的稳定；另一方面严格限制员工数量，控制人工成本，在员工数量与高薪酬之间寻找一个平衡点。

2. 与差异化战略的整合

此战略的实质是通过满足顾客对商品或服务的特殊需求来击败竞争对手，关键在于产品、服务的创新，企业与员工之间更多地表现为合作关系。人力资源战略应注重培养员工的独立思考和创新能力，并提供有利于挖掘创造力的工作环境和工作保障。工作重点是掌握高、新、尖技术尤其是掌握尚处于成长期产品核心技术的研发人员，一方面客户需求的不确定性导致企业人才需求的多样性，为保证企业的灵活性，企业可聘用具备各种专业技术的人才建立储备人才库；另一方面，由于员工的离职会给企业带来严重经济损失，培养良好的劳动关系至关重要。

3. 与集中化战略的整合

此战略通过在特定目标市场中比竞争对手提供更为有效的产品或服务来取胜，企业与员工之间更多地表现为依赖关系。通过授权让员工自主决策，提高员工主动参与的积极性，来培养员工的归属感与合作精神，同时注重团队建设、自我管理、沟通技巧等方面的培训，如日本企业创建的 QC 小组就是这种整合模式的典型。在具体整合过程中，可以企业经营单位竞争战略为目标，实现与人力资源战略管理各个环节的整合。

4. 与人力资源规划的整合

首先根据企业的经营战略预测企业未来几年、十几年的发展方向与规模，并分析企业的内外部环境，明确优势、劣势、机遇和威胁，综合以上因素推断未来所需员工的类型及数量，在清查、统计目前内部人力资源情况的前提下，先明确哪些空缺职位可通过组织内部填充，哪些需要从外部招聘，最后计算出资源净需求量，确定招聘需求。

5. 与员工的招聘和甄选的整合

以企业经营战略为目标，先进行工作分析，细化各职务职能，明确对所招聘员工的要求，以此设计甄选环节面试、测评的问题类型、范围、侧重点等，重点考察应聘人员具备的能力是否与实现企业目标所要求的一致。具体操作时可根据企业的具体情况选择压力面试、BDI（Behavior Description Interview）行为描述面试、能力面试等中的一种或几种，找出最适合空缺岗位的应聘人员。

6. 与员工的培训和发展的整合

根据企业未来发展的需求和员工自身所具备的素质，可以有选择地为员工进行专业知识培训、企业文化培训、团队协作理念培训等职能性培训，还可以对个别极具潜力的员工进行终身培训，随着其工作岗位的变动随时进行培训，为企业高层管理者做好人才储备。

7. 与员工绩效考评的整合

作为激励、薪酬的基础，考评有很强的导向作用，十分关键，其与企业战略的整合成败直接影响到企业目标最终能否顺利实现。首先设立绩效考评体系，把握全面性、完整性原则的同时，一定要针对有益于企业战略实施的方向有所侧重，增大考核权重，以此引导员工的努力方向，客观上实现员工与企业方向一致、步调协调。

8. 与薪酬、福利设计的整合

作为绩效考评的后续工作，员工绩效信息反馈的一种表现形式，薪酬、福利设计要根据与企业战略的契合程度，分出等级，拉开差距，以此激发员工的个人目标向企业战略目标靠拢，同时注意与员工进行友好、积极的沟通，指出其行为与实现企业目标不符的地方，这样不仅有助于其有针对性地改进，还能消除员工的不满，增强企业的凝聚力。在实施整合过程中，应注重以下几个问题：

（1）制定有弹性的人力资源战略

随着产品生命周期、市场环境、企业战略的变化与调整，人力资源战略也需做出相应变化。例如，新研发的产品刚上市，企业可使用差异化战略，人力资源战略应侧重培养创造型员工，待其他企业模仿生产后，产品的“独特性”消失，即进入了产品成熟阶段，此时较宜使用低成本战略，人力资源战略则应调整重点，侧重培养忠实型员工。这样，动态、有弹性的人力资源战略才能与企业战略更好配合，结合更加紧密，发挥更大作用。

（2）将员工的职业生涯规划纳入人力资源战略

企业应转变家长式作风，站在员工的角度，结合其工作表现、工作目标制定职业生涯规划，为员工进行导向活动，让他感到自己被重视，从而提升对企业的认同感，将自己的发展与企业的成长真正联系在一起。

（3）将人力资源日常管理活动外包

为使人力资源部门真正潜心于人力资源战略的管理，可将招聘、评估、培训等功能承包给专门的咨询机构。此做法在国际大型企业中较为常见，在我国集团企业国际化进程加快的今天，有蔓延扩展之势。

第三节 人力资源战略管理面临的挑战

一、人力资源战略管理的观念并没有被企业真正重视

尽管从理论上和实际活动中都一再表明人力资源战略管理的意义在日益突出，但是，仍然有为数不少的企业在采用战略方法进行人力资源管理的过程中却困难重重，这就是说，企业要想真正实施人力资源战略管理还要面对许多的挑战。

（一）企业短期行为影响了人力资源战略管理的制定和实施

仍然有很多企业采用短期行为，它们关注于眼前的工作绩效。比如，企业投资方看重季度盈利率指标和投资回报的短期组织业绩。那么，为了让股东们认可，企业的CEO就不得不专注于每个季度的短期财务业绩。高管层们知道，倘若连续几个季度这些指标下滑的话，他们往往会被免职。于是，关注季度绩效指标的理念就会在企业中弥漫开来，其结果，如果想为企业制定一个在未来5年以上时间才会有丰厚利润的规划，就不会被认同。那些关注长期决策，指望通过长期决策的实施，使企业受益的管理者们将得不到投资者的奖励。所以，具有长期规划特点的战略管理（其中也包括人力资源战略管理）就很可能得不到重视。

（二）人力资源管理人员无法从战略的角度思考问题

众所周知，企业当中的人力资源管理工作是一项极其具体、烦琐、敏感和多变的工作，它要求管理者具有丰富的技术知识。当企业打算推行人力资源战略管理的时候，就要求人力资源管理者能够用战略的眼光面对人力资源管理问题。但现实情况是，人力资源管理人员所拥有的知识和技能，几乎都不足以使他们理解其他部门的工作特点和所面对的问题，更难以使他们从战略的角度去思考组织方方面面的问题，他们所在的职位也使其缺乏对企业其他部门拥有足够的影响力。因此，他们以战略的方式为组织做贡献是非常有限的，能够赢得组织中其他部门经理的理解和支持同样也是非常困难的。

（三）企业高层管理者缺乏对人力资源战略管理的正确认识

眼下，一些企业的高层管理者对人力资源战略管理的重要性认识不够，不太清楚人力资源能从战略的角度管理出什么来。许多人只知道传统的人力资源工作职能，而没有认识到人力资源职能部门作为战略合作伙伴的重要作用。

（四）企业的直线经理不重视人力资源战略管理工作

几乎没有多少直线经理人员认为他们自己也是人力资源管理者，他们常常将人力资源部看做是对其自身工作没有多大作用的官僚机构，更多地将人力资源部当做是和自己无关的部门，甚至就干脆当做是敌手而不是盟友。因为他们感觉那些来自人力资源部的要求妨碍了他们的业务，他们还没有把管理本部门员工的责任明确地担当起来。

（五）人力资源战略管理规划结果很难量化

由于竞争的压力使企业更以利润为导向，因此人力资源战略管理中一些不好直接可计量的利益，比如高绩效团队的建设等，就会被轻而易举地忽视了。人力资源管理人员始终感觉到，在资源分配上，那些利益难以有形体现和计量的规划，制定起来受到的阻力往往要大得多。

（六）企业对承担人力资产投资的风险始终心有余悸

确实，企业对人力资产的投资比对物力资产的投资风险要大得多，尤其是在竞争很激烈的行业，可以从对手那里“挖”来优秀人员，而不需要自己做长期的投资去慢慢培养。

（七）变革的人力资源战略管理往往会受到抵制

在企业中，采取战略人力资源管理的方法意味着随时会对一系列环节实施重大变革，以适应迅速变化的企业对人力资源的需要。其中包括工作的组织方式、员工的雇用政策、培训与开发政策、工作绩效测量方法、工作绩效工作标准、薪酬设计方案等。倘若这些变革一旦开始，那么对负责实施变革的人来说，就面临很大的风险。组织很可能会“惩罚”那些变革失败的负责人，而不会认为是不是既有的经验和问题阻碍了变革创新的成功。

二、人力资源战略管理实施的组织保证

从以上面临的严峻挑战来看，企业的人力资源战略管理要想顺利实施，必须得到企业多方面工作的配合，需要有相应的组织实施手段作保证。

（一）建立组织体系，加强相互配合

企业内须建立必要的组织领导体系和配套工作制度，组织有关部门定期沟通信息、研究问题和交流对策及措施。

（二）完善制度，促进人的成长

及时进行组织结构的变革与制度的完善，营造学习型组织的文化，促进企业人员的健康成长。特别是有意识地培训各级职业经理人，专门为高层和中层管理人设计员工管理的课程，积极采用岗位轮换培训法，结合管理者的职业生涯规划，让各级管理者积累人力资源管理的相关经验和技巧。

（三）结合环境，及时调整工作

企业在制定人力资源战略时，要善于把握时机，应把实施方法、措施列为重点考虑的一个方面。在实施过程中，要根据客观效果及时总结经验，调整组织管理方式，在实践中及时调整和充实企业的人力资源战略管理的内容和实施手段。

【本章小结】

随着人类社会进入21世纪，世界变成了一个统一相互联系的市场，全球化的经营越来越普遍，人力资源战略管理与企业战略之间的关系越来越密切，两者之间要怎样联系起来就成为当今需要迫切解决的问题，成为备受瞩目的焦点。越来越多的企业已经意识到人力资源战略必须与企业经营战略相整合才能使两者达到相互促进的作用，而如何整合则是需要深入探讨的问题。时代在前进，企业在发展，没有什么事物是一成不变的，随着企业在经营的不同时期采用不同的经营战略，人力资源战略也需要作相应的调整以适应企业经营需要。

【重要概念】

人力资源战略管理方法　　战略决策　　战略整合

【复习思考题】

1. 人力资源管理战略与企业战略如何有效地衔接？

2. 人力资源战略管理方法有哪几种类型？分别是什么含义？

3. 请列举你所了解的与人力资源战略管理方法相对应的决策，并对其进行简要阐述？

4. 人力资源管理战略如何与企业经营战略有效整合？

5. 我国人力资源战略管理面临哪些挑战？

【应用案例1】

科斯特科（Costco）是一家国际会员制仓储式连锁零售店，它以低于其他连锁店的价格出售品牌商品。科斯特科有效地实施了一种战略，使其取得了相对于竞争对手来说比较恒定的财务业绩。虽然其主要竞争对手，另一家仓储式零售店山姆会员店（Sam's Club）的会员比科斯特科多42%，店铺多70%，但科斯特科的年销售额却比它高出10亿美元。而且山姆会员店还是“沃尔玛集团”的成员，这就更让人对科斯特科刮目相看了。

科斯特科的战略包括利用仓储空间降低一般管理费用和批量进货，这两种做法降低了成本。而更重要的是，科斯特科只保持大约4 000个SKU（库存商品单位）的存货，而其他超级市场一般保持30 000个SKU的存货，折扣零售店一般保持大约40 000个SKU的存货。在科斯特科，顾客不会被过多的商品弄得不知所措，因为该商店通过其商品选择和进货过程替顾客进行了购物比较。科斯特科雇用的非进货和产品销售人员很少，这进一步减少了不必要的一般管理费用。

科斯特科认识到，忙碌的顾客不仅看重商品的价值，同时也看重购物过程的便利性。科斯特科高效运转并愿意接受低于竞争对手的商品销售毛利率，这使它能够以非常具有竞争力的价格出售商品。科斯特科还为珍惜时间的顾客提供方便，顾客在一个店就能买到各种商品，包括电子产品、服装、食品、家具、珠宝以及器具。显然，科斯特科了解顾客的需求，它的战略使它有效地获得更高的销售额和顾客的忠诚度，其会员保持率达到97%。

资料来源：[美]杰弗里·梅洛．战略人力资源管理．吴雯芳译．北京：中国财政经济出版社，2004.49

问题：

（1）从科斯特科公司的市场竞争战略中怎样体会实施正确企业战略的重要性？

（2）为了配合这样的企业战略，公司应建立什么样的人力资源战略？

【应用案例 2】

英航的人力资源战略管理的变革

20 世纪 80 年代初期，英航面临亏损，客户服务信誉不佳、劳资关系紧张等一系列严重问题。金爵士（Lord King）被选为董事会主席后，通过自愿离职和自然减员等措施，公司职员总数从 60 000 减少到 38 000，还进行了航线调整和剩余资产（如飞机）出售。不过，削减成本毕竟是有限度的，因为在总成本中占很大比重的燃料费用和机场费是公司无法控制的。在这种情况下，竞争力的增强必须考虑其他因素。

在削减成本阶段，员工培训也受到影响，但 1983 年，为了克服士气涣散问题，人的因素被放到了突出地位。此刻决策人员感到公司不了解顾客的真正需要，因而出台了一项名为“以人为本”的计划，公司中 12 000 名与顾客有交流的员工接受了为期两天的培训，其目的是提高人的自尊。基本思路是，如果员工自己感觉良好，他们在与其他人交往时就会感觉更好。

除重建自信和削减成本，公司还鼓励员工设定个人目标，并为实现自己的人生意愿而努力。整个项目中公司投入了大量经费。员工参与到各种活动中，为改进客户服务提出各自的建议。此外，作为增强归属感，促进利益共享的手段，公司开始引进利润分享机制。

尽管已经发生了显著变化，但感觉到管理方式仍然很有约束性。因此，1985 年，英航又实行了“人的管理第一重要”的项目，其间有 2 000 名经理参与了一周多的活动。活动主题是能动性、信任、远见和承担责任。不久，又实现了第三项计划“一生中的一天”，其宗旨是消除组织内各部门之间的隔阂，此类隔阂会阻碍变革的实现。为加深理解，促进合作，组织了各种讲座，向员工介绍公司各部门的性质和工作职能，由公司首席执行官或一名董事局成员出席这类讲座，以显示高层的重视和支持。

员工调查和顾客反馈显示出公司文化发生了明显改变。顾客满意程度和盈利均有大幅度提高。但是，公司中对变革并不是只有赞扬之声，有些员工发现关心和客户服务价值观与盈利目标之间相互冲突。随后的计划项目，如“融入商业”则更加侧重商业技能和活动。

资料来源：［美］E·麦克纳，N·比奇．人力资源管理．北京：中信出版社，1998.85

问题：

(1) 试根据英航公司的案例说明人力资源战略管理与企业战略的关联性。

(2) 通过英航公司的案例，说明人力资源战略管理变革的意义。

【应用案例 3】

许继集团可持续成长的人力资源战略

企业概况与可持续成长的人力资源发展战略历程

河南许继电器集团有限公司是国家电力系统生产继电保护、控制和自动化成套装置及其他产品的大型骨干企业，是国有资产控股的高科技企业集团。

许继集团是 1970 年作为三线企业从黑龙江阿城迁至许昌的一家老国有企业。1993 年改组为许继电器集团有限公司。1996 年建立了子母型的许继电器集团有限公司，开始向现代化大型企业集团迈进。许继集团下属 21 个子公司，其中许继电器集团有限公司于 1997 年 4 月在深交所挂牌上市，1999 年被评为中国最具发展潜力上市公司 50 强。许继集团现有员工 4 458 名，其中具有大专以上学历的各类专业技术人员 2 331 名，硕士 169 名，博士 29 名，国家级有突出贡献的专家 8 名。

自 1985 年以来，许继集团积极抓住改革开放的机遇，积极推进并初步形成两个转变——产品结构由传统机械加工产品向高新技术产品转变和内部机构由计划经济向现代企业转变，企业步入持续发展的快车道。许继集团利润总额 1984 年为 210 万元，1999 年达到 1.7 亿元，15 年增长了 79.95 倍；销售收入由 1984 年的 1920 万元，增长到 1999 年的 14.5 亿元，15 年增长了 74.5 倍。国家对许继集团的总投资为 1 200 万元，到 1999 年许继集团的国有资产总值达 30 多亿元，国有资产增值 249 倍。以占全行业 20％的员工，占领了国内 40％的市场，创造了行业 80％的效益。

许继集团的成功取决于现代企业制度的建立，取决于科学的管理，更取决于可持续成长的人力资源发展战略和有效的内部分配激励机制。其人力资源发展战略的历程可分为 3 个阶段：

探索形成阶段（1978—1990 年）。许继集团一直把提高员工队伍的整体素质和对优秀科技人才的培养放在首要位置。从 1979 年起，就与诸多高等学校建立了合作培养关系，开始探索企业人才培训的途径和方式。1985 年，企业开始进入人事制度改革，从干部队伍改革入手，打破工人与干部的身份界限，破除了干部终身制、任命制，实行干部任职期限制、招标竞聘制、单首长负责制、百分考核制等，明确提出“重学历不唯学历，重能力看贡献”的干部任用原则。到20世纪80年代，基本上形成了“干部能上能下，员工能进能出”的用人机制。

发展完善阶段（1991—1995年）。1992年邓小平南方视察谈话后，国有企业改革进入了以现代企业制度建设为中心的改革阶段。许继集团以此为契机，在对企业进行改造的同时，在健全企业员工培训制度、干部任用制度、考核评价制度的基础上，又相继推出了全员劳动合同制、任期目标责任制、比例淘汰制、动态分配激励机制及考核民主监督机制，并开始着手员工的职业化发展管理和企业内部资产多元化的探索。

规范提高阶段（1995—目前）。1995年以后，许继集团在家电产品结构调整的同时，开始着手实施“人才工程”，加大了引进高科技人才的力度，以高薪向社会公开招聘所需的各类人才（在实习期内本科生年薪1.5～2万元，硕士生年薪8万元，博士生年薪12万元，博士后年薪18万元），同档次的人才标出的价码要高出沿海城市及大城市10%左右，同时积极创造适合人才成长的环境。这大大加强了科研开发力量，大幅度增加了产品的科技含量，从而有力提高了企业在市场上的竞争力。

许继集团可持续成长的人力资源战略内容

许继集团可持续成长人力资源发展的主要内容，可以概括为3个方面：

(1) 多层次的人力资源开发体系和基于产权改革的职工持股制度；

(2) 着眼未来的人力资源政策体系和完善的员工培训体系；

(3) 科学的评价体系和有效的激励分配体系。

许继集团的优势是具有较强的产品开发能力、先进的生产设备和科学严格的管理等，不足的是，所处城市较小，地域偏僻，不利于吸引高层次人才。为了克服地理位置等客观条件的不足，发挥自身优势，许继集团实施“以一流的待遇引进一流的人才，以一流的人才创造一流的利润，以一流的利润支撑一流的待遇”的人力资源发展战略，确立“求才之心、用才同心、留才留心”的人才战略。许继集团制定了一系列的收入分配制度，为科研人员提供舒适的生活以及工作环境和适合于科技人才成长的人文环境，为不同人员制定了适合其自身发展的职业生涯计划，吸引了一大批优秀的科技人才。

为了贯彻实施可持续成长的人力资源政策，许继集团大力进行产权制度改革，实行“职工共有制”，以产权为纽带以股权为表现形式，将国有资产法人股即由国家授权给集团公司的生产经营性净资产折价形成的股份，集体制产权法人股即由法人单位出资或以生产经营性资产作价投入公司的股份，与内部职工股份结成利益共同体。内部职工股由内部职工个人出资认购公司的股份（简称认购股）、公司根据职工的劳动和贡献分配给职工的股份（简称积累股）与科技股三部分组成。其中积累股是许继集团拿出1997年以前按国家规定提取的工资基金与福利资金的结余部分3 000万元（即3 000万股），科技股是按照新产品转化为商品后实现利润的提成奖励折成的股份。科技股作为优先股，其股息受益不低于30%。通过实施职工持股计划，大大增强了职工的主人翁责任感和人力资源可持续成长的战略效应。

许继集团建立了多层次的人力资源开发体系，通过自办以及与社会合办职工高等教育，为企业培养中高层管理人才和科研骨干。通过把专家请来进行科研讲座和学术交流以及选送优秀科技管理骨干出去深造等形式，有计划地培养高层次的科研管理人才。同时对通过本岗自学成才的员工，公司给予晋升等各种激励方法鼓励员工自学成才，提高一般员工整体素质。

员工的培养体系分为新员工的适应培训、员工的职位培训和专业培训3个层次。新员工的培训时间是半年，分为适应培训、岗位培训和岗位实际训练3个阶段。其目的主要是使新员工在较短时间内适应新环境，接受许继集团的价值观和企业文化，同时加强企业对新员工实际工作能力和专业特长的了解，为下一步职员培训和员工的职业化管理做准备。员工职业培训的目的是让每个员工都能获得均等的获取新知识、提高工作技能并得到提薪、晋级的机会。许继集团根据生产经营的特点和职员状况将职业分为19类，每类大致分为3～4个等级，并详细制定了每个职业、职级的培训计划和要求，进行周期性地培训。专业培训是把在实际工作中做出突出贡献的员工，先送到高等院校和科研单位进行专业培训，以造就许继集团骨干队伍和高层次人才。

科学的评价体系是建立在许继集团根据各类人员的工作特点，制定的各类、各职级的岗位职责和岗位工作标准上，从新员工进入公司开始，每个阶段都有详细的考核办法和考核标准，并将考核结果实行档案化管理，与员工的晋级、提薪、培训挂钩。为使考核落实到实处，许继集团制定了从公司领导到一般员工的转岗办法，结合国际、国内成功企业的管理经验，规定了不同层次的淘汰比例，即中层以上领导干部按5%的比例淘汰，科技人员和管理人员按8%的比例淘汰，一般员工按6%的比例淘汰。对淘汰下来的员工，按其职别纳入培训和自为循环体系当中，寻找适合其工作的岗位。这样就使企业的人力资源始终处在一个良性的循环体系中，形成了“能者上，庸者让”的人才成长机制。

许继集团对分配制度改革的指导思想是：坚持按劳分配和按贡献分配相结合的原则，打破计划经济体制下形成的平均主义和八级工资制。建立起以科学计量为基础、按劳分配和按贡献分配相结合的制度。许继集团制定工资分配制度的基本宗旨是要吸引优秀人才，留住关键人才，激活人力资源，提高集团竞争力。工资管理的基本原则是公平与效率。

国有企业改革的目的是充分调动起各类员工的积极性，从而达到激活企业的目的，因而在改革中“人”是第一位的因素，人力资源的可持续成长和发展是最关键的。在长期的改革和探索中，许继集团是把内部分配制度改革作为整个企业人力资源开发和管理的一项重要工作来进行的，它与人力资源管理的各个方面，如职业分析、业绩考核劳动管理等紧密联系起来。许继集团在改革过程中，紧紧抓住这个重点，首先把高层管理人员、高科技人员的聘用制改革作为突破口，同时注意加大技术和资本等生产要素参与分配的改革力度，尤其是注重对科技人员的倾斜，以充分体现科技是第一生产力的思想。总之，许继集团以企业人力资源发展为主线，建立了一套适应市场经济的灵活的人力资源成长发展机制，从而有效保证和促进了企业的健康持续发展。

资料来源：李宝元．人力资源管理案例教程．北京：人民邮电出版社，2003.38

问题：

（1）你认为许继集团人力资源发展战略的主要特色是什么？作为老牌国有企业它值得肯定和推广的成功经验是什么？

（2）请你对许继集团注意用高薪吸引人才的做法谈谈自己的看法。

（3）你认为像许继集团这样的国有企业，其人力资源战略管理方面最有可能存在的障碍和问题是什么？

参考文献

[1]［美］E·麦克纳，N·比奇．人力资源管理［M］．北京：中信出版社，1998

[2]［美］詹姆斯·W·沃克．人力资源战略［M］．吴雯芳译．北京：中国人民大学出版社，2001

[3] 李汉雄．人力资源策略管理［M］．广州：南方日报出版社，2002

[4]［美］杰弗里·梅洛．战略人力资源管理［M］．吴雯芳译．北京：中国财政经济出版社．2004

[5] 李宝元．人力资源管理案例教程［M］．北京：人民邮电出版社，2003

第五章

人力资源规划

学习目标

通过学习本章内容，了解人力资源规划的概念，熟悉人力资源规划的监控内容与目标，掌握人力资源规划的目标、原则以及程序，能够系统地掌握人力资源规划的整体框架，为日后制定人力资源规划建立完整思路。

第一节 人力资源规划概述

当企业规模小的时候，很少能注意并实施人力资源的规划工作。但是随着企业的不断发展和壮大，或者当人力资源成为企业最为重要的影响核心竞争力因素的时候，人力资源的规划工作将会变得重要和必要起来，对企业人力资源的规划工作也是对企业未来的规划工作，人力资源规划成为支持企业战略规划和目标实现的最为重要的工作之一。

一、人力资源规划的含义

人力资源规划也可被称之为人力资源计划，它被定义为“对组织的需要进行识别和应答，以及制定政策、系统和方案来确保人力资源管理在变化的条件下持续有效的过程”。[①] 实质上就是根据企业的人力资源战略、目标及组织内外环境的变化，分析预测未来的组织任务和环境对组织的要求，对职务编制、人员配置、教育培训、人力资源管理政策、招聘和选择等内容进行的人力资源部门的职能性计划，以及为完成这些任务和满足这些要求而提供人员的管理过程。它来源于企业人力资源战略和目标，同时又会反过来对人力资源战略和目标产生影响，它是企业人力资源管理工作的总输入。

人力资源规划所考虑的不是某个具体的人，而是一组人员。个别人员的发展规划寓于整组人员的发展规划之中。因此，人力资源规划实质上是一种人事政策，它的制定为企业人事管理活动提供指导。

因此，人力资源规划的目标就是要让企业可以预见到其未来人力资源管理的实际需要以及识别出可以最终满足这些需要的有效实践活动。

二、人力资源规划的内容

人力资源规划一般包括人员总规划、职务编制规划、人员配置规划、人员需求规划、人员供给规划、人员补充规划、人员考核规划、薪酬规划、人才分配规划、人力资源管理政策规划、投资预算规划等。明确了上述内容，才能在人力资源规划中有的放矢，取得实效。

---

① ［美］劳伦斯·S·克雷曼．人力资源管理．孙非等译．北京：机械工业出版社，2003.65

通常，一个企业会经常随着外部环境的变化而变化，如全球市场的变化，出于跨国经营的需要，生产技术的突破，生产设备的更新，生产程序的变更，新产品的问世等，都将影响整个组织结构，即组织结构必须去适应企业经营策略的变化。而经营策略的变化又因环境变化而产生，而组织结构的变化必然牵涉到人力资源的配置。因此，对未来组织结构的预测评估应列为第一步，在这个基础上对以下几个方面进行规划：

（一）晋升规划

这是组织晋升政策的一种表达方式，是人事政策的具体体现。对企业来说，有计划地提升有能力的人员，以满足职务对人的要求，是组织的一项重要职能。从员工个人角度来说，有计划地提升会满足员工自我实现的需要，它也是企业中员工职业生涯管理的具体体现。晋升规划一般用指标来表达，例如晋升到上一级职务的平均年限和晋升比例。

（二）人员补充规划

企业要发展壮大，会出现空缺职位，就要补充一批人力，企业里年长的员工在新的发展形势下，不太适合需求时就有可能会让位。如果经过培训后，仍然达不到该职位的绩效要求时，那么企业就要考虑该员工是否应该调动一个职位或者辞退，这时企业就要及时补充新鲜血液。例如营销人员，在企业要补充更多的新鲜血液的时候，企业依靠新招进的人员开拓市场，既需要他们取得高绩效的速度，又需要他们的创新能力，还看重他们的工作经验。所以，企业会吸引在营销领域里市场开拓方面有经验的经理人加入，把一些很有才华的人才吸引过来，用最优化的手段去争取他们加盟。

因此，人员补充规划就是在中长期内，每当岗位职务空缺时，能从质量上和数量上得到合理的补充。人员补充规划要具体指出各级各类人员所需要的资历、培训、年龄等要求。补充规划与晋升规划密切相关，因为由于晋升规划的影响，组织内的职位空缺逐渐向下移动，最终累积在较低层次的人员需求上。同时也说明，低层次人员的吸收录用，必须考虑到以后的使用问题。同时，补充规划不仅要满足未来人力的需要，更应该对现有人力做充分的运用。人力运用涵盖的范围很广，而其关键在于“人”与“事”的圆满配合，使事得其人，人尽其才。

具体来说，补充规划中应该要包括两项工作人员需求规划和人员供给规划。通过总计划、职务编制计划、人员配置计划可以得出人员需求计划。需求计划中应陈述需要的职务名称、人员数量、希望到岗时间等。人员供给计划是人员需求计划的对策性计划，主要陈述人员供给的方式、人员内部流动政策、人员外部流动政策、人员获取途径和获取实施计划等。这两方面的规划内容将在后面章节做重点分析。

（三）培训开发规划

培训开发规划包括教育培训需求、培训内容、培训形式、培训考核等内容。培训开发规划的目的是为企业中、长期所需弥补的职位空缺事先准备人员，它包括对内遴选现有员工，加强对员工进行产品专业知识及工作技能培训，对外应积极猎取社会上少量的且未来急需的人才，以避免企业中这种人才的缺乏。

有关人员的培训内容，可包括：

1. 第二专长培训：以利于企业弹性运用人力。

2. 提高素质培训：以帮助员工树立正确的观念及提高办事能力，使之能担当更重要的工作任务。

3. 在职培训：适应社会进步要求，以增进现有工作效率。

4. 高层主管培训：进行管理能力、管理技术、分析方法、逻辑观念及决策判断能力方面的培训。

在缺乏有目的、有计划的培训开发规划的情况下，员工自己也会培养自己，但是效果未必理想或者未必符合组织中职务的要求。而当人力资源管理者将培训开发活动纳入规划之中，并与晋升规划、补充规划联系在一起的时候，培训的目的就更加明确，培训效果也会得到明显提高。

（四）调配规划

人员调配规划是依据企业各级组织机构、岗位职务的专业分工来配置所需人员，它包括普通员工工种分配、干部职务调配及工作调动等内容。规划中将会明确计划期内的人力资源政策的调整原因、调整步骤和调整范围等内容。组织内的人员在未来职位上的分配，是通过有计划的人员内部流动来实现的。这种内部流动计划就是调配规划。

需要注意的是，调配规划不仅要满足现在人力的需要，更应该对未来人力做充分的运筹。

（五）薪酬规划

企业薪酬规划的战略导向性要求企业要弘扬健康向上的薪酬文化，即要求企业必须真正坚持效率优先、兼顾公平的分配原则，将按劳分配与按要素分配相结合。其中，特别是要引导员工正确理解公平问题。公平不是绝对、单一的平等，即等于结果公平，而应该主要表现为与绩效挂钩的过程（机会）公平。判断薪酬分配是否公平，不能只看结果，更要看薪酬是否反映了员工的个人对企业的实际贡献大小。只有这样，才有利于更好地体现按贡献分配的原则，增强薪酬对员工的激励性。

当然，薪酬在规划时，除了要考虑其公平性和激励性之外，还要考虑经济性、竞争性和合法性。企业要根据内部条件和外部环境的变化不断地对企业员工的薪酬体系进行调整，制定一套应对薪酬规划体系。因为任何事物都处在变化发展之中，科学的薪酬制度只是相对的，环境的变化和组织的发展要求不断对薪酬体系予以相应的调整。从战略意义上来看，企业薪酬体系的变动一方面能满足新的战略发展需要，比如通过调整相关薪酬结构和不同薪酬等级的人员规模和比例来保证薪酬的外部竞争性；另一方面，薪酬的变动要与其他的激励体系相结合，比如晋升到高一级的职位时，薪酬水平的提高往往是其权力和地位的物质表征，是对员工晋升激励的强化。企业特别要坚持竞争性和经济性原则，针对员工的不同情况，将薪酬和绩效的关系与市场平均水平进行比较，发挥薪酬对员工的调节功能，以吸引、留住人才，增强员工的责任感与风险意识，使薪酬最大化地发挥激励作用。

另外，为了确保未来的人工成本不超过合理的支付限度，在薪酬结构中进行工资规划是非常必要的。

（六）考评规划

一般而言，企业内部因为分工的不同，对于人才的考核方法也不同，在市场经济情况下，一般企业应该根据员工对于企业所做出的贡献作为考评的依据。绩效考评计划要从员工的工作成绩的数量和质量两个方面，对员工在工作中的优缺点进行评定。譬如市场营销人员和公司财务人员的考评体系就不一样，因此在制定考评计划时，应该根据工作性质的不同，制定相应的人力资源绩效考评计划。在做规划时，要特别关注工作环境的变动性大小、工作内容的程序性大小和员工工作的独立性大小。

（七）激励规划

激励是企业文化的表现形式，激励的作用就是充分体现企业文化的价值观和企业精神。在激励规划中，要注意物质激励计划和精神激励计划的统一。在精神激励计划中主要是建立一套系统的薪酬体系，同时要在此基础上，认真思考工作绩效和生产绩效问题产生的原因，然后改进激励计划中不能起到激励作用的那部分。而在精神激励中，主要通过满足员工高层次的要求，如自我发展、自我实现、成就感等来实现激励效果。

从经济学角度分析，物质激励的效益要远低于精神激励。这是因为金钱的边际效用是遵从递减规律的。因而企业常常为了激发或保持相同程度的积极性，不得不支付越来越多的工资和奖金，从而陷入一种非良性的循环之中。对多数人来说，物质激励必须被当成是个人能力的体现和努力程度的标准，这样才能起到它应有的效果。

从人力资源管理的初衷来看，激励一直都是人力资源管理的基础之一。也就是说，企业做好一切系统的人力资源规划，就是想从各个角度激励员工努力工作，为企业创造更高的价值。因此，企业应该建立一套系统有效的人力资源激励规划。

三、实施人力资源规划的重要性

（一）人力资源规划是维系企业正常运转的保障

一个组织或企业要维持生存和发展，就必须拥有合格、高效的人员结构，并进行人力资源规划。首先，任何组织或企业都处在一定的外部环境之中，其各种因素均处于不断地变化和运动状态。这些环境中政治的、经济的、技术的等一系列因素的变化，势必要求组织和企业做出相应的变化。而这种适应环境的变化一般都要带来人员数量和结构的调整。其次，组织和企业内部的各种因素同样是无时无刻不在运动着和变化着，人力因素本身也会处于不断的变化之中。比如，离退休、自然减员、招聘人员以及企业内部进行的工作岗位调动、晋升等导致人员结构变化。再次，在计划经济向市场经济机制过渡时期，组织和企业内外的各种因素的变化会更加剧烈。在计划经济体制下，除了自然减员和组织调动外，人员的滚动似乎是不可思议的。但是，在市场经济机制下，其情况却完全不同，各种资源，包括人力资源，要靠市场机制的作用进行合理的配置，随着劳动力市场的建立，人才的大量流动会变得习以为常。为了保证企业的效率，企业内部也必然要进行人员结构的调整和优化。

（二）人力资源规划是企业战略的具体体现

人力资源管理部门对企业发展提供的战略性支持主要体现在人力资源规划方面。从定义上可知人力资源规划是一项系统的战略工程，它以企业人力资源战略为指导，以全面核查现有人力资源、分析企业内外部条件为基础，以预测组织对人员的未来供需为切入点，内容包括职务编制、人员配置、教育培训、人力资源管理政策、招聘和选择等内容，基本涵盖了人力资源的各项管理工作。人力资源规划还通过人事政策的制定对人力资源管理活动产生持续和重要的影响。

（三）人力资源规划为企业获取竞争优势准确提供人力资源

在人力资源管理职能中，人力资源规划最具战略性和积极的应变性。科学技术瞬息万变，而竞争环境也变化莫测。这不仅使得人力资源预测变得越来越困难，也变得更加紧迫。人力资源管理部门必须对组织未来的人力资源需求和供给做出科学预测，以保证在需要时就能及时获得所需要的各种人才，进而保证实现组织的战略目标。人力资源规划在各项管理职能中起着桥梁和纽带的作用。

（四）人力资源规划是企业人力资源管理的重要组成部分

人力资源规划处于整个人力资源管理活动的统筹阶段，它为下一步整个人力资源管理活动制定了目标、原则和方法，并且，人力资源规划规定了招聘和挑选人才的目的、要求及原则。人员的培训和发展以及人员的余缺都需要依据人力资源规划进行实施和调整。员工的报酬、福利等也是依据人力资源规划中规定的政策来加以实施。在企业的人力资源管理活动中，人力资源规划不仅具有先导性和战略性，而且在实施企业目标和规划过程中，它还能不断调整人力资源管理的政策和措施，指导人力资源管理的诸项活动。

因此，任何企业的发展都离不开优秀的人力资源和人力资源的有效配置。如何为企业寻找合适的人才，留住人才，发展人才，为组织保持强劲的生命力和竞争力提供有力的人力支持，成为人力资源部门面临的重要课题。

四、人力资源规划的功能

具体地说，人力资源规划的功能，表现在以下几个方面：

（一）预测和调整

组织的生存和发展与人力资源的结构密切相关。在静态的组织条件下，人力资源的规划并非必要。因为静态的组织意味着它的生产经营领域不变、所采用的技术不变、组织的规模不变，也就意味着对人力资源的数量、质量和结构均不发生变化。显然这是不可能的。对于一个动态的组织来说，人力资源的需求和供给的平衡就不可能自动实现，因此就要分析供求的差异，并采取适当的手段调整差异。由此可见，预测供求差异并调整差异，平衡企业对人力资源的供给和需求，才能确保组织在生存发展过程中对人力的需要。

（二）提供和展现

在大型和复杂结构的组织中，人力资源规划的作用是特别明显的。因为无论是确定人员的需求量、供给量，还是职位、结构以及任务的调整，不通过一定的计划显然都是难以实现的。例如，什么时候需要补充人员、补充哪些层次的人员、如何避免各部门人员提升机会的不均等的情况、如何组织多种需求的培训等。这些管理工作在没有人力资源规划的情况下，就避免不了头痛医头、脚痛医脚的混乱状况。因此，人力资源规划是组织管理的重要依据，它会为组织的录用、晋升、培训、人员调整以及人工成本的控制等活动提供和展现准确的信息和依据。

（三）控制和预警

影响企业用人数量的因素很多，如业务、技术革新、机器设备、组织工作制度、工作人员的能力等。人力资源规划可对现有的人力资源结构做出分析，找到影响人力资源有效运用的瓶颈，使人力资源效能得到充分的发挥，降低人力资源在成本中所占的比率。人力资源规划对预测中、长期的人工成本有重要的作用。人工成本中最大的支出是工资，而工资总额在很大程度上取决于组织中的人员分布状况。人员分布状况指的是组织中的人员在不同职务、不同级别上的数量状况。当一个组织年轻的时候，职务低的人较多，人工成本相对便宜，随着时间的推移，人员的职务等级水平会上升，工资的成本也就会增加。如果再考虑物价上升的因素，人工成本就可能超过企业所能承担的能力。在没有人力资源规划的情况下，未来的人工成本是未知的，难免会发生成本上升、效益下降的趋势，因此，在准确预测未来企业发展的情况下，有计划地逐步调整人员的分布状况，把人工成本控制在合理的支付范围内，有效的规划是十分重要的。

（四）依据和帮手

人力资源规划的信息往往是人事决策的基础，例如采取什么样的晋升政策、制定什么样的报酬分配政策等。人事政策对管理的影响是非常大的，而且持续的时间长，调整起来也困难。为了避免人事决策的失误，准确的信息是至关重要的。例如，一个企业在未来某一时间缺乏某类有经验的员工，而这种经验的培养又不可能在短时间内实现，那么如何处理这一问题呢？如果从外部招聘，有可能找不到合适的人员，或者成本高，而且也不可能在短时间内适应工作。如果自己培养，就需要提前进行培训，同时还要考虑培训过程中人员流失的可能性等问题。显然，在没有确切信息的情况下，决策是难以客观的，而且可能根本考虑不到这些方面的问题。

（五）对比和激励

对比和激励有助于调动员工的积极性。人力资源规划对调动员工的积极性也很重要，因为只有在人力资源规划的条件下，员工才可以看到自己的发展前景，找到自己的差距，从而有意识地调整自己的行为和发展方向，并积极地努力争取实现目标。人力资源规划有助于引导员工职业生涯设计和职业生涯发展。

可以看到，人力资源规划是整个人力资源管理的基础，甚至在一定程度上决定了企业的长远健康发展。一个企业在人事政策上如果出现了较严重的问题，往往是因为没有制定一个科学细致的人力资源规划。许多企业面临着源源不断的员工跳槽，表面上看来这是因为企业无法给员工提供优厚的待遇或者晋升渠道，其实显示了企业人力资源规划的空白或不足。因为并不是每个企业都能提供有诱惑力的薪金和福利来吸引人才，许多缺乏资金、处于发展初期的中小企业照样可以吸引到优秀人才并迅速成长。他们的成功之处不外乎立足企业自身情况，营造企业与员工共同成长的组织氛围，充分发挥团队精神，规划企业的宏伟前景，让员工对未来充满信心和希望，同企业共同发展，为有远大志向的优秀人才提供其施展才华、实现自我超越的广阔空间。我国有许多互联网企业在招募员工时，有一种明显的权宜之计的色彩，如要求应聘者具有2年以上计算机及相关工作背景的条件，号称新招来的员工不需要多少培训，马上就能够投入工作，为企业创造价值。极少有企业考虑应聘者的潜在素质、道德责任等因素，缺乏科学的人员甄选程序，更谈不上为他们设计职业生涯了。这样甄选人才使企业在短时间内得到了所急需的人才，但从长期来看却增大了企业员工流动率，降低了企业稳定性和增大了技术信息丧失的风险。正如一家网络公司内容与技术负责主任所说："我们对应聘的人都要试用。说实话，我们也不知道如何制定一个合适的标准，只好先让他们试一试，唯一能够明确的，就是我们需要人，这种日子持续了几个月，公司用过的员工已经超过千人，留下的和离开的新人比例几乎达到1∶1。"

五、人力资源规划的目标

（一）人力资源规划要实现的目标

正如前文所述，人力资源战略规划的目的是通过制定规划保证人力资源战略符合组织发展需要。在没有规划的情况下进行人力资源管理，往往是低效的、无效的管理，甚至还会带来负效应，可见，人力资源战略规划在人力资源战略管理中占有举足轻重的地位。不科学、不合理的规划危害更大，会导致出现不期望的组织行为和后果，因此，按照一定的程序和方法制定规划关系着组织的未来。没有行动的规划是无用的，如果只有人力资源规划而没有后续措施，那么，这份规划也只是一纸空文。由此可知，要管理好组织的人力资源，必须制定相应的人力资源规划，并且要按照科学的程序制定，最终将规划的内容变成真实的行动。

目前，一些企业在认识上的误区导致了人力资源规划存在一些普遍性的问题。比如：只追求人员数量上的规划，而忽视企业未来对于人力资源质量方面的要求；只侧重整体人员规模与企业发展的匹配，而没有关注企业员工个体的发展诉求；只着眼于对现状问题的审视，没有对未来发展提出人力资源对策措施等，进而导致了人力资源规划的有效性降低。因此，在企业集团管理模式下，人力资源战略规划应当实现如下目标：

1. 根据企业集团战略目标，员工应具备怎样的技术、知识和能力；得到和保持一定数量，具备特定技能、知识结构和能力的人员；充分利用现有人力资源；确定人力资源发展战略。

2. 深入分析企业人力资源面临的内外部环境，发现问题和潜在风险，提出应对措施。

3. 合理预测企业中长期人力资源需求和供给，能够预测企业中潜在的人员过剩或人力不足。减少企业在关键技术环节对外部招聘的依赖性。规划和控制各业务板块人力资源发展规模。

4. 规划核心人才的职业生涯发展，建设一支训练有素、运作灵活的劳动力队伍，增强企业适应未知环境的能力，打造企业核心人才竞争优势。

5. 规划重点专业、技术和技能操作领域员工队伍的发展目标，提高员工综合素质。

6. 提出人力资源管理政策和制度的改进建议，提升整体管理水平。

（二）人力资源规划应关注的焦点

为了达到以上目标，人力资源规划需要关注以下焦点：

1. 现有的人力资源能否满足已知的需要。

2. 对员工进行进一步的培训开发是否必要。

3. 是否需要进行招聘。

4. 何时需要新员工。

5. 培训或招聘何时开始。

6. 如果为了减少开支或由于经营状况不佳而必须裁员，应采取怎样的应对措施。

7. 除了积极性、责任心外是否还有其他的人员因素可以开发利用。

（三）人力资源管理者的影响力

事实上，至今尚有许多企业还没有把人力资源管理者包括在企业战略规划之中。大家普遍认为，战略规划是高层决策者的事，人力资源管理者是干具体的辅助性事务的，而且，仍然还有一些企业的高层管理人员把管理员工看成是一种花费而不是使企业完成其使命和腾飞的最宝贵的资源。这些从事战略规划的人们不明白，为使一个企业追寻最佳机会，它必须能有效地开发和调动人力资源的积极性。正是因为企业领导者还没有开始理解影响其决策正确性的人力维度，所以，他们在对企业做战略规划时，还没有充分考虑影响战略成败最重要的这一维度，他们的未来规划是在没有了解这些决策的人力资源意义的情况下做出来的。

不过，越来越多的企业高层管理人员逐渐认识到，企业许多的业务目标都有人力资源影响的影子。通过有效的管理人力资源进而提升企业的核心竞争力是需要人力资源管理者辛勤奉献的，甚至缺了他们的积极参与，企业的战略规划是难以实现的。例如，人力资源管理者最了解当前劳动力市场的实际供需状况并更清楚劳动力市场中哪种技能的劳动力短缺和哪种技能的劳动力供给过剩情况，而这种信息对企业的战略制定异常关键。假如某企业正在考虑增加一个新的投资项目，人力资源管理者便可以为确定这个行动的可行性提供建设性的建议。假如当前劳动力市场对企业投资项目所需的该种劳动力发生严重短缺的情况下，那么，人力资源管理者就可以根据所掌握的这一情况，对企业将上马这一项目所面临的人员困难及时告诉给其他规划者。

在战略规划过程中，人力资源管理者正在扮演着越来越重要的角色。有调查表明，一些企业开始把人力资源管理者纳入企业战略规划的团队之中了，这就意味着，像财务、研发和营销等方面的专业人士一样，人力资源管理者现在经常也被看做是战略规划过程中的一个战略合作伙伴了。

第二节 人力资源规划的程序和原则

一、人力资源规划的程序

从字面上理解，人力资源战略规划的主要功能和目的在于预测企业的人力资源需求和可能的供给，确保企业在需要的时间和岗位上获得所需的合格人员。实际上人力资源战略规划是一项系统工程，它以企业发展战略为指导，以全面核查现有人力资源、分析企业内外部条件为基础，以预测组织未来人力资源的供需为切入点而形成的企业对人力资源的数量、结构、素质的具体化要求，以及实现这一要求的渠道和行动方案。

通常，人力资源规划的程序由以下几方面组成：

（一）企业战略

人力资源管理是为企业战略服务的，作为人力资源管理工作的核心内容，人力资源规划自然是以企业发展战略为源头，这里需要关注的重点是市场变化趋势、新产品和新服务、流程变化、技术更新、企业价值增长点变化、组织结构的可能变化、企业经营环境的变化等。战略澄清简单讲就是进行人力资源规划前要梳理清晰企业未来的行业定位、经营策略、经营规模、产值目标等。什么样的行业定位决定了选择什么样的人才，经营策略决定了选择什么类型的人才，经营规模和产值目标决定了人才的成本。只有在企业战略清晰的前提下，人力资源规划才能有的放矢，而不是空中楼阁。企业战略澄清一般由以下步骤构成：

第一步，明确组织的使命。

企业应该明确自己的存在使命，它是关于组织生存和发展的总体意图的一个宣言，它阐释了企业与其他类似性质的企业所不同的基本商业活动范围和运作。这种使命的确定应该包括企业对这样一些问题的思考："我们的企业因为什么而存在?""它能为社会做出什么样的贡献?"例如，中国的海尔集团，它的使命被企业管理者阐释为以观念创新为先导、以战略创新为方向、以组织创新为保障、以技术创新为手段、以市场创新为目标，伴随着海尔从无到有、从小到大、从大到强、从中国走向世界。员工的普遍认同、主动参与是海尔文化的最大特色。当前，海尔的目标就是创中国的世界名牌，为民族争光。这个目标使海尔的发展与海尔员工个人的价值追求完美地结合在一起，每一位海尔员工将在实现海尔世界名牌大目标的过程中，充分实现个人的价值与追求。① 再比如美国的哥伦比亚燃气系统公司的使命宣言是：哥伦比亚燃气系统公司（Columbia Gas System）通过它的子公司，在天然气工业和与其相联系的资源开发的各个部分中积极寻找机会。就像哥伦比亚燃气系统公司的三星符号那样，分开来加以管理的各个公司都在为下列三种人的利益而工作：系统公司的股东们——通过对他们的投资上的竞争性回报；消费者——通过有效率的、安全的和可靠的服务；以及雇员——通过有效性的和有奖励性的职业生涯。②

第二步，了解组织的环境。

企业的管理者们通过了解组织的内外部环境，来明确可能给企业带来的威胁和机会。外部环境的审视是为了识别由政治、法律、经济、社会和技术等问题带来的实际挑战。管理者们同时还要审视本企业所在行业的环境以掌握自己的竞争对手正在做些什么，哪些新企业可能加入到市场中来，以及可能出现哪些替代性的产品与服务。在审视企业的内部环境时，管理者们应对企业的优势和劣势进行评估，正如前文所述，这是因为企业的战略目标应当立足于利用优势和避免劣势。

第三步，制定战略目标。

战略目标表明了企业奋斗最终要想达到的结果，它应该是具体的、有挑战性的和可测量的。企业在制定战略中应渗透着对市场地位、创新、生产率、物质与金融资源、利润率、管理绩效与开发、员工的绩效以及社会责任等各个方面的思考。

第四步，提出战略规划。

---

① 选自：海尔集团新员工培训教材。

② ［美］劳伦斯·S·克雷曼．人力资源管理．孙非等译．北京：机械工业出版社，2003.69

战略规划表明了企业为达到其战略目标而必须采取的行动。它是通过把企业目标转化为更具体的职能或部门的目标，然后制定为达到这些目标而提出的策略。通常，战略目标可分别转化成财务、营销、生产运营、技术研发、信息系统以及人力资源等方面的规划。

（二）了解企业现有人力资源状况

梳理完成企业的发展战略之后，接下来对企业目前的人员质量、数量等人力资源状况做一个详细的分析，具体内容包括：详细分析目前在职人员的学历、能力、特长、综合素质情况；对企业人员进行归类，分清哪些是“绩优股”、哪些是“潜力股”、哪些是“大盘股”、哪些是“待淘汰股”等；明确员工人数、年龄、学历、专业、性别等基本信息以及在不同层面中的分布情况，并分析目前人力资源状况与企业未来需求之间的差距。这一阶段是后面各阶段的基础，是人力资源规划的第一个过程，它的质量如何对整体工作影响很大，必须高度重视。核查现有人力资源，关键在于关注人力资源的数量、质量、结构及分布状况。这一部分工作需要结合人力资源管理信息系统和职务分析的有关信息来进行。如果企业尚未建立人力资源管理信息系统，这步工作最好与建立该信息系统同时进行。一个良好的人事管理信息系统，应尽量输入员工个人和工作情况的资料，以备管理分析使用。人力资源信息应包括以下几个方面内容：

1. 个人自然情况，如姓名、性别、出生日期、身体自然状况和健康状况、婚姻、民族和所参加的党派等。

2. 录用资料，包括合同签订时间、候选人征募来源、管理经历、外语种类和水平、特殊技能，以及对企业有潜在价值的爱好或特长。

3. 教育资料，包括受教育的程度、专业领域、各类培训证书等。

4. 工资资料，包括工资类别、等级、工资额、上次加薪日期，以及对下次加薪日期和量的预测。

5. 工作执行评价，包括上次评价时间、评价或成绩报告、历次评价的原始资料等。

6. 工作经历，包括以往的工作单位和部门、学徒或特殊培训资料、升降职原因、有否受过处分及其原因和类型、最后一次内部转换的资料等。

7. 服务与离职资料，包括任职时间长度、离职次数及离职原因。

8. 工作态度，包括生产效率、质量状态、缺勤和迟到早退记录、有否建议及建议数量和采纳数，有否抱怨及经常性与否和抱怨内容等。

9. 安全与事故资料，包括因工受伤和非因工受伤、伤害程度、事故次数类型及原因等。

10. 工作或职务情况。

11. 工作环境情况。

12. 工作或职务的历史资料等。

有关在企业中如何建立一个有效运行的人力资源管理信息系统，将在第六章详细叙述。

这一阶段必须获取和参考的另一项重要的信息，是职务分析的有关信息情况。职务分析是企业人力资源管理五大要素（获取、整合、保持与激励、控制与调整、开发）中起核心作用的要素，是下一步工作的基础。职位分析明确地指出了每个职位应有的职务、责任、权力，以及履行这些职、责、权所需的资格条件，这些条件是对员工的具体要求。

（三）分析预测组织内的人力资源需求情况

人力资源需求预测是根据企业发展的要求，对将来某个时期内企业所需职工的数量和质量进行预测，进而确定人员补充的计划方案实施教育培训方案。人力资源需求预测是企业编制人力规划的核心和前提条件。预测的基础是企业发展规划和企业年度预算。对人力资源需求预测要持动态的观点，考虑到预测期内劳动生产率的提高、工作方法的改进及机械化、自动化水平的提高等变化因素，并且，结合企业的人力资源状况，对各部门的岗位定编情况进行分析，以确定定岗情况和未来的需求，列出企业的岗位需求表，并和部门经理、企业高层管理者一起进行确认。如何满足企业在管理、技术、生产、市场、操作等方面的人才需求呢？这需要一个具体的行动计划，需要内部培养和外部引进相结合。比如，操作人员可能是整体外包，中层管理者逐步面向市场，高层管理者要向国际化迈进等。内部培养就需要有相应的继任计划以及与之配合的培训、轮岗、生涯规划等措施。另外，对过剩的人员也要有一个合理的退出机制。这一步工作与人力资源核查可同时进行，主要是根据企业的发展战略规划和本企业的内外部条件选择预测技术，然后对人力需求的结构和数量、质量进行预测。

在预测过程中，预测者及其管理判断能力与预测的准确与否关系重大。一般来说，商业因素是影响员工需要类型、数量的重要变量，预测者通过分离这些因素，并且收集历史资料去做预测的基础。从逻辑上讲，人力资源需求是产量、销量、税收等的函数，但对不同的企业或组织，每一个因素的影响并不相同。关于人力资源需求预测更详细的部分请看本书的后一章。

（四）分析预测组织内外的人力资源供给情况

人员供给预测也称为人员拥有量预测，是人力预测的又一个关键环节，只有进行人员拥有量预测并把它与人员需求量相对比之后，才能制定各种具体的规划。为了满足企业发展战略对人力资源的需求，必须对企业内部和市场上的人力资源供给情况进行深入的分析，在未来一定时期内，企业内部员工的成长空间有多大，通过各种方式能培养出多少适应未来需求的人才，有多少人可以适应岗位变化所带来的能力素质的新要求；市场上未来几年的人才供给在操作人员、管理人员、经理人等不同层面是如何分布的。只有掌握了这些情况，才能对能否满足企业战略需求做到心中有数。在方法上，有接替图、继任计划以及马尔可夫分析法等。人力供给预测包括两部分：一是内部拥有量预测，即是根据现有人力资源即其未来变动情况，预测出规划各时间点上的人员拥有量；二是对外部人力资源供给量进行预测，确定在规划各时间点上的各类人员的可供量。关于人力资源供给预测更详细的部分请看本书的后一章。

（五）起草匹配供需计划

起草匹配供需计划的内容具体包括以下两点：

1. 确定净人员需求量

这一步主要是把预测到的各规划时间点上的供给与需求进行比较，确定人员在质量、数量、结构及分布上不一致之处，从而得到净人员需求量。

2. 制定匹配政策以确保需求与供给的一致

这一步实际是制定各种具体的规划和行动方案，保证需求与供给在规划各时间点上的匹配，主要包括：晋升规划、补充规划、培训开发规划、配备规划等。

（六）执行规划和实施监控

人力资源规划应包括设置预算、目标和标准，它同时也应承担执行和控制的责任，并建立一整套报告程序来保证对规划的监控。可以只报告全企业的雇用总数量（确认那些在岗的和正在上岗前期的）和为达到招聘目标而招聘的人员数量。同时应报告与预算相比企业的雇用费用情况、损耗量和雇佣量的比率变化趋势。

1. 执行确定的行动计划。这一步的主要内容是在各分类规划的指导下，确定企业如何具体实施规划。一般来说，在技术上或操作上没有什么困难。

2. 实施监控。实施监控的目的在于为总体规划和具体规划的修订或调整提供可靠信息，强调监控的重要性。在预测中，由于不可控因素很多，常会发生令人意想不到的变化或问题，如若不对规划进行动态的监控、调整，人力规划最后就可能成为一纸空文，失去了指导意义。因此，执行监控是一个非常重要的环节。此外，监控还有加强执行控制的作用。

（七）评估与反馈

虽然人力需求的结果只有过了预测期限才能得到最终检验，但为了给企业人力资源规划提供正确决策的可靠依据，有必要事先对预测结果进行初步评估。按照流程完成了人力资源战略规划，还应该反过来再分析一下它与企业发展战略的一致性如何，只有经过这样的反复循环，人力资源战略规划才能真正支持企业的发展战略。所以，应该由专家、用户及有关部门主管人员组成评估组来完成评估工作。在评估时，评估者应着重考虑以下具体问题：

1. 预测所依据的信息的质量、广泛性、详尽性、可靠性，以及信息的误差及其产生原因。

2. 预测所选择的主要因素的影响与人力需求的相关度，预测方法在使用的时间、范围、对象的特点与数据类型等方面的适用程度。

3. 人力资源规划者熟悉人事问题的程度以及对他们的重视程度。

4. 评估者与提供数据和使用人力资源规划的人事、财务部门以及各业务部门经理之间的工作关系如何。

5. 在有关部门之间信息交流的难易程度（如人力资源规划者去各部门经理处询问情况是否方便）。

6. 决策者对人力资源规划中提出的预测结果、行动方案和建议的利用程度。

7. 人力资源规划在决策者心目中的价值如何。

8. 规划实施的可行性。评估预测结果是否符合社会、环境条件的许可，能否取得达到预测成果所必需的人、财、物、信息、时间等条件。

为了提高人力资源预测的可靠性，有必要使评估工作连续化，除了上述因素可以对一项人力资源规划评估时提供重要参考外，还要对如下几个因素进行比较：

1. 实际招聘人数与预测的人员需求量比较。
2. 劳动生产率的实际水平与预测水平比较。
3. 实际的与预测的人员流动率的比较。
4. 实际执行的行动方案与规划的行动方案比较。
5. 实施行动方案后的实际结果与预测结果比较。
6. 劳动力和行动方案的成本与预算额的比较。
7. 行动方案的收益与成本的比较。

评估要客观、公正和准确，同时要进行成本—效益分析以及审核规划的有效性。

二、制定人力资源规划的原则

（一）必须充分考虑内部和外部环境的变化

人力资源规划只有充分地考虑了内外环境的变化，才能适应需要，真正地做到为企业发展目标服务。内部变化主要指销售的变化、开发的变化，或者说企业发展战略的变化，还有企业员工的流动变化等；外部变化指社会消费市场的变化、政府有关人力资源政策的变化、人才市场的变化等。为了更好地适应这些变化，在人力资源规划中应该对可能出现的情况做出预测和风险防范，最好能有面对风险的应对策略。

（二）确保企业的人力资源得到有效供给

企业的人力资源保障问题是人力资源规划中应解决的核心问题，它包括人员的流入预测、流出预测、人员的内部流动预测、社会人力资源供给状况分析、人员流动的损益分析等。只有有效地保证了对企业的人力资源供给，才可能去进行更深层次的人力资源管理与开发。

（三）明确人力资源规划的最终目的

人力资源规划不仅要面向企业规划，而且要面向员工规划。企业的发展和员工的发展是互相依托、互相促进的关系。如果只考虑企业的发展需要，而忽视了员工的发展，则会有损企业发展目标的实现。优秀的人力资源规划一定是能够使企业的员工实现长期利益的规划，一定是能够使企业和员工共同发展的规划。此外，优质的人力资源规划是企业内部相关人员共同完成的，而绝非人力资源部单独所能够解决的问题。因此，人力资源部在进行人才资源规划时，一定要注意充分吸收各个部门以及高层管理者的参与，只有这样，人力资源规划才能够符合企业实际并落到实处。

（四）有效地把握人力资源规划的发展趋势

要科学地制定人力资源规划，人力资源部门必须把握好人力资源规划的发展趋势，只有掌握这些发展趋势才能够适应市场竞争的需要，使人力资源规划与企业发展战略相一致，从而实现企业可持续的良性发展。现实中，企业的一时顺境并不代表企业的长远发展，因此，这就要求企业领导者和人力资源管理者要具有长远目标和宽阔的胸襟，从企业长远发展的大局出发，协调好劳资关系，做好企业人才再造和培植接班人的工作。

（五）密切关注影响人力资源规划的各种因素

实践中我们发现，一些企业在人力资源开发与管理中，往往缺乏动态的人力资源规划和开发观念，把人力资源规划理解为静态地收集信息和相关的人事政策信息的过程，无论在观念上还是实践中都有依赖以往已制定的和执行的规划，有着一劳永逸的思想。这是一种有害的错误观念。因为这种静态观念与动态的市场需求和人才自身发展的需求是极不适应的，造成人力资源得不到合理的利用，甚至严重地影响了人力资源的稳定性，造成优秀人才的流失，对企业的发展壮大极为有害。所以，企业在做人力资源规划时，必须坚持动态的规划，必须密切关注影响人力资源规划的一些重要因素。

毋庸置疑，面对日趋激烈的竞争，一个企业一定要有优秀的人力资源规划，一定要主动掌握企业经营的内、外部因素，不但要谨慎规划人力资源，还要提供人员训练、发展机会，制定合适的人事制度，真正做到人尽其才、才尽其用，使人才真正成为企业最宝贵的资源。

三、战略层面人力资源规划的主要特点

（一）人力资源管理的特征

战略层面人力资源管理具有以下四个基本特征：

1. 战略性。企业拥有人力资源是企业获得竞争优势的源泉。战略人力资源是指在企业的人力资源系统中，具有某些或某种特殊知识（能力和技能），或者拥有某些核心知识或关键知识，处于企业经营管理系统的重要或关键岗位上的那些人力资源。相对于一般性人力资源而言，这些被称为战略性的人力资源具有某种程度的专用性和不可替代性。

2. 系统性。企业为了获得可持续竞争优势而部署的人力资源管理政策、实践以及方法、手段等构成一种战略系统。

3. 契合性。包括纵向契合，即人力资源管理必须与企业的发展战略契合；横向契合，即整个人力资源管理系统各组成部分或要素相互之间的契合。

4. 目标导向性。战略人力资源管理通过组织建构，将人力资源管理置于组织经营系统之中，促进组织绩效最大化。基于战略层面的人力资源规划是战略人力资源管理最重要的组成部分，是企业对未来发展的一种整体人才规划，决定着企业的发展方向，涉及企业与环境的关系、企业使命的确定、企业目标的建立、基本发展方针和竞争战略的制定等。对于没有人才战略的企业而言，说明将来没有一个长期明确的方向，对企业的未来发展没有一个指导方针，最终将被市场淘汰。

（二）基于战略的人力资源规划发展趋势

随着未来企业组织越来越网络化、扁平化、多元化和全球化，相应地，未来的企业人力资源管理也会在管理目标、管理职能、管理技术以及对管理人员的要求等方面发生新的变化，这要求基于战略层面的人力资源规划将呈现出以下的发展趋势：

1. 动态性规划

适时、适地、适量地提供人力资源以满足组织和工作的要求，是最经济地使用人力资源的本质性要求。战略层面的人力资源规划是一个对企业人员流动进行动态预测和决策的过程，它在人力资源管理中具有统领与协调作用。其目的在于预测企业长期的人力资源需求和可能的供给，确保企业在需要的时间和岗位上获得所需的合格人员，实现企业的发展战略和员工个人利益的协调发展。在战术层面的人力资源规划中，往往缺乏动态的人力资源规划和开发观念，而是把人力资源规划理解为静态的信息收集和相关的人事政策设定，无论在观念上还是在实践上都有一劳永逸的思想，不能对市场的变化进而企业战略的调整做出迅速的反应。

2. 系统性规划

系统性规划是战略思维层面的人力资源规划的重要部分，其本质要求运筹全局，综合分析，提出科学的发展战略思路。系统性规划根据系统性分析和判断事物的运动变化规律，具有三个特点：

(1) 全方位整体性。从各个侧面、各个角度、各个层次考察人力资源管理，立足于全局，着眼于多方面、多途径、多层次，而不受僵化的条条框框的束缚，以制定出驾驭整体和指导全局的战略。

(2) 时空统一性。把对人力资源管理的时间考察（包括过去、现在和未来）与空间考察（包括上下、前后、左右等）统一起来，以形成立体的战略规划。

(3) 协同性。由于战略规划所分析的对象具有全局性的特点，涉及诸多方面，而这些方面又不能各自为政，必须处于相互协调的状态中才能推动工作进展，因此，各方面的相互协同、相互促进，是战略层面人力资源规划必须加以重视的问题。

3. 超前性规划

超前性规划要求战略层面的人力资源管理者对未来超越客观事物实际发展进程的前瞻性的特点，即在外部实际变化之前，预计未来可能出现的各种趋势、状态和结果。超前性规划是以对客体未来发展趋势和规律的科学把握为基础的，不是管理者的主观臆想或凭空幻想。战略层面的人力资源规划空间越广阔，所涉及的因素越多，变化幅度就越大，影响就越深远，这就越需要加强超前性战略思考和可行性论证，需要对一系列问题和后果进行充分估计。此外，现代社会的经济、技术发展速度日益加快，战略层面的人力资源规划变化速度也大大加快。在这种情况下，企业要制定适合自身的人力资源发展的战略，必须事先考虑到这种迅速变化的环境，使规划走在环境变化的前面，科学预测变化发展的前景。

4. 扁平化规划

组织机构扁平化是世界企业界的大势所趋。扁平化规划有利于分权管理成为一种普遍趋势，金字塔状的组织结构是与集权管理体制相适应的，而在分权的管理体制之下，各层级之间的联系相对减少，各基层组织之间相对独立，扁平化的组织形式能够有效运作。扁平化规划有助于企业快速适应市场变化的需要，传统的组织形式难以适应快速变化的市场环境，为了不被淘汰，就必须实行扁平化。扁平化规划是现代信息技术的发展，特别是计算机管理信息系统的出现的需要，将逐步代替传统的幅度管理。

5. 跨文化性规划

企业文化的核心就是培育企业的价值观，培育一种创新向上、符合实际的企业文化。战略层面的人力资源规划必须充分注意与企业文化的融合与渗透，保障企业经营的特色，以及企业经营战略的实现和组织行为的约束力，只有这样，才能使企业的人力资源具有延续性，具有自己的符合本企业的人力资源特色。尤其是在经济全球化的背景下，跨国经营的企业需要特别注重人力资源战略的规划与企业文化的结合，从战略角度保证员工的归属感。

6. 个性化规划

战略层面的人力资源规划是通过差异化策略，满足企业发展的特殊需要的，借以获取竞争优势。个性化规划的实质是一种“员工至上”战略，其核心是满足企业内不同层次、不同个性员工的需要。只有满足员工个性化的物质利益和精神追求需要，才能真正获得市场竞争的人力资源战略要素和人力资本股权激励效应，全方位满足消费者个性化需求。在激烈的市场竞争中，企业内部只有推行个性化的人力资源规划和人力资本投资策略，才能在市场竞争中拥有雄厚的人才基础，才能在战略上应对竞争对手的竞争，取得员工的理解、长期支持和合作，才具有获取和保持竞争优势的可能和条件。

第三节 人力资源规划的监督与控制

大部分的规划要得以成功地执行，都需要获得一定的资源，下面我们将讨论在规划的实施过程中，人力资源规划监控的一些重要因素和监控的管理。

一、监督与控制的重要性

为新的战略实施提供一个循环机制和良好的调整机制，将会变得更加普遍，尤其是在当今快速变化的市场中。例如，一些重要的企业曾设立的部门，其唯一的任务就是监控竞争者。当然，这也是成为一些小企业所追求的内容，他们很敏锐地观察他们的员工、直接竞争者与客户、市场价值以及其他形式的战略行为。

当人力资源战略规划的概念从一个孤立的事件变为一系列持续的行为时，监控就更加重要了。持续的监控是整体人力资源战略规划的重要保证，它可及时发现规划在运行过程中的问题并加以解决。然而，规划中存在许多不同的因素会影响监控效果，企业应该注意到成功的关键因素是面向某个行业中所有企业的，而不仅仅只包括某个企业的规划发展。那么，一个成功的人力资源规划，都有哪些关键性的因素会直接影响其成功实施呢？

（一）企业的"内部顾客"

"顾客就是上帝"这句市场竞争的真理已经被众多商家所接受，顾客的概念范围在不断地扩大。这里所说的是购买或接受任何个人或组织的服务的那些个人或组织，它们都可以被企业称作顾客。那么，在人力资源战略规划中，谁是企业的目标"顾客"？谁是企业的潜在"顾客"？企业是否主导了某些特定的市场？"顾客"为什么接受我们公司？他们又为何离开我们公司？这一切都是人力资源规划执行过程中必须明确的。对于企业来说，员工就是企业的"内部顾客"。他们的要求就是"上帝"的要求，而企业员工这类顾客与传统中所说的顾客有很大的不同，他们生怕自己提出抱怨和建议后，上级领导在以后的工作过程中给他们穿小鞋。因此，既然员工对企业的不满可能不愿过于显现地表达出来，那么建立一些隐蔽性的获取信息途径来获得信息就显得极为必要了。例如，建立上下级之间的电子邮件、企业内部论坛等。

顾客对于当前岗位的职责是否明确？权力与责任的分配如何？对于绩效考评有何意见？对薪酬福利又有何不满或认同？……规划执行过程中需要不断地收集这些信息，并观察员工的行为变化显然是非常必要的。通常，企业应掌握员工哪些重要的信息呢？

1. 绩效考评

首先，考虑员工对绩效考评的认识如何，是否存在歪曲理解。

绩效考评类型主要有任职资格考评、晋级考评、岗位考评、技能鉴定考评和日常考评等。目前，仍然有一些企业的绩效考评是与升职、任免、调遣等人事工作脱钩的，绩效考评的结果无法成为诸项人事政策的主要依据，其结果导致考评人员与被考评人员都没有形成对考评工作的深入认识和足够重视，未能充分理解考评在员工激励、内部分配、职位变动、岗位竞争等工作中应有的重要作用和参考价值。有的企业在制定和实施一套新的绩效考评体系时，不重视与员工进行及时、细致、有效的沟通，员工对绩效考评的管理思想和行为导向不明晰，对所实施的考评体系的科学性、实用性、有效性和客观公正性表现出强烈的质疑，进而产生严重的抵触情绪，这种情绪的蔓延会降低员工的士气，严重影响今后的工作绩效。

其次，考评标准是否能真实反映员工之间的差距，标准是否科学。

倘若企业的绩效考评标准过于模糊，缺乏科学性和有效性，再用这种模糊的考评标准对被考评者进行考评，必然导致考评缺乏客观依据的判断，结果就会难以使被考评者接受。另外，缺乏明确的绩效标准，也会使员工不清楚如何才能得到企业的认可，不知道该朝着哪个方向努力。国内很多企业岗位责任不清，没有严格的岗位界限，工作随意性大，其实就是考评标准模糊造成的。实践中，很多企业一味追求考评指标的全面和完整，而忽视了其科学性，采用的绩效指标一方面是经营指标的完成情况，另一方面是工作态度、思想觉悟等一系列因素，可谓面面俱到，但没有抓住关键业绩指标，导致实际操作性不强。此外，太多和太复杂的指标只能增加管理的难度，降低员工的满意度和对员工行为的引导效果。

再次，对不同的主体考评时，在方法上是否体现差异性。

很多书上对于我国目前一些企业正在进行的绩效考评工作持批评态度，一些企业在员工绩效考评中，往往是上级对下级的考评，作为员工的直接上司，考评者的个人好恶等非客观因素将在很大程度上影响考评的结果，考评者的一家之言难以给出令人信服的结论，甚至会引发上下级之间关系紧张。其实，要想科学全面地评价一位员工，往往需要从多视角观察和判断，考评者应包括上级、同事、下属和被考评者本人以及客户等，从而可以得出比较客观的考评意见。然而，这种说法容易误导读者，使读者认为多方位的正所谓360度考评将有利于考评的科学性。实际上笔者并不这么认为，绩效考评方法有多种，它们各有特色，要想有准确的结果，必须针对不同的考评对象。甚至有可能，同一个职位在不同的企业里考评方法不同，但都获得了成功。有的企业不考虑自身的实际情况，直接从其他企业或书本中引用过来，或者不分对象地采用一刀切，如对生产人员、技术人员、管理人员和销售人员运用相同的考评指标、考评方法，缺乏实际针对性，致使绩效考评体系很难有效运行。应该针对当前企业、职位的各种情况和考评者的实际状况加以灵活考虑才是正确的做法。所以，人力资源规划监督和控制过程中，应该对于各种考评方法进行分析和优化。

最后，考评结果是否进行及时反馈，是否与奖惩脱节。

对于考评结果，一种情况是考评者主观上和客观上都不愿将考评结果反馈给被考评者，原因是考评者担心反馈会引起下属的不满，给自己以后的工作带来阻力。另一种是考评者无能力将考评结果反馈给被考评者，因为他无法对结果做出分析指导并提出改进绩效的方案。这样，企业的问题越积越多而得不到及时解决，为企业的未来发展埋下了严重的隐患。对很多企业来说，绩效考评只是为了完成上级交给的任务，之后便将考评结果束之高阁，考评结果几乎不会对被考评者最终的报酬和未来职位的升迁产生任何影响。对于绩效显著的员工不能给予相应的物质与精神上的奖励，而对绩效差的员工惩罚力度不够，这样必然导致员工的工作积极性大打折扣，从而使企业失去了绩效考评的实际意义。

2. 薪酬福利

薪酬往往是决定人才流动的重要因素之一，也许当前的薪酬水平尚能够适应本企业的发展，但考虑到企业面对着的市场是一个多方博弈的战场，所以薪酬水平也就成为一个动态的变动结果。那么，在规划的过程中，应该怎样时刻注意现在的薪酬水平是否能够取得竞争优势呢？

首先，考虑企业薪酬水平市场定位是否偏低。

如果企业的薪酬水平合理，相比整个市场和同行业的薪酬状况具有吸引力，企业的薪酬才具备竞争力，才能吸收优秀的人才，但如果企业薪酬较市场水平明显偏低，一方面会造成人员严重流失，不利于企业内部的稳定，那些教育水平较高，素质相对较好的员工如果得不到可以期望的更高薪酬，则很容易在积累了一定的经验后跳槽到其他企业。另一方面也不利于高素质人才的加入。其结果是陷入了企业不断招聘新雇员以满足运作需求的同时，老雇员又不断离职的恶性循环，这对人力资源是一种很大的浪费，更将阻碍企业的人力资源规划的推进。因此，企业应该不断地在人力资源规划的执行过程中收集市场薪酬信息，保持自身的薪酬水平，形成企业的竞争优势。

其次，薪酬是否对内不公平。

研究表明，人们关心工资差别的程度有时甚于关心工资水平高低，然而，员工个人能力及其工作职务的区别必然带来个人薪酬的差别，如何使这种差别做到既鼓励先进又能被大部分人接受呢？这就要求薪酬必须遵循公平和公正的基本原则。不同部门之间或者同一个部门不同人之间，个人的薪酬水平必须反映岗位职责的区别和个人实际贡献的大小，也就是工资差别合理。对比现实中企业内部薪酬，常存在以下问题：

- 一些部门内部相邻职位之间薪酬差距太大。某些部门其上级工资可能是其直接下属的三倍以上，而这种差距又不是实际贡献和绩效的真实反映。
- 与第一种情况相反，有时在同一辅助部门内，上下级之间同属于管理性职位，下级的工资却比上级高许多，而这种差距显然也不是根据实际贡献的真实反映。

·相同的岗位不同人之间的薪酬差距太大。从事相同或类似的工作，承担的责任相仿，但两人薪酬却有近一倍的差距，这种差距显然也不是对企业做出实际贡献的员工的真实评价。

·公司内部薪酬的不公平，造成不同部门之间以及相同部门个人之间权利与责任不对等，使部分绩效优秀的员工进行内部比较时心理失衡，严重影响士气，也打击了个人工作的积极性。这都将导致人才流失，影响规划的成败。

最后，福利是否真的起到了激励优秀员工的作用。

福利应是人人都能享受的利益，它能给员工以归属感。福利需要强调其长期性、整体性和计划性来体现它应有的优势。然而，福利制度的不完善及缺少整体规划，经常是浪费了资金却还达不到预想的效果。

学者研究表明，一些概念会和员工的福利接受后的满足程度有很大的联系。比如工作满意度，它是由个人的工作评估或工作经验所带给个人的一种愉快或正面的情绪感触。Locke 在对工作满意度的要素研究总结的基础上，提出工作满意度包括了福利满意度这一要素。Jenking 和 Lawler 指出若企业对员工的薪酬福利管理妥当，则所获得的满足可以延伸到其他工作面的满意度上。他们更进一步认为，薪酬福利是最可能影响员工满意的源泉。Howard 和 Larry. W 用程序公平和分配公平探讨对福利满意度的影响，实证研究结果显示员工有机会参与福利制度的制定与实施过程，就会显著提高他们对福利水平和福利制度的满意度，从而增强员工的工作投入和提高工作满意度。Margaret L. Williams 等美国学者在构建福利满意度的前因变量和结果变量模型中，把工作满意度作为福利满意度的结果变量，并通过实证研究表明，福利满意度与工作满意度之间存在显著的正相关关系。

在管理理论中，有人也提出了组织承诺的概念。组织承诺是员工对自己所在企业在思想上、感情上和心理上的认同和投入，愿意承担作为企业的一员所涉及的各项责任和任务。组织承诺这个概念最早是由 Becker 提出来的，他认为员工对该组织“单方投入”的越多，就越不愿离开该组织，因为一旦离开，就会损失各种福利。美国学者 Weathington 研究指出，员工对自己所享受到的福利感到满意，会增加他们对企业的归属感和对管理人员的信任感。中国学者谭晟、凌文辁进行了一项关于员工组织承诺的开放式问卷调查显示，促使人们选择了这个组织，并致力于该组织，且不会跳槽的最重要的因素是薪酬福利。企业通过福利向员工传达关心，增强员工对企业的认同感与归属感。

那么，根据这些研究结果，企业需要做什么呢？在人力资源规划的执行过程中，企业应该怎样增加员工对于当前的薪酬福利水平的满意度？企业的薪酬福利管理制度在什么地方还需要进行改进？显然，企业需要对此不断地进行监督和控制，确保这方面的规划向正常的方向发展。

（二）竞争

我们与竞争对手的差距在什么地方？相同的员工薪酬福利水平，为什么别人的员工更有干劲？谁是我们的竞争对手？劳动力市场上影响竞争的主要因素是什么？竞争的激烈程度如何？在劳动力市场上有可能领先吗？竞争者拥有的哪些吸引人才的竞争力是我们所缺乏的？

具体来说，有以下几个因素会影响企业的竞争力：

1. 劳动力成本

企业的性质将决定企业采用的劳动力成本路线。为了竞争，企业是否依赖于低劳动成本？我们是不是低成本运营？哪个企业的劳动成本率最低？为什么？劳动力成本在总成本中所占的比率是多少？劳动力成本的增加或降低对企业的未来发展的利弊是什么？我们与竞争者如何比较？竞争对手在劳动力成本上是否占有竞争优势？例如，同样是招聘某个岗位人员，竞争对手可能有一套能够以低成本获得一个令人满意的职员的办法。在确保获得一定质量的人才时，控制人力资源管理成本无疑将会促进企业获得更加坚固的竞争力。

从目前的趋势来看，企业中的劳动力成本将会在整个企业的总成本中越来越占有更大的比重，这其中，劳动力成本中员工的工资一般会占绝大部分。就工资的特点而言，通常工资具有刚性，不容易消减。这是企业在人力资源规划监督与控制过程中，应该时刻注意劳动力成本增长是否阻碍了企业未来发展的重要问题。倘若阻碍了发展，应该采取什么样的方式来消除阻力。例如，飞利浦（荷兰）为了获得低劳动成本把它的生产基地转移到了新加坡和马来西亚。的确，更多的企业为了获取更强的竞争优势，开始把自己的生产中心甚至研发中心转移到条件较好的发展中国家。

2. 市场主导

哪些企业主导着某个工种的劳动力市场？例如，微软、IBM、Google、Intel等大型的IT行业引导着IT行业薪酬水平。明确自身企业在市场中的地位，制定适合自身企业的人力资源战略规划，如果自己是个小公司，可能由于自己的企业小，不能像大公司那样开出高额的年薪，但是企业却拥有自己的吸引人才优势。例如，小公司可能为企业员工提供更多的独当一面的机会、更多的话语权、更多接触各种职位的机会等。企业应该建立属于自己的雇主形象，建立企业在市场吸引、留住人才的主导地位。例如，如果企业需要一个招聘顾问，想把其他企业雇用的员工，或把社会上其他地方的精英吸引过来，就必须在企业的文化、经营策略、目标形成，以及企业愿景的建立上都能够达到一定程度的吸引力才能得以实现。这就是为什么很多人看到企业雇主形象很好就会主动找上门来的原因。这就是雇主形象使然。倘若企业用错了人，这不仅影响这个岗位，而且也会影响其他员工，甚至影响新进的人员。比方说引进一个副总，这个副总在领导艺术方面、在经营管理方面比较落后，那么新进的人就会想，这样的副总做我的领导能把企业做好吗？我还是不加盟这样的公司为好。

（三）合作

企业与个人的合作，对培训开发员工潜力的计划实施得如何？企业内部部门之间人才合作怎样？是否达到了规划初期所设想的那样，部门能够很顺利地共用人才吗？是否有人才之间的交换和培训？我们拥有哪些人力资源？企业拥有的这部分人力资源与竞争对手比较起来如何？我们的人力资源成本主要集中在哪里？企业雇主与员工的劳动关系怎样？

在这里需特别关注企业与员工的培训与开发的管理领域里的合作。成功企业的经验表明，企业培训开发的主体不应该是单方面的，而应该是企业与员工通过合作的方式来加以完成。随着工业社会向信息社会的发展，越来越多的公司和企业对员工的培训愈加重视，它们把员工培训作为企业的一项战略任务，自觉地将其纳入企业的经营管理之中，作为人力资源战略管理开发的核心。同时，随着技术和理念的不断发展，国际上特别是欧美一些企业的员工培训和教育出现了一些新的趋势。这些趋势给员工培训和教育带来全新的理念，它值得尚未树立员工培训与开发观念的企业借鉴。这些趋势归纳起来，有以下几个方面：

1. 企业借助培训和教育的功能，使企业成为“学习型企业”。

2. 企业培训呈现高科技和高投入的趋势。

3. 企业培训有走向社会化的趋势。

4. 企业培训向深层次发展。

5. 企业培训紧密结合员工的职业生涯规划。

现实中企业逐渐意识到了员工培训与开发在人力资源管理中是一个不可或缺的环节。但是，由于在一些人力资源理念上的不同，仍然还有一些企业中的员工培训与开发工作仍然不能与先进的企业员工培训与开发的管理实践相媲美，甚至一些高管层领导的意识是落后和狭隘的，他们认为培训短期内很难看到回报，这种顾虑主要基于以下几个原因：

· 员工的流动性大，培训的收益没有保证。接受培训的员工又可能投奔到竞争对手的企业中去，这种培训投资是在为自己培养竞争对手。

· 资金有限。如果投资培训，无疑占用一部分资金，影响其他能更快、更明显带来效益的部门、项目的运营。

· 市场和机制的不确定性无法保证企业的寿命。

· 现在的劳动力市场供大于求，解聘和招聘可以代替培训。

这一类企业的以上想法，与我国市场发展水平和实际情况确有联系，企业的内外部环境有产生这些想法的基础。但是，必须认识到，这种想法的消极影响其实是非常明显的。由于培训体系的落后，它直接导致了企业员工培训体系的不健全，最终导致与个人需求以及企业自身发展的需求相悖。随着我国开放程度的逐步加深，企业将面对越来越残酷的国际化竞争。企业如果还顾虑重重，不肯重视人员培训与开发，员工素质会呈现出一种恶性循环的趋势，最终只能导致人才向其他更具竞争力的企业流动，自己的整体竞争力会下降，这将是这些企业发展的悲哀。

正是因为员工培训与开发规划是人力资源规划中极其重要的一部分，所以企业要发展，必须首先推动企业员工不断的学习进步。因此，人力资源规划监控时，监控人员应该不断地问，员工的技能是否能跟上时代的变化，是否需要对员工进行培训？培训的内容由谁来决定？由谁来培训，是内部人员还是外聘讲师？培训预测体系如何，能否有效地达到目的？培训的结果怎样，是否偏离人力资源规划目标？有哪些人才在部门间能够共用？人才培训的合作计划是否畅通？例如，销售部门与技术部门合作培训一线销售人员和售后服务人员的产品专业知识和营销技巧等。

二、提升人力资源规划的控制效果①

在提升人力资源规划的控制效果方面，应该重点做到以下几个方面：

（一）集中关注关键的业绩指示器和成功的关键因素

对太多组成部分进行监控，会使信息超负荷。因此，区分企业层、业务层和操作层的信息并进行分层监控是非常必要的。例如，并不是总部人力资源管理者都要清楚地知道分部的每个成员的绩效，而是应该进行分工合作来完成人力资源规划监控工作。

（二）避免过度依赖于定量的数据

众所周知，数字通常会很容易进行衡量，但也可能会误导管理者和过滤掉了许多有用的信息。在像服务这样的部门里，难以定量化的定性数据和信息可能与

---

① ［美］H·明茨伯格．规划：发现战略的力量．陈正侠译．北京：企业管理出版社，2004.293

战略控制具有更多的相关度。

（三）正确地把握控制力度

当人力资源规划控制系统已经建立起来的时候，管理者应学会适当地减轻控制力度是很有必要的。尤其是在人力资源规划被控制得过于严格的情况下，已经开始阻碍了战略的灵活调整的时候。例如，正是由于这样的原因，GE 的首席行政执行官杰克·韦尔奇就适当地减少了控制，但他也是学习了这些原则之后才这样做的。也就说，每个企业的管理者在减轻控制力度之前都需要经历学习的阶段。加强人力资源规划的监控，并不是说要监控到企业任何一个微小的方面。监控的因素应该有关键与非关键之分，应该把精力放在对企业人力资源发展影响大的关键因素上。

（四）准确地预期控制系统的升级

当控制系统引入并需要升级时，要对其所能做的进行现实的预期。一些管理者认为，战略控制是一种时间上的浪费。他们的理由是，很难提前看到结果，因为需要经历很长一段时间，需要花掉时间、金钱和人力等资源。这样的反对意见是不可避免的，但是，企业可以通过前期的调查和分析，对其可进行准确的预期，进而达到所期望的目的。

【本章小结】

企业人力资源的规划工作是对企业未来的规划工作，人力资源规划成为支持企业战略规划和实现目标的最为重要的工作之一。人力资源规划是一项系统的战略工程，它以企业人力资源战略为指导，以全面核查现有人力资源、分析企业内外部条件为基础，以预测组织对人员的未来供需为切入点。本章主要介绍了制定人力资源规划的原则、内容以及目标。不仅要强调人力资源规划的制定过程的科学性和严谨性，同时强调了对日后人力资源规划的监督与管理的重要性，使得能够顺利完成人力资源规划的内容，最终实现人力资源战略的目标。

【重要概念】

人力资源规划　　内部顾客　　人力资源成本控制与监督

【复习思考题】

1. 什么是人力资源规划？

2. 什么是人力资源规划的内容和功能？

3. 人力资源规划的特点是什么？

4. 制定人力资源规划的程序是什么？
5. 总结人力资源规划监督与控制的内容。

【应用案例1】

联邦快递公司的继承规划

在1993年6月3日登载于《孟菲斯商业诉求》上的一篇文章中，作为航空包裹运送行业领袖的联邦快递公司，宣布了两位高级执行官的突然离职。托马斯·R·奥列弗（Thomas R. Oliver）是联邦快递负责全球顾客运作的副总裁，辞职的生效日期为1993年6月21日，他接受一个名为语音沟通系统公司（Voice Com Systems Inc.）的总裁和首席执行官的职位。

卡罗尔·A·普莱斯利（Carole A. Presley）是一位负责营销和公司传播的资深副总裁，宣布她的辞职的生效日期是1993年9月1日。她的计划是移居佛罗里达，从事写作并开创一家咨询公司。她的辞职决定是突然和自愿的。

该公司任命威廉·拉祖克（William Razzouk）接替奥列弗。拉祖克是负责销售和客户服务的前资深副总裁。没有人代替普莱斯利夫人，也没有人填补由拉祖克先生的晋升而留下的空缺职位。

这两个关键人物的辞职都发生在这样一个时期：该公司报告国际性亏损和公司盈利下降。人们说奥列弗已经改善了国际性运作，尽管它们不盈利。

在这些辞职之后，联邦快递公司的股票价格下跌，一个经纪公司把该公司的股票从它的推荐名单上划掉了，另一个经纪公司则把评级从“买进”变成了“适度吸引力”，这些都是市场对这两位高级执行官辞职的反应。该公司的股票在6月3日星期四以每股45.50美元收市，每股下降了4.37美元。那一天在纽约股票交易所有764 100股的交易，其平均日交易量为165 000股。股票交易甚至在市场开盘时被推迟了，因为卖出股数多于买进股数而导致了订单失衡。李曼兄弟公司（Lehman Brothers）的一位分析员承认，她担心该公司继续失去管理人才。根据摩根·斯坦利公司的另一位分析员的说法，流动不是一个好兆头。

资料来源：[美] 劳伦斯·S·克雷曼. 人力资源管理. 孙非等译. 北京：机械工业出版社，2003. 89

问题：

（1）大致描绘该组织为避免未来发生关键人物突然辞职的问题能够采取的某个规划。

(2) 这些辞职将会怎样影响未来公司的短期和长期总体战略规划?

【应用案例 2】

海尔集团的人力资源战略管理

海尔概况：企业战略发展三阶段

海尔的前身是在1984年引进德国利勃海尔电冰箱生产技术基础上成立的青岛电冰箱总厂，经过十几年的发展现已成为国家特大型企业集团。在“名牌战略”思想指导下，海尔集团通过技术开发、精细化管理、资本运营、兼并控股及国际化，使一个曾亏损147万元的集体小厂迅速成长为中国家电第一名牌厂商。海尔现有员工2万多人，在海外拥有62个经销商、30 000多个营销点。到1999年，海尔产品包括58大门类9 200多个品种，企业销售收入以平均每年816%的速度高速、持续、稳定增长，集团工业销售收入达215亿元。海尔从引进冰箱技术起步，现在依靠成熟的技术和雄厚的实力在东南亚、欧洲等地设厂，实现了成套家电技术向欧洲发达国家出口的历史性突破。

海尔的发展很快，但也是一步步走过来的。企业发展过程实际上就是战略转移的阶段性连接，旧的战略不断地、不失时机地被新的战略替代，这样才能使企业不断达到新的高度，赢得长期持续发展。海尔的成功也正在于这种战略更替和转移的成功，在于它能够根据内外部环境的变化不失时机地以新的战略替代旧战略，顺利实现不同阶段上的战略转移。海尔的发展经历了3个阶段：

第一阶段，名牌战略阶段（1984—1991年），在“要做就做最好的”战略理念指引下，专注于冰箱专业化生产过程，实施名牌战略，建立了全面质量管理体系。

第二阶段，多元化战略发展阶段（1992—1998年），通过企业文化的延伸及“东方亮了再亮西方”的经营理念，成功地实施了多元化战略扩张。所采取的策略就是通过所谓“吃休克鱼”的办法来扩展。当时许多企业属于那种硬件比较好但软件不行、管理不行（即所谓“休克鱼”），海尔就积极地把这样的企业兼并过来，先后兼并了18个，这18个企业当时账面上亏损了55亿元，后来都扭亏为盈了。海尔的做法是：为每个企业派3个人，一个是全面负责，一个抓质量，再一个抓财务。不是靠再投资，只是把海尔企业文化管理模式移植过去，使这些企业起死回生了。

第三阶段，国际化战略阶段（1998年以后），实施以创国际名牌为导向的国际化战略。其基本战略理念就是“从海尔的国际化到国际化的海尔”。所谓“海尔的国际化”，简单地说就是要求海尔产品的各项标准都能符合国际标准的要求，而且要成为中国很有竞争力的出口商，增强产品在国际上的竞争力，而且要打海尔的国际品牌；而“国际化的海尔”则是要在世界各地建设海尔，不再是一个从中国出来的海尔产品，而是在当地设计、当地生产、当地制造、当地销售的产品，这也就是“本土化的海尔”，这是个非常大的战略转折，而且对海尔来说也是个很大的新考验。在国际化战略阶段，海尔的策略原则是“先难后易”，国内有好多企业以“出口创汇”为导向，而海尔则是以“出口创牌”为导向，取得了成功。

在“走国际化道路，创世界名牌”的思想指导下，海尔集团通过实施名牌战略、多元化战略和国际化战略，取得了持续、稳定、高速的增长，其品牌价值不但稳居中国家电业榜首，在国际市场的美誉度也越来越高。海尔是家电行业获得国优金牌、通过 ISO 9000H 认证和 ISO 14001 环保认证的第一家，并先后取得了 UL、CSA、VDE、SMARK、SAS、SAA 等国际认证，1997 年，国家经贸委确定海尔为重点扶持冲击世界 500 强的 6 家试点企业之一。目前，海尔的国际化经营已经驶入快车道，成为世界级的供应商，跻身于世界冰箱生产十强行列，在国际市场赢得越来越多的美誉。

海尔清醒地认识到，企业的发展和战略转移受多种因素制约，但从根本上说来，最具决定性的因素是人力资源及其战略选择。要想成为名牌、国际化的名牌，每一名员工首先应成为人才、国际化的人才，“先造人才，再造名牌”。因此，海尔在人力资源战略管理中，坚持观念更新和制度创新，努力创造一种公平、公正、公开的人文环境和文化氛围，建立起两套充分发挥员工个人和团队人力资源潜能的机制，在实现企业战略目标的同时给每个人提供充分实现自我价值的发展空间——“你能翻多大的跟头，就给你搭多大的舞台”。这是攸关企业总体战略发展成败的关键。

“OEC 管理”：与名牌战略相契合的人力资源战略管理

全面质量管理是 20 世纪 80 年代国际企业的经营管理主题，也是海尔名牌战略的阶段任务。与此相适应，人力资源战略和管理制度的核心也就以质量观念教育、敬业爱岗培训、质量考评和奖酬为主要内容。

1985 年 5 月，受命于危难的青岛电冰箱厂厂长张瑞敏，面临的市场形势是严峻的。当时海尔在规模、品牌方面都是绝对的劣势，靠什么在市场上争得一席之地呢？只能靠质量。于是，张瑞敏提出了自己的质量理念：“有缺陷的产品就是废品”，于是也就有了产品质量的“零缺陷、精细化”管理办法，达到用户使用的零抱怨、零起诉的要求。从理念的提出到员工接受、认同，最后变成自动遵循的原则和习惯，需要一个过程。正是由于过去许多职工不能真正理解，更难自觉接受质量理念，所以产品质量不稳定，客户投诉不断。张瑞敏强烈意识到：理念问题解决不了，靠事后检验，是不可能提高质量的。于是发生了张瑞敏果断推出“砸冰箱”事件。当员工们含泪眼看着张瑞敏总裁亲自带头把有缺陷的 76 台电冰箱砸碎之后，内心受到的震撼是巨大的，人们对“有缺陷的产品就是废品”有了刻骨铭心的理解与记忆，对“品牌”“饭碗”之间的关系有了更切身的感受。张瑞敏并没有就此而止，也没有把管理停留在“对责任人进行经济惩罚”这一传统手段上，他要充分利用这一事件，将管理理念渗透到每一位员工的心里，再将理念外化为制度，构造成机制。在接下来的一个多月里，张瑞敏召开了一个又一个会议，讨论的主题却非常集中：“我这个岗位有质量隐患吗？我的工作会对质量造成什么影响？我的工作会影响谁？谁的工作会影响我？从我做起，从现在做起，应该如何提高质量？”在讨论中，大家相互启发，相互提醒，更多的则是深刻的内省与反思。于是，产品质量零缺陷的理念得到了广泛的认同。随后他们走出了关键的一步，构造“零缺陷”管理机制。在海尔每一条流水线的最终端，都有一个“特殊工人”，流水线上下来的产品，在经过各个工序时，“特殊工人”检查出上一工序也留下的缺陷后就及时地记录在一张缺陷条上。这位特殊工人的任务，就是负责把这些缺陷维修好。他把维修的每一个缺陷所用的时间记录下来，作为向“缺陷”的责任人索赔的依据，他的工资就是索赔所得。那么，当产品合格率超过规定标准时，他还有一份奖金，合格率越高，奖金越高。这就是著名的“零缺陷”机制，这个特殊工人的存在，使零缺陷有了机制与制度上的保证。这一制度的推出，使海尔的产品、服务、内部各项工作都有了更高的质量平台。

1989 年起，海尔正式实施“OEC 管理法”。所谓 OEC，即 overall（全方位）、every（每人、每天、每件事）、control&clean（控制和清理），总结起来叫“日事日毕，日清日高”，“人人有事管，事事有人管”。今天的事情今天一定要把它做完，今天的事情比昨天要有提高，每天都有提高。举一个比较形象的例子，如果你每天把一块钱存到银行里去，银行给你的利息是复利而不是单利，而这个利率是 1%，每天都是昨天的 1%的话，那么，这一块钱大约 70 天连本带利取出来的时候就是两倍，也就是说如果每天的工作都比昨天提高 1%，70 天就会提高一倍。当时，海尔建立了质量价值券考评制度，员工收入实行质量否决制，要求员工不但要干出一台，而且要干好一台产品。其次考评重点是遵章守法，凡是企业的规章制度，不是摆样子，而是建立一项就执行一项、考评一项、兑现一项。分配制度主要同质量挂钩，谁出质量问题，就按考评规定扣谁的工资。这种做法从人力资源管理层面有力地配合和推动了名牌战略的实施。

“挑战自我”：与多元化战略相契合的人力资源战略管理

在新经济时代，人力资源是保证创新的决定性因素，人人都应成为创新的主体。为配合实施多元化的企业发展战略，海尔提出“挑战满足感、经营自我、挑战自我”的人力资源战略管理理念，设计了把“外部市场竞争效应内部化”的市场链机制。其核心思想是，企业内外部有两个市场，内部市场就是怎样满足员工的需求以提高他们的积极性，外部市场就是怎样提高美誉度以满足用户的需求。在海尔内部，下道工序就是用户，每个人都有自己的市场，都有一个需要对自己的市场负责的主体。每位员工最主要的不是对他的上级负责，更重要的是对他的市场、他的客户（下道工序）负责。每个人的工作都要或多或少地占用企业的资源，企业将相应资源提供给相关员工作为“负债”，将外部市场效应内部化后，每一个员工都应该追求达到最好的效益，所以你必须通过经营使资源增值。如果达不到，就等于浪费了企业给你提供的资源，你就应该自己掏钱赔付，这就是“经营自我、负债经营”观念。通过“负债经营”，做到“人人有事管，事事有人管”。每个员工都通过“赛跑”来看是否有能力通过竞争上岗来追求自己的价值，这样才能实现经营自我、不断战胜自我、战胜满足感、超越自我的境界。这样，技术和管理工作天天坚持不懈地往前做，就会从量变到质变，从这个基础上再发展，这就是把“外部市场竞争效应内部化”的市场链机制。相应地，多元化阶段的薪酬制度由原来的4种模式完善规范到13种模式，实行分层、分类的多种薪酬制度和灵活的分配形式。科技人员实行科研承包制，营销人员实行年薪制和提成工资制，生产人员实行计件工资制，辅助人员则实行薪点工资制。海尔工资分档次发放，岗位工资标准不超过青岛市职工平均工资的3倍。岗位工资＋国家补贴＝工资总额。取消月奖金制，年终奖金不超过两个月的工资。科研和销售人员实行工效挂钩，科研人员按市场效益和科研成果进行奖励，销售人员如果是外聘的推销员，收入和推销成果完全挂钩。

在工资分配政策的制定和执行上，海尔一直坚持“公开、公平、公正”的原则，对每一个岗位、每一个动作都进行了科学的测评，计点到位，绩效联酬。每位员工都有一张工作记录卡，劳动一天，员工就可根据当天的产量、质量、物耗、工艺等9大项指标的完成情况计算当日的工资，即所谓“员工自己能报价”。管理人员则根据目标分解为：年度目标、月度目标和日清目标，计算出当月的应得工资。人人的工资都公开透明，只按效果，不论资历，由“同岗同酬”转变为“同效同酬”。在海尔，高素质、高技能获得报酬，人才的价值在工资分配中得到了真正体现，极大地调动了员工的生产积极性。

“国际化的人”：与国际化战略相契合的人力资源战略管理

海尔清醒地认识到，在全球化的新经济环境下，要想成为国际化的名牌，每一个员工首先应成为国际化的人才。因此，新时期海尔集团人力资源管理必须适应企业实施国际化战略的大目标要求，为企业提供和培养真正具备国际化素质和国际竞争力的人力资源。在人力资源管理与开发方面，海尔根据“赛马不相马”“人人都是人才”的理念，推出“部长竞聘上岗”“农民合同工当上车间主任”等大量案例，构造“人才自荐与储备系统”“三工并存，动态转换”“末位淘汰”“四级动态考评”和“多元化的工资福利激励”等完善的人力资源管理体系。

海尔的市场链思路很超前，很多国际公司管理模式也是刚刚开始这么做。海尔集团利用信息技术辅助企业管理，可以迅速缩小与国际大公司的差距，甚至保持同步。海尔集团物流管理在国内是一流的，在国际上也是一流的。海尔集团的市场链改变了企业直线职能式的结构。在国内无序竞争或过度竞争甚至恶性竞争中，企业要适应市场变化和国际化要求，每个人都与市场挂在一起就显得非常重要，否则组织结构制约了员工去迅速解决问题的积极性，企业就会对市场变化适应不了，被竞争对手打倒。因此，只有树立“市场是每个人的上级”的观念，建立互相咬合的“SST”，才能采用与国际接轨的供应链工程，顺利实施国际化战略。

为此，海尔在新时期力求做到：首先，使形式和目标相一致。SST 是市场链的形式，而市场链的目标是创市场美誉度、赢得用户的心，市场链的形式要能够为目标服务。其次，把工作指标合理地分解到每个人的每一天，真正地落实下去。指标的合理性必须有基础工作，数字的真实性是关键，激励的公正性是保证。目标是合理的，数据也是真实的，但两者结合起来，到底应该奖多少、罚多少，事先应该有明确规定，这要做得非常详细。

张瑞敏认为，实行“市场链”重在员工参与、即时激励。要让员工非常愿意参与这个活动，感到对自己是一种自身价值的体现，不是被动地接受激励而是主动创新。要创造体现个人价值的氛围，让每一个员工参与，包括改革方案讨论，必须在有方案的前提下广泛听取大家的意见。目标体系、考评体系、激励体系必须要与员工沟通，在沟通的前提下参与竞争。

案例评析：海尔人力资源管理的战略境界

相对于传统人事管理，现代人力资源管理的根本特性总的来说是“战略性”的，如何与企业总体战略相契合，制定和实施相应的人力资源战略基本指导思想、总目标和阶段性策略，是在全球化国际竞争中每一个企业生存和发展的关键问题。海尔集团能够在战略层面上把人力资源管理纳入到企业发展战略的总盘子中加以考虑、规划和实施，并取得可人的成效，这确实很难得。

在实践中，将人力资源开发与管理活动与公司战略相结合，具体涉及三个层面的衔接工作：首先是在战略理念上，要配合整个组织的经营宗旨、使命和长远发展目标，恰当地确定人力资源开发与管理的基本指导思想和方针政策；其次要在管理制度上，根据组织总体结构和制度安排的要求，相应设计人力资源管理和发展的制度体系，包括考评评估系统、薪酬福利方案、激励约束机制和教育培训方法与技术等；最后是日常生产经营运作过程中的协调管理和操作实施。从海尔集团的案例中，我们很清楚地看到，其人力资源管理活动在这三个层次上与公司战略做到了很好的融合。

首先，在战略理念层面上，海尔在“走国际化道路，创世界名牌”的公司宗旨和经营思想指导下，相应确立了“先造人才，再造名牌”“斜坡球体”和“人人是人才，赛马不相马”的人力资源发展战略理念，并紧随公司总体发展战略的转移，适时调整不同战略阶段的人力资源战略子目标。与名牌战略相契合的人力资源战略子目标是“OEC 管理”，与多元化战略相契合的人力资源战略子目标是“挑战满足感、经营自我、挑战自我”，与国际化战略相契合的人力资源战略子目标是“国际化的企业，国际化的人”。

其次，在管理制度层面上，海尔为配合名牌战略、多元化战略和国际化战略的实施，先是通过“砸冰箱”事件，推行 OEC 管理制度，要求员工做到“日事日毕，日清日高”，形成“人人有事管，事事有人管”的基础机制；进而根据“挑战满足感、经营自我、挑战自我”的人力资源战略理念，要求员工树立“负债经营”概念，设计了把“外部市场竞争效应内部化”；然后在国际化战略阶段，根据国际竞争环境的新要求，进一步完善市场链，建立互相咬合的“SST”机制，形成包括“三工动态转换”“四级动态考评”“双线型技术职务管理”和“多元化的工资福利激励”等在内的完善人力资源管理制度体系。

而战略理念和管理制度层面的契合，乃是建立在扎实严密的日常管理工作基础之上的，当然这种严密不是要求员工亦步亦趋、唯唯诺诺，而是激励在勤奋敬业的前提下积极创新，“要做正确的事，而不是正确地做事”，时时告诫员工“能力，不在于你拥有多少，而在于你能够利用多少”。这就是海尔人力资源精神整合管理所追求的战略境界。

总之，海尔的发展和成功对于尚处于转型期的中国企业界来说确实是个奇迹，但这个奇迹的背后是海尔“以人为本”的现代人力资源战略管理系统。在海尔独特的经营理念和管理哲学中，“以人为本”的人力资源战略起着灵魂和统帅的作用。同时，海尔一直把人力资源管理工作作为企业经营管理的重中之重，形成了一套富有成效的人力资源管理制度和激励约束机制，这对于充分调动广大员工的积极性和创造性，挖掘员工潜能，确保企业高速、稳定、健康发展起到了至关重要的作用。

值得指出的是，国有企业如何在产权制度上保证企业员工，特别是企业家和经理人员人力资本的主权地位和权益，如何通过有关股权激励计划保证企业家和经理有充分的积极性，确保企业在市场竞争中通过国际间的检验，如何使人力资源管理系统更加“积极主动”与企业战略相融合等等，所有这些都将是海尔人力资源战略管理今后需要很好应对的新问题和新挑战。

资料来源：李宝元．人力资源管理案例教程．北京：人民邮电出版社，2002.86

问题：

（1）海尔集团是怎样了解组织的战略环境并制定它的战略目标的?

（2）海尔集团人力资源规划的特色是什么?

参考文献

［1］［美］劳伦斯·S·克雷曼．人力资源管理［M］．孙非等译．北京：机械工业出版社，2003

［2］［美］H·明茨伯格编．规划：发现战略的力量［M］．陈正侠译．北京：企业管理出版社，2004

［3］谌新民，唐东方编著．人力资源规划［M］．广州：广东经济出版社，2002

［4］陈京民，韩松编著．人力资源规划［M］．上海交通大学出版社，2006

［5］［法］奥利维·贝尔特朗．人力资源规划：方法、经验与实践［M］．王晓辉译．北京：人民教育出版社，2002

［6］曹亚克等编著．最新人力资源规划、招聘及测评实务［M］．北京：中国纺织出版社，2004

［7］徐恒熹编．人力资源规划手册：管理、技术和应用［M］．北京：中国劳动社会保障出版社，2006

［8］［美］斯坦纳（Steiner，G. A.）．战略规划［M］．李先柏译．北京：华夏出版社，2001

［9］石建勋编著．战略规划中国跨国公司：理论·案例·对策·方案［M］．北京：机械工业出版社，2004

［10］中国人力资源开发网．www.chinahrd.net

第六章

人力资源预测

学习目标

通过学习本章内容，必须掌握人力资源预测的种类，熟悉不同种类最常使用的预测方法，并且明确在此基础上为有效开展人力资源工作、建立人力资源信息系统的必要性。掌握好人力资源信息系统建立步骤，为以后顺利开展人力资源工作打下良好基础。

第一节 人力资源预测概述

一、人力资源预测的概念

（一）人力资源预测的含义

通常，预测是指对未来环境的分析。人力资源预测是指在对企业过去的人力资源情况及现状评估的基础上，对未来一定时期内人力资源状况的一种假设。企业人力资源预测包括预见和对未来的测量两重含义，是对企业人力资源将会出现的发展趋势、前景、各种可能及后果进行的一系列研究。①

（二）人力资源预测的种类

从内容上看，人力资源预测有需求预测和供给预测两类，主要包括：企业未来发展对人力资源需求的数量和类型预测、企业未来的人力资源状况的预测、未来行业竞争形势的预测和社会人才资源供求关系的预测。

二、人力资源预测的意义

企业人力资源预测是企业人力资源管理的重要环节。适时地预测对企业的生存、发展以及现实管理具有重要意义。具体来说有以下几方面的意义：

1. 预测是本企业制订人力资源规划（培训、培养、招聘）的依据。

对企业来说，进行 3 年、5 年、10 年有关方面的预测并制订相应的对策，是当前企业面临的生存与发展的当务之急的课题。例如，人员素质尤其是管理层的基本素质与今后一个时期的企业面临剧烈竞争环境的适应与策略，新的业务（经济）增长点与人力资源相适应的预测与规划，雇用员工形势的预测与管理机制的完善，富余人员及其分流的预测与对策，第三产业的生存和发展对人力资源需求的预测与对策等。

2. 预测是供企业领导层进行宏观决策的依据。

预测不同于经验估计、展望或科学预见，它是在广泛、详细地占有资料的基础上，依据正确的理论和程序，运用严密的、科学的方法，做出较为确切的数量分析。企业人力资源预测要有计划和形成制度，成为管理部门的一项重要职能。既要有定期预测，又要有专题预测；既要整体预测，又要有分类预测；在时间

---

① 陈京民，韩松．人力资源规划．上海：上海交通大学出版社，2006.27

上，要进行短期、中期和远景预测。

根据企业发展的生命周期中的不同阶段，在对人力资源进行预测的时候有不同的策略和不同的要求，同时也要考虑在不同的阶段可能影响人力资源的不同因素。可以说在企业生命周期的各个阶段，企业的人力资源供需始终处在不同的状态，也就是说供需平衡的状况是很少的，而供需的矛盾却是经常的。

在企业的初创和成长期，需要招聘大量的人员，人力资源的需求量很大，人力资源供给不足，这个时期需要做好人力资源供给的分析工作；在企业的转型期，人力资源的供需矛盾不是很突出，这时需要考虑企业内部人力资源供给的能力分析，做好内部的岗位转换等调配工作，充分做好工作量的分析工作，使岗位的供需状况趋于平衡；在企业的稳定发展阶段，由于内部存在着退休、离职、晋升等问题，内部冗员开始增多，人力资源需求严重不足，这个时期需要做好人力资源的需求分析工作，以确保这些冗员的安置工作，从而能够保障企业渡过难关；在企业的再造期，企业已经成功转型，对人力资源的规划处在一个较为理性的阶段，人力资源供给与需求的矛盾尽管仍处在矛盾的状况下，但由于已积累了较多的经验，所以这一时期的人力资源规划工作较少出现问题。

3. 预测可以有效地避免和杜绝人力资源的盲目流动、浪费和短缺，以减少工作被动与失误。

预测不仅能够明确工作的指导思想，同时也直接产生效益。因为预测的内容包括本企业将来人力资源状况，未来社会人才市场的供求关系。适时预测，可以有计划地培训吸纳所需人力，减少工作被动，适时满足企业需要，而且能大大节省临时招聘和纯粹依赖引进“人才”的费用，避免由于转岗而导致的人力资源浪费。例如，世界领先的计算机芯片制造商之一的英特尔公司，利用对人力资源未来需求和供给的成功预测，制定了卓有成效的多元化员工培养计划。英特尔公司较早就正确地预测出，他们所从事的行业是一个对训练有素的专业人员的需求大大高于供给的行业，于是，该公司在正确预测的基础上，制定了一个创造性的招聘和开发少数民族员工的计划。为了帮助招聘，英特尔公司起用了一个一流的咨询公司来帮助它在10所少数民族学生最多的大专院校中进行电路设计领域的人才选拔工作。英特尔公司为此还建立了一个少数民族大学生奖学金基金，每年为少数民族大学生提供总额超过100万美元的奖学金。虽然公司并不要求接受奖学金的学生毕业后为英特尔公司工作，但相当多的人都选择了为英特尔公司工作。此外，英特尔公司还制定并实施了一个大学生实习计划，通过这个计划，它可以早在大学生处于二年级的时候就识别出那些能够成为高潜质员工的学生。实习者接受聘用，并配备了对其整个大学生涯给予指导的导师。对那些毕业后选择留在公司工作的学生，公司指派主管人员负责对其进行专门训练，使其能够掌握适应企业中不同工作的各种技能，并且这些主管还乐意让其下属在公司内调动，以便留住他们。结果，尽管竞争对手极力想挖走英特尔公司的人才，但在四年的时间里，该公司管理职务的任职者中少数民族员工的比例从13%上升到17%。①

4. 预测可以决定、指导和援助企业人力资源管理的其他方面工作。

比如通过对人力资源预测，可以帮助企业在工作分配的规划方面进行援助，帮助企业应对员工配置要求上的变化，有理性地识别招聘的需要，并在这样一些业务方面提供前瞻性的信息：公司目标怎样影响招聘、培训和留住雇员的需要；在某些特定领域里是否可能出现人员不足或过剩；怎样恰当地开发员工技能以满足企业未来的需要；商业变化会有怎样的可能影响企业内部人力资源的需要等。

目前，越来越多的公司管理者感觉到，“保住”自己的员工原来是那么难。事实上，企业间挖墙脚之风愈演愈烈，经常会发现某公司的关键人物突然率领自己的“嫡系部队”转投竞争对手麾下去了。一位公司人事经理深有感触地说：“如果员工离开企业投向了它的竞争对手，那么企业的损失可能会成倍放大。”于是，在公司人力资源预测的内容中开始包括这样一些方面内容：找到自己周围的猎头公司，对他们很有可能挖走自己公司的什么人进行预测。“我们不得不制定这样的防御战略，这样做的目的就是要保护自己。”安捷伦公司的人事经理如是说。此外，公司还要事先对优秀员工一旦被挖走，会给公司带来何种损失进行预测。比如，会发生多大的重置成本，由于项目延迟，公司会遭受多大的额外的损失；团队士气因此下降，会导致生产率下降多少。有人算过这样一笔账：一个年薪10万美元的销售代表如果跳槽，最后给A公司带来的成本可能高达30万美元；如果他转投竞争对手B公司的怀抱，结果就更糟了，因为他可能会带走一些客户，从而给A公司造成高达60万到90万美元的销售收入损失。②

第二节 人力资源需求预测

正如前文所述，对人力资源进行规划，必须掌握未来情况，而未来具有很大的不确定性，因此，人力资源经理只能通过预测对未来做出一个尽可能贴近的描

① ［美］杰弗里·梅洛．战略人力资源管理．吴雯芳译．北京：中国财政经济出版社，2004.36

② Racheal King. 警惕竞争对手挖墙脚．世界经理人．2006.3：56

述。在人力资源规划中，最为重要的预测是人力资源需求预测和人力资源供给预测，它们是制定各种战略、计划和方案的基础，在人力资源规划中占据核心地位。

组织对劳动力的需求与供给好比是一把剪刀的双刃，缺一不可。没有需求，无所谓供给；没有供给，需求毫无意义。劳动力的需求与供给共同影响企业决策，但企业更为关心需求。企业的发展受到诸多因素影响，劳动力供给必然影响企业命运，但在绝大多数情况下，企业不可能根据拥有的人力资源做出发展决策，也不可能因受其限制而停止发展。除非是非常特殊的人力资源，比如持有某项专利的专家，可以根据专家的研究制定企业发展战略；除非企业的成立是为了解决某些人的工作问题，专门为他们设计工作岗位。但事实是，这些都是极其特别的情况，大多数的企业在做决策时首先考虑的不是供给，而是需求。

在竞争者众多的产品市场上，企业必须不断地研究消费者需要什么；在人员众多的劳动力市场上，劳动者必须不断地调整自己来适应企业的需要。这是因为产品市场是最终需求市场，而劳动力市场则是派生需求市场。因而，企业在产品市场上要时刻考虑怎样满足消费者的需求，而在劳动力市场上则要根据消费者对自身生产的产品的质量和数量要求来确定。因此，企业在对人力资源需求进行预测之前，先要预测企业产品或服务需求，然后将这一预测转换成为满足产品或服务需求而产生的对员工的实际需求。例如，对一个生产个人计算机的企业来说，满足产品或服务需求的活动可以被描述为生产产品的数量、销售访问的数量、加工订单的数量，等等。所以，企业首先是根据市场对产品的需求来决定人员的需求，根据企业发展战略确定未来人力资源的需求，再推测未来可能拥有的人力资源状况，最后据此做出人力资源规划。

一、人力资源需求预测概述

（一）人力资源需求预测定义

人力资源需求预测是根据企业的发展战略规划和本企业内外部条件，选择适当的预测技术，进而对企业所需的人员数量、人员质量和人员结构进行的预测。①

人力资源需求预测是人力资源规划的基础，简单地说，它实际上是对企业在某个未来的时间点上需要多少数量和类型的人员进行预测。人力资源需求预测是否合理科学是整个人力资源规划能否成功的关键，它要求全面考虑企业内部和外

① 赵曙明．人力资源战略与规划．北京：中国人民大学出版社，2002. 92

部的各种因素，准确把握企业发展与人力资源需求之间的规律。

（二）人力资源需求预测的目的

对人力资源需求展开预测，就是为了实现企业战略目标而对未来所需员工数量和种类进行的预测，从而确定人员补充计划、晋升计划和培训开发方案等。其目的就是能够准确地搭建编制一系列其他人力资源规划的基础平台。

（三）人力资源需求预测的原则

对人力资源需求的预测要依据两个原则进行：

1. 预测要在内部条件和外部环境的基础上做出，必须符合企业的实际情况。

2. 预测是为企业的发展规划服务。

（四）人力资源预测的相关术语

在进行预测的过程中，会遇到一些必须准确掌握的术语，主要的术语如下：

1. 长期趋势

长期趋势是指对5年或5年以上的未来情况的预测。长期趋势反映了事物的长期变化的规律。企业必须对人力资源状况的长期趋势做出科学的预测，从而预先制定人力资源规划，做好人员储备、培训与开发工作，为未来的需求做准备。

2. 循环变动

循环变动是指那些发生在1年以上的可以预测的趋势运动。它反映了一些事物呈现出的周期性的变动。战争、经济波动、政局动荡、自然灾害、社会浪潮等等，都可能会引起事物的循环变动，从而产生潜在的高峰期和低谷期，对企业生产经营将造成巨大影响。

3. 季节变动

季节变动是指1年内随季节变化而产生的变动。这种变动也属于一种周期性变动，但变化的幅度较大。一些企业的产品和服务具有较强的季节性，因此，它会对人力资源产生特有的周期性需求。

4. 随机变动

随机变动是指随机的、没有固定模式和规律的变动。一般来说，随机变动是无法准确预测的。

作为人力资源管理者，应该学会掌握各种手段和方法预测长期趋势、循环变动和季节变动对人力资源需求带来的影响，并做好应对随机变动的准备。

二、人力资源需求预测应考虑的因素

人力资源需求预测应紧密联系企业战略、企业目标和所要完成的任务等实际状况，并以此为依据，在收集大量信息的基础上，综合考虑各种因素，科学地对企业未来所需的人力资源量进行预测。通常，影响人力资源需求的因素有很多，比如，那些影响企业市场产品需求量的因素，几乎都会不同程度地影响人员的需求量。企业在预测人员需求时，至少应充分考虑以下因素对人员需求的数量上、质量上以及构成上的影响：

· 与提高产品质量或服务质量，或进入新市场的有关决定。

· 市场和客户对企业产品和服务的要求。

· 人员稳定性，如计划内更替（辞职和辞退的结果）、人员流动比率（跳槽）。

· 人员的质量和性质。

· 对人员的培训与开发（与公司变化的需求相关）。

· 为提高生产率而进行的技术和组织管理革新。

· 人员实际工作时间。

· 预测活动的变化。

· 各部门可用的财务预算。

· 导致生产率提高的管理方面或技术方面的变化

在预测过程中，预测者及其管理判断能力与预测的准确与否关系重大。一般来说，商业因素是影响员工需要类型和数量的重要变量，预测者通过分离这些因素，并且收集历史资料去做预测的基础。从逻辑上讲，人力资源需求是产量、销量、税收等的函数，但对不同的企业或组织，每一因素的影响并不相同。

企业人力资源需求的影响因素大体可分为三类：企业外部环境、企业内部因素和人力资源自身状况。

（一）企业外部环境因素

1. 经济环境

经济环境的变化会影响企业对人员的需求，随着社会经济的发展，人们对某些产品和服务的需求会增加或减少，因而会影响到提供相应产品或服务的企业对人员需求的变化。例如，随着社会经济发展和人们生活水平的提高，人们对旅游的需求增加，由于旅游团体和旅游人数的增加，旅行社的导游人员数量也要相应增加。

其实，经济环境影响企业对人力资源需求的实例更多的是和“负相关”联系在一起的，也就是说，经济环境对企业人员的需求影响很可能是负面的，它意味着由于这一因素的强烈影响，将导致企业不但在人员需求上不会增加反而会缩减。比如，伊斯曼柯达发布 2003 年第四季度财务报告的同时宣布未来 2 年内全球裁员 1.5 万人，摩托罗拉则在 10 个月内连续三次裁员，朗讯在 2006 年宣布全球裁员 1.6 万人计划，西门子宣布同年在德国电信设备部门裁员 500～600 人；同年裁员的还有三菱汽车公司裁减 8 000 名员工，索尼全球裁员 10%，波音公司再裁 1 440 人。2006 年 3 月 11 日，联想结构性裁员 500 余人，整个裁员过程一天完成，堪称“短平快”。这也是中国目前最具影响力的民营企业在三年内的第二次大规模裁员。[①]

所谓裁员，实际上是指企业基于自身的人力资源需求，以非员工意愿单方面解除聘用合同的方式，裁掉不适应企业发展或相对富余的员工，终止雇佣关系的一种行为。可见，裁员其实是一种“理性的人力资源退出行为”，是企业根据各种影响人员数量的因素（其中包括经济环境因素），为了保持其持续成长和发展的需要所采取的一种措施。

那么，到底又是什么外部经济因素影响到企业在确定人员需求时，不增反而缩减呢？一方面，从全球市场竞争日常激烈的情况来看，企业的裁员行为似乎是一种必然趋势，这一趋势与全球的企业并购重组浪潮、变革创新浪潮、组织扁平化浪潮、组织人员精简化浪潮是相吻合的。在这种剧烈的变革中，伴随着组织内部企业战略的调整、组织结构的变化，必然会引起人力资源结构性的调整，从而导致裁员。另一方面，就我国的经济环境而言，随着竞争日趋激烈，一些行业的平均利润率越来越低，中国企业与外国企业人均效率的差距也越来越明显。正像学者们分析的那样，中国企业与世界 500 强最大的差距不在于规模，而在于人均效率。所以，中国企业面临的难题是如何从资源、人才的粗放式投入转向一种集约化的、精细化的人力资源投入模式。从这个意义上说，裁员也是中国企业成长的必经过程。随着市场空间的越来越小，企业的发展不再可能依靠单纯资源量的投入，而是靠管理质量和员工质量，进而依靠企业产品质量和服务质量的提升来增强核心竞争力。

2. 社会、政治和法律环境

社会、政治和法律方面的原因也是常常导致人员需求变化的原因。这其中最明显的影响因素就是法律方面的。正如前文所述，有关人员配置、人员甄选、绩效考评和薪酬发放及其他人力资源规划和政策的决策被各个国家和国际的相关法律所调整。其中各个国家的雇佣法对企业的人力资源需求预测的影响最大，其原因有两个：第一，任何人力资源需求预测活动都必须受到有关法律规定的调控和改造，这些法律规定了雇佣关系。第二，倘若企业违背了相关法律和法规，将会付出重大代价。

---

① 摘自：中国人力资源开发网 . www. chinahrd. net

3. 技术变革与创新

技术的变革与新技术的采用也会引起人员需求的变化。一方面技术的革新带来人均劳动生产率的提高，对人员数量的需求可能会减少；另一方面，技术的变革也使得需要运用新技术进行工作的岗位出现人员空缺，需要招聘能够掌握新技术的人员。

正如前文所述，在过去的10年里，许多企业都在缩减人员，这个被称为裁员的过程通常都采取了大量解雇的形式。解释这一原因除了上面已论述的原因之外，还有一个重要的原因就是技术进步，它使许多企业能够用更少的人员生产出更多的产品。例如，因为今天的计算机需要的部件更少，所以，与数年前所需要的劳动力相比，企业只需用更少量的员工便能生产出相等量的计算机数了。倘若计算机制造商们不削减人员，企业将会因过多的劳动力而生产出更多的计算机，并且将会因过多供应那些迅速变得过时的产品而使自己陷入困境。

（二）企业内部因素

企业的战略规划和发展计划决定企业的发展方向、速度、规模、市场占有率等方面的水平，也会因此影响到对人员的需求。根据对企业生产和销售预测，可以得出对生产销售人员以及相应的支持人员和管理人员需求的变化。企业业务范围的扩大或者在地域上的扩张，都会导致人员需求数量的增加。企业结构的调整产生新建部门或部门合并，人员需求的数量会随之而发生变化。企业的财务预算也会影响人员需求。如果财务预算比较宽松，就有条件雇用较多的人员，当然，也可以支付较高的工资，这样就可以招聘到更高素质的人员；如果财务预算紧缩，就只能招聘较少的人员和支付较低的工资。可见，财务预算对招聘人员的数量和质量都有影响。当然，财务预算并不是最根本的原因，真正的原因还是诸如企业向市场提供的产品和服务是否真正有需求，以及需求的大小、企业的投资战略和未来的发展目标、企业的人力资源战略和企业的经营理念。

（三）人力资源自身因素

人员需求的变化也可能是由于人力资源自身的因素造成的。例如，一个地区劳动力市场上劳动力供给的数量、质量和结构，企业内部老员工的退休、员工辞职、合同终止解聘、意外死亡或疾病、各种原因的休假（病假、产假、探亲假等）等实际情况都会产生工作岗位的空缺，需要招聘正式或临时的员工来补充。

三、人力资源需求预测的方法

人力资源需求预测所涉及的变量与企业经营过程中所涉及的变量是共同的。与人力资源需求预测相关的变量包括顾客的需求变化、生产需求、劳动力成本趋势、可利用的劳动力（失业率）、每一工种所需要的雇员人数、追加培训的需求、每个工种员工的移动情况、旷工趋向（趋势）、政府的方针政策的影响、劳动力费用、工作小时的变化、退休年龄的变化、社会安全福利保障等。在明确组织雇员（包括一线员工和管理者）的技能和数量需求时，必须根据组织的特殊环境，认真考虑上述变量，应该把预测看成是完善周围的人力资源需求决策的一个工具。因为好的决策要求拥有尽可能多的信息，以保证对未来的预言更加精确，更加有效。

由于经济全球化以及信息技术在社会中的广泛应用，使得当今企业面临的市场环境变化多端，影响市场的因素错综复杂，给企业如何准确预测自身的人力资源需求带来诸多困难。我们在这里将人力资源需求预测方法总体上分为定性和定量两大类，对目前流行的各种需求预测方法进行了分析比较，并对企业如何在实际应用中选择合适的人力资源需求预测方法提出了若干具体建议。

（一）人力资源需求预测的定性方法

1. 现状规划法

人力资源现状规划法是一种比较简单的预测方法，较易操作。它假定企业保持原有的生产，则企业的人力资源也应处于相对稳定状态，即企业目前各种人员的配备比例和人员的总数将完全能适应预测规划期内人力资源的需要。在此预测方法中，人力资源规划人员所要做的工作是测算出在规划期内有哪些岗位上的人员将得到晋升、降职、退休或调出本组织，再准备调动人员去弥补就行了。因而，现状规划法只需要认清现在的人力资源状况，根据人员流动的情况进行预测即可。所以，该方法又被称为维持现状法。具体操作步骤为：

第一步，分析当前的人力资源状况，确认是否需要较大的变动（如无较大变动，继续下一步；如有较大变动，换用其他方法预测）。

第二步，准确预测出退休人员数量。

第三步，大致预测出辞职、辞退、重病等离开岗位的人员数量。

第四步，局部调整是否有较小的岗位变化，如有，预测需要变动的人员数量。

第五步，用变动的人员数量对第二、第三步离开岗位的人员总和进行修正后，得到的人员数量即是未来的人员需求。

企业的发展虽然要随企业的生命周期变化，但是变化时期比稳定时期短得多，企业大多数时间是在较稳定的状态下发展，因而人力资源状况也较为稳定。现状规划法的适用范围很广，绝大多数企业都有意无意地运用到该预测法。

企业的退休人员数量是可以准确计算的，只要企业有员工的基本资料，就可根据员工的年龄和国家的法定退休年龄进行推算。退休人员一般身居要职或是掌握重要信息，所以要及早安排接替人员，让他们有较充裕的时间交接班。在此方面，企业占有主动权，一般企业清楚哪些员工不合格，所以可以预测需要替换哪些员工。在员工辞职方面，企业通常较为被动，因为员工害怕跳槽不成造成不良印象，往往是成定局后才突然提出，使岗位立即空缺。对于这类问题，企业可以从三个方面降低辞职的影响：第一，观察员工行为，及早觉察哪些员工有离开的意向；第二，完善企业管理，提高员工忠诚度；第三，储备人才。

面对当今员工特别是优秀员工频频跳槽的局面，有人建议，企业优待自己的员工是防止其被挖走的第一要务。除此以外，还应采取一些战术性策略。首先，企业的编制名录及电话目录不应被公开。其次，要求员工不得把同事的姓名告诉公司以外的人。此外，还要教会前台接待员如何辨别来挖掘信息的猎头人员。有的人事经理认为，如果竞争对手计划在你企业所在的区域进行大规模扩张，企业可以考虑将当地的全部猎头人员聘用 6 个月。或者，当对方的猎头人员到来之后，立即将其雇来为你服务。目前，国外有些企业会在同行间签订“禁猎”合约，合约中规定：除非员工自己找上门来，否则不能主动去做对方的工作。然而，即便如此还是有些窍门。比如，一些饭店里会有专门收集名片的箱子，名片放进去后可以换取免费的午餐；另一种方法就是在商品展示会上设一个箱子，员工将名片投进去后可以赢得奖品。用人公司及猎头公司常常利用这样的办法来获取员工的名片，然后开始他们的挖墙脚行为。那么，企业应该怎样应对这样的行为呢？如果人事经理真的认为某个员工确有较高的价值，就会告诉这位员工，他会经常打电话给这位员工询问是否对新公司满意，如果新东家不能让这位员工满意，人事经理就会采取办法把这位员工请回来。通常，人力资源专家把去而复返的员工称为“回飞棒”。这些人回来后，通常会对前一家公司怀有负面的印象。比如人事经理碰到一个想跳槽的员工时，就会说：“问问乔吧，他以前在那儿干过。”员工于是便会去向乔打探，而从这类同事那里得到的对于新公司的负面评价，往往更加准确也更具说服力。人事经理认为，这通常是一个相当棒的留人政策。①

对于因病发生的人员变动，如果企业比较关心员工的健康状况，一般可以提早知道哪些员工有病情加重的危险，可及早安排。

完全没有人员变动的企业很少，在总体不变的情况下，存在一些局部的小变化是非常正常的。个别职位需要增加、撤销或变更，也应考虑到预测中，但是由

---

① Rachael King. 警惕竞争对手挖墙脚 . 世界经理人 . 2006. 3：59

于所占比重过小或是职位不太重要，只需要在原来状况下做出适当调整即可。由于是局部的变动，企业可以灵活地采取一些措施，通过内部兼职、临时聘用、即时招聘等方法解决。

从大体上来说，对未来人力资源需求的预测主要是补充未来可能流走的人员，这种预测方法适用于处于稳定时期的企业，总的方面没有较大的变动。值得注意的是，这种预测没有考虑外部环境和内部条件的变化，因此，它不能用于长期趋势预测，只能用于中、短期循环变动预测。由于大多数企业在短期内变动不大，这种方法又简单易行，因而被广泛地用于企业的短期人力资源需求预测中。

2. 经验预测法

经验预测法是人力资源预测方法中最简单的一种，它适用于较稳定的小型企业。经验预测法是企业中的各级管理人员根据以往的工作经验和对未来业务量变动的估计预测未来人员需求的方法。这种预测方法又被称为管理估计法。采用经验预测法是根据以往的经验进行预测，没有准确可靠的量化依据，管理者的判断和估计很大程度上是靠个人直觉，预测的效果受经验的影响较大，所以经验预测法又被称为直觉预测法。利用历史档案，并采用多人集合的经验，可减少误差。现在有不少企业采用这种方法来预测本组织将来某段时期内人力资源的需求。企业在有人员流动的情况下（如晋升、降职、退休或调出），可以采用与人力资源现状规划结合的方法来制定规划。

虽然都是凭借管理者的经验、直觉进行预测，但是通过不同管理者的预测形成总预测的途径大有差异，主要有“自上而下”和“自下而上”两种途径。

（1）自下而上法

自下而上法顾名思义，就是从企业组织结构的底层开始的逐步进行预测的方法。采用自下而上法的依据主要是：每个部门的管理者最了解本部门的情况，最有资格判断本部门未来的人员需求。具体步骤为：

第一步，最基层的管理者根据本部门的情况，凭借经验预测出本部门未来对人员的需求。

第二步，下级部门向上级部门汇报讨论结果，自下而上层层汇总。

第三步，人力资源部门从各部门收集信息，通过判断、估计，对各部门的需求进行横向和纵向的汇总，最后根据企业的发展战略制定出总的预测方案。

第四步，预测报告被批准后，正式公布，将预测结果层层分解，作为人员配置计划下达给各级管理人员。

由于组织结构最底层的员工很难把握企业的发展战略和经营计划等，所以他们无法制定出企业中长期的人力资源预测规划。这种自下而上的预测方法适用于短期的人力资源预测。

(2) 自上而下法

采用自上而下法的依据主要是：高层管理者最清楚企业的发展战略，可以从宏观上掌控企业。为了与企业的发展相符，首先从企业的高层开始预测。具体步骤为：

第一步，高层管理者先拟订总体人力资源需求计划。

第二步，将总体人力资源需求计划逐级下达到各个部门。

第三步，各部门根据本部门的情况，对计划进行修改。

第四步，汇总各部门对计划的意见，并将结果反馈给高层管理者。

第五步，高层管理者根据反馈信息修正总体预测计划，正式公布，将预测计划层层分解，作为人员配置计划下达给各级管理者。

显然这种自上而下的预测方法适用于对长期趋势的人力资源预测。

从实际情况来看，很多企业并非严格采取“自下而上”或“自上而下”的方式，而是将两种方式结合起来使用。如果结合得当，效果会比用单一的方式更好。比如，公司先提出员工需求的指导性建议，各部门按指导性建议确定具体的用人需求，人力资源部汇总全公司的用人需求，形成人力资源需求预测计划，交由公司高层管理者审批，最后执行。具体采取哪种方法，应该视企业的具体情况而定。

在比较崇尚数量方法的今天，管理界的很多人都认为数学分析更具有说服力，因此，在管理的各个领域尽可能地寻找数学方法解决问题。但在现实中，并非运用数学方法就能得到最好的结果。有时候出于时间和成本的考虑，管理者会更趋向于用经验判断事物，或者有的问题没必要运用数学方法，或者有的问题根本无法用数学方法解决。经验预测法是粗放的预测法，但在企业里被广泛运用，因为在复杂的环境中，管理者很难精确地预测出未来的情形，很多时候是凭企业的现实情况和丰富的个人经验做出大致判断。企业未来对人的需求，是一种管理判断，在特定的情形下，经验可以起到非常重要的作用。虽然经验判断不是很精确，但是可以指明企业未来对人员的大致需求，对企业的下一步行动起到重要的指导作用。

预测的质量取决于管理者的估计，因而管理者的个人素质和能力受到极大关注。一个优秀的管理人员不仅要非常清楚本部门的情况，而且要非常清楚企业的发展战略，能够结合本部门和企业的情况，做出准确的判断。但事实上，这样的优秀管理人员并不多，或者说由于工作的限制，这种优秀管理人员很难存在。在自下而上法中，基层管理者可以对自身部门的情况了如指掌，但是很难把握企业的发展战略和宏观情况，因为也许他没有条件和动机去进一步了解整个企业的情况。在自上而下法中，高层管理者可以对企业发展运筹帷幄，但是不可能知道各个部门细微而具体的情况，因为他也许没有精力，甚至认为没有必要去了解企业的细枝末节。不管是从上还是从下开始，都很难保证每个环节的管理者能做出正确的估计，需要再次修正来弥补个人认识的不足。所以，自下而上法中需要高层管理者对汇总情况进行修正，自上而下法中也同样需要下层管理者对计划进行修正，从而尽可能地提高经验预测的准确性。

即使管理者大多“优秀”，又假定预测工作顺利，但经验预测法毕竟是建立在经验的基础上，而经验有三大无法弥补的缺点：第一，经验是在特定的情形下形成的，会受到条件制约，条件变化后，经验不一定可以移植；第二，经验是在过去的实践中形成的，具有滞后性，它不一定适用于未来；第三，经验因人而异，受到个人素质的制约。因此，经验不只是不准确，甚至可能不正确。为了提高预测的准确性，可以通过管理评价和分析对预测进行调整。在本次预测过程中，可以根据现实情况不断地对预测做出调整。在下一次预测开始前，可以分析以前预测和结果的关系，对新的预测进行事前调整。

总之，经验预测法具有简单、实用、粗放的特点，在现实中有用武之地，但是对其不可过于信赖。所以一般而言，经验预测法只能作短期的人力资源需求预测，对于规模小、发展稳定的企业效果颇佳。当企业规模小、发展非常稳定时，也可以考虑用经验预测法进行中长期的人力资源需求预测。

3. 专家预测法

专家预测法是利用专家的知识、经验和综合分析能力，对组织未来的人力资源需求进行预测的方法。该种方法又被称之为“群体脑力激荡法”。这种预测方法历史久远，在实际中得到普遍应用。在定性预测法中，专家预测法受到较高的关注，很多学者对其进行了研究，对它的命名也就存在着差异，如专家评判法、专家讨论法、专家评估法等，不管是何种称呼，其核心均是专家预测。在使用这种脑力激荡方法来预测人力资源的需求时，参与者必须做出关于未来的某些假设。这就是说，他们必须考察公司有关开发新的产品或服务、扩大新市场等方面的战略计划，然后设法预测以下的事项：

·对于企业的产品和服务，来自市场的需求到底有多大。

·企业将为之服务的市场占有率到底有多高。

·可能对所能提供的产品或服务的数量和种类产生影响的新技术的可利用性和性质把握多少。

以上的各项预测是以专家的分析、推测为基础，或许在形成预测方案的基础上可能存在较大差别。划分方式有很多，可以根据专家间是否有直接交流，将专家预测法分为“面对面”和“背对背”两种方式。

(1) 面对面方式

在面对面方式中，专家们面对面地直接交流各自观点，可以对别人的观点提问、反驳，可以对自己的观点加以解释、完善。通常通过会议的形式，使专家实现面对面交流，所以这种方法又被称为专家会议法。具体操作步骤为：

第一步，事先将有关人力资源需求预测的背景资料分发给各位专家；

第二步，举行会议，让专家自由交流观点；

第三步，在听取个人的观点后，专家们形成比较一致的看法；

第四步，如果分歧很大，可考虑举行第二次会议，甚至更多次的会议，最终要使专家们的看法趋于一致；

第五步，根据专家们的观点，制定人力资源需求预测方案。

与背对背方式相比，面对面方式具有一些特别的优点，也具有一些明显的缺点。由于他们是同一种方法的两种方式，所以在这里我们只分析两者的差异。面对面方式具有以下与背对背方式相异的优点：

①节省时间。专家们面对面，缩短了交流时间，可以通过会议直接得出结论。即使一次会议不能解决问题，可再举行会议，由于专家间是直接交流，可以较快地达成一致。

②直接交流。专家们事先已经形成了各自的观点，因而专家们的观点可能相同、相异，甚至相反。在专家们自由发表完意见后，对于不清楚、不理解的问题可以直接提问，对于不支持的观点可以直接反驳。当然，专家们也可以直接解答别人的质疑，也可以继续完善自己的观点。通过一番激烈的争论后，每个人都会受到别人观点的影响，从而理性地重新思考，得出比较一致的看法。

③相互启发。在畅所欲言的交流中，可以听到不同的声音，有些观点可能是自己不曾重视的，有些观点可能是自己根本没有想到的。听到不同的根本没有想到的观点，可以开拓思路。在听到这些观点的陈述理由后，可以更进一步扩展自己的思维。在各种各样的观点碰撞下，往往会产生一些非常可贵的新思想，而这些思想是独立思考难以形成的。

(2) 背对背方式

在背对背方式中，专家们是“背对背”地交流，即不能直接知道其他专家的想法，而是通过中间人反馈每一轮的预测结果和预测理由。交流往往是通过书面形式，专家间无须见面，甚至不用与中间人见面。这种方法即是著名的德尔菲法(Delphi)。

德尔菲法又名专家会议预测法，是20世纪40年代末在美国兰德公司的“思想库”中发展出来的一种主观预测方法。德尔菲法分几轮进行，第一轮要求专家以书面形式提出各自对企业人力资源需求的预测结果。在预测过程中，专家之间不能互相讨论或交换意见。第二轮，将专家的预测结果聚起来进行综合，再将综合的结果通知各位专家，以进行下一轮的预测。反复几次直至得出大家都认可的结论。通过这种方法得出的是专家们对某一问题的看法达成一致的结果。

德尔菲法的特点是：

①吸收专家参与预测，充分利用专家的经验、学识；

②采用匿名或背靠背的方式，能使每一位专家独立自由地做出自己的判断；

③预测过程中经过几轮反馈，使专家的意见逐渐趋同。

德尔菲法的这些特点使它成为一种最为有效的判断预测法。

德尔菲法的基本原理按预测的程序可简要地概括为四步。

第一步，做预测筹划。预测筹划工作包括确定预测的课题及各预测项目，设立负责预测组织工作的临时机构，选择若干名熟悉所预测课题的专家。

第二步，由专家进行预测。预测机构把包含预测项目的预测表及有关背景材料寄送给各位专家，各位专家以匿名方式独自对问题做出判断或预测。

第三步，进行统计与反馈。专家意见汇总后，预测机构对各位专家的意见进行统计分析，综合成新的预测表，并把它再分别寄送给各位专家，由专家们对新预测表做出第二轮判断或预测。如此反复须经过几轮，通常为3～4轮，专家的意见趋于一致。

第四步，表述预测结果。即由预测机构把经过几轮专家预测而形成的结果以文字或图表的形式表现出来。

在这里，利用德尔菲法进行人力资源的需求预测时，应该注意以下几条重要的原则：

①为提高预测的效果，需要为专家提供充分的信息，使他们有足够的根据做出判断。人力资源部门应精心准备背景资料，保证提供的资料尽可能地充分、真实、准确、有效。背景资料应包含所有与人力资源需求预测有关的重要信息，在量上不能太少，否则难以保证专家得到足够的相关信息。同样，在量上也不能太多，否则专家会陷于冗长的信息中，不但花费时间，而且不利于捕捉关键信息。例如，为专家提供的有关企业人员安排及经营趋势的历史资料和统计分析结果等。

②背景资料中还应该包含一些人力资源管理方面的术语和概念解释，保证所有专家能够从同一角度去理解员工分类和其他有关定义，避免由于定义不同而导

致出不同结果。

③所提出的问题应是专家能够回答的问题，以保证回答的结果有效。

④尽可能将过程简化，不问与预测无关的问题，否则会降低预测的效果。设计的问题在表达上应准确，不能引起歧义。一次设计的问题也不能太多，以便让专家将精力集中在主要的问题上。征询的问题之间不应相互包容，这样有助于减少问题的数量。

⑤在发放问卷时向专家讲明预测对企业和下属单位的意义，以争取他们对德尔菲法的支持。

⑥允许专家粗略地估计数字，不要求精确，但要求专家说明预计数字的准确程度及理由，以便于专家间交流思想。

收回专家意见后，进行整理，可以引入一些科学的处理方法。统计所有的答案，将其结果进行归纳。如果专家间的水平有较大差异，应该给不同专家的答案以不同的权数（对较权威的专家给较高的权数，对他们的建议给更多的关注）。但是将整理结果反馈时，所有专家的答案均是匿名，不会告知某位专家是什么意见，但会提供总的回答结果和各自理由。

专家在得到反馈信息后，又开始进行新一轮的回答，这个过程反复进行到专家意见趋于一致。一般经过两三轮后，意见趋于收敛，所以大多数学者建议四轮咨询即可。在实践中主要还是看回答效果，如果一轮结果就显示一致，就没有必要再进行，但这种情况是非常少的。如果经过多轮后观点仍难统一，那就要分析专家各持己见的原因，如果原因根本与预测无关，那就要考虑哪个环节出了错。在观点趋于一致后，组织者就可根据专家的意见编写人力资源需求预测报告。主要根据最后一轮的结果编写，同时也要参考前几轮结果，因为有的闪光观点可能因为某种忽视而在几轮回答后被忽略。

德尔菲法的过程与一般专家讨论不同，从而使其具有一些一般方法不可比拟的优点。德尔菲法与面对面方式比，其优点是：

①能发挥各位专家的作用，集思广益，准确度高，可以做到充分分析。由于问题不是发放后立即收回，专家有充分时间阅读资料、仔细思考。因此，专家可以在较宽松的时间内思考问题，并且方式自由，有利于更透彻地剖析和理解问题。因为专家不是面向他人解释，所以会花时间详细地写下自己的观点和理由，为了让阅读者能理解自己的意思，一般会写得较为详细和清晰。一般而言，要形成书面的意见，会思考得更为充分，只有认真思考后，才能用文字归纳出观点。

②采用单线联系，有利于避免偏见，尤其可以避免权威人士的意见对他人的影响。

③有利于各位专家根据别人的意见修正自己的意见和判断，不至于碍于情面而固执己见。专家间“背对背”，不知道哪些观点是由哪些人提出的，他们看到的仅仅是观点本身，不会受到其他因素干扰，可以通过理性分析得出更科学的结论。如果不采用匿名的形式，专家很容易受到其他人的影响。在研究小组中，如果知道权威专家提出了哪些意见，这些意见往往会受到人们的过度重视，从而影响其他专家预测。有人害怕被嘲笑不敢提出与其相反的意见，有人迷信权威失去自己的主张，最终权威的观点成了风向标，所有人只是随声附和，失去了集体决策的根本优势。小组中还存在一种“权威”，就是职位较高的领导，为了博得领导的好感，人们也会有意地支持他的观点。所以，德尔菲法采取匿名的形式，完全避免了权威的影响，有利于激发专家自由思考。

企业在采用德尔菲法进行预测时，也应注意以下几点：

①由于专家组成员之间存在身份和地位上的差别以及其他社会原因，有可能使其中一些人因不愿批评或否定其他人的观点而放弃自己的合理主张。要防止这类问题的出现，必须避免专家们面对面的集体讨论，而是由专家单独提出意见。

②对专家的挑选应基于其对企业内外部情况的了解程度。专家应具有代表性，专家可以是第一线的管理人员，也可以是企业高层管理人员和外请专家。例如，在估计未来企业对劳动力需求时，企业可以挑选人事、计划、市场、生产及销售部门的经理作为专家。一般建议请 10～15 位专家，具体应该请多少人应该根据企业的情况和可请到专家的水平来确定。

在专家预测法中，由于参与者全部是专家，他们的意见要比一般人更科学、更专业。这些专家中，要有来自企业内部的专家，他们对企业的情况相当熟悉，有利于提高预测的实用性；也要有来自企业外部的专家，他们对人力资源方面的问题有着很强的洞察力，有利于提高预测的科学性。专家预测法可以充分地利用专家的知识和经验，在逻辑推理、缜密思维的基础上做出预测，预测结果一般较为合理。

然而，这种方法仍然只是一种主观判断法，预测结果必然受到专家业务水平、分析能力、对资料的掌握程度、当时外界对预测者心理影响等因素的影响，因此，每个专家的结论不可避免地受到其个人因素的影响，这是预测时必须注意的。

专家的个人判断在很大程度上会受制于个人因素，但是专家预测法可以在一定程度上减弱这种影响。在面对面方式中，专家们在激烈的讨论之后，意见趋于一致；在背对背方式中，专家们在多轮反复预测后，意见也会趋于一致。因此，专家的意见呈现出收敛性，反复的次数越多，意见越趋同，当进行到一定次数后，就会显示出比较稳定的结果。如果继续预测下去，一方面交流的边际作用递减，一方面总会有固执己见的人存在。而且多进行一次讨论，或多回收一次意见，都是有成本的，还要考虑成本和收益间的经济平衡问题。

由于是专家预测，并且反复交流，所以其结果接近于一些精确的预测技术，在预测领域受到高度关注。在没有历史数据的情况下，专家预测法还是比较适用的。专家可以从较长远、宏观的角度预测，所以可以作为中长期的预测方法。在技术型企业中，用于预测技术人才的中长期需求最为有效，因为技术专家可以根据技术发展趋势更为可靠地预测该技术领域将来对技术人员的需求。

专家预测法具有可操作性，且可以综合考虑社会环境、企业战略和人员流动三大因素对企业人力资源规划的影响，因而运用比较普遍。但其预测结果具有强烈的主观性和模糊性，无法为企业制定准确的人力资源规划政策提供详细可靠的数据信息。

4．描述法

描述法指人力资源规划人员通过对本企业在未来某一时期的有关因素的变化进行描述或假设，并从描述、假设、分析和综合中对将来人力资源的需求进行预测规划。由于这是假定性的描述，因此，人力资源需求就有几种备选方案，目的是适应和应付环境因素的变化。这种方法又被称为多方案法。具体操作步骤为：

第一步，明确企业目标，并对影响人力资源需求的各个因素进行假定性描述和分析。

第二步，预测在每种特定环境和条件下对于人力资源的需求，形成多个方案。

第三步，综合分析，制定人力资源需求预测总方案。

人力资源的需求预测是为企业目标服务的，事先认清企业的发展规划极为重要。任何一个规划都是对未来的构想，但是规划能否实现要受到诸多因素的影响。影响因素分为可控和不可控两种，可控的影响因素可以引导，但是不可控的影响因素却不能被有效控制。企业必须认识到不可控因素的存在，客观地制定与之相符的策略。但是，未来的变数太多，企业又很难准确地预测到未来情形，也不可能制定一个在任何情况下都适用的方案。为了降低不确定性风险，企业应尽可能地分析各个与预测相关的因素，分析这些因素会如何变化，企业可能面临哪些情况。

对未来的情况进行假设后，根据每种具体假设情况，分别预测与之相符的人员需求。诸因素在未来可能会有无穷种变化，企业只需要关心最有可能出现的几种情况即可。同时，在这些可能出现的情形中，企业应该重点关注三种情形，一种是最可能出现的情形，第二种是其中最有利的情形，还有一种就是其中最不利的情形。对最可能出现的情形进行详细预测，对其中最有利和最不利的情形则关心变动的幅度，以及企业的应变能力。

预测方案不能是个别方案的集中，而应该是各个方案的综合。在个别分析之后，对总体情况进行综和分析。制定的方案应保持较高的灵活性，可以自由地变动，以适应多种可能出现的情况。

实际上，预测各种假设情形下的人员需求，会增加预测的工作量，也会降低个别情形的预测效果。但是，当外界环境变化迅速、企业变革时，对多种情形预测是非常必要和有效的。因而，描述法非常适用于外界环境快速变化时期或企业不稳定时期。对于近期的发展往往没有进行假设性描述的必要，所以，这种预测方案不适用于短期，而适用于中、长期趋势预测。

5. 工作研究预测法

工作研究预测法是在掌握各个岗位的工作内容和职责范围基础上，根据需要完成的工作量，预测需要的人员。由于是通过分析岗位来预测人员，所以，这种预测法又被称为岗位分析法。具体操作步骤为：

第一步，职务分析。

第二步，根据企业目标，确定各单位组织的工作量。

第三步，结合职务分析和工作量，预测人力资源需求。

职务分析就是全面收集与某一职务相关的信息，然后对这一职务做出明确的规定。通过职务分析，可以清楚履行某个职务的员工需要具备什么样的条件，避免不合格员工无法完成工作。同时，可以发现那些能力大大超过职务所需要的员工，可将其调到更重要的岗位，避免人力资源的浪费。职务分析就是为了明确什么样的人，从而合理地利用人力资源。

将职务分析整理成文，即职务说明书。职务说明书有职务描述和职务规范组成。职务描述具体说明从事某职务工作的物质特点和环境特点，职务规范说明从事某项工作的人员必须具备的生理要求和心理要求。预测需求关心的是职务描述，要知道该职务有哪些工作内容、工作程序等，从而找出该职务与工作量之间的关系。对于一些职务，可以进行工作研究，即从动作研究和时间研究两方面开展分析工作。泰勒及其追随者就曾热忱地运用工作研究来提高劳动生产率，事实上，工作研究对于一些基层工作有非常好的效果，但是对于脑力劳动却有较大的局限性。

企业的发展目标决定了企业的总生产量或总业务量，将企业目标层层分解成各个部门的目标，其目标又与一定的产量或业务量相联系，因而每个层次都有自己应该完成的业务量。在整个企业中，每个部门的工作量之间有一定的联系，是否完成本部门的工作量直接关系着其他部门是否能顺利完成任务。在一个单位组织中，每个职务的工作量之间也有某种联系，或是合作关系，或是竞争关系，无论是从工作上还是心理上都会相互影响。所以，合理地确定工作量非常重要，要协调好各个部门、各个职务间的关系。

工作研究预测法与职务分析紧密相关，对企业的岗位设置有一定的要求，如果企业的岗位设置复杂、混乱、不合理，那就不能运用该法预测。工作研究预测法适用于结构简单、职责清晰的企业，这样分析容易、运用简单，具有较好的适用性。

6. 驱动因素预测法

有些与企业本质特征相关的因素主导着企业活动，从而决定企业的业务量，进而决定人员的需求量。驱动因素预测法就是要找出这些驱动因素，并根据这些因素预测人力资源需求。具体操作步骤为：

第一步，寻找驱动因素。

第二步，分析驱动因素与人力资源需求之间的关系。

第三步，预测驱动因素的变动。

第四步，根据预测的驱动因素影响，预测人力资源需求。

影响人力资源需求的驱动因素很多，但并不是所有的因素都必须考虑进去，因为这样既不现实也不经济。事实上只要找出最主要的几种驱动因素即可。由于企业性质不同、特征不同，每个企业的驱动因素会有差异。如制造型企业的人员需求与产量密切相关，而服务型企业的人员需求则与客户数量相关。影响人员需求的因素可以是产量、客户量、新增资本、改进技术等，具体哪些因素是主要的驱动因素，应视企业的实际情况而定。

一般驱动因素与人员需求之间没有非常确定的关系，但是可以根据历史数据设计模型，找出它们之间某种比较合理的关系。但是像扩张、购并、使用新设备、组织结构变动等直接影响未来人员需求的因素，却没有历史数据。在确定它们与人员需求之间的联系时，只能参照类似的企业，或是采用某种粗略的方法加以计算。

驱动因素本身会变动，它的变动会引起人员需求的变动，所以要预测人员需求，就要先预测驱动因素。一般而言，驱动因素的预测要简单得多，它主要是企业战略的体现，可以比较容易地预测出来。如果企业计划以每年 10%的速度增长，那就需要产量增长 10%，这个驱动因素变动可以很快地从企业计划中得出，甚至有时驱动因素的变动就是企业计划的内容。

无论企业计划何时改变，都可以随即预测出驱动因素的改变，从而很快地改变人员需求预测。由于可直接运用驱动因素的变化来进行人力资源需求预测，预测方法简单，预测时间短，所以，驱动因素预测法是一种比较实用的方法，并且，这一预测法可直接将人力资源需求预测与企业的其他规划相联系，有利于企业的宏观协调。当企业的人力资源需求与某些因素有很明显的关系时，非常适合运用驱动因素预测法。由于基层人员需求与驱动因素的关系显著，而管理人员等相关人员可能会与驱动因素的关系模糊，所以，此法常用于预测对操作人员和事务岗位人员的需求，而很少用于预测对管理人员和研究人员的需求。

7. 销售量估计法

销售量估计法非常适合于用在企业每次导入了新产品的时候，因为新产品的批量生产，很可能要相应增加新员工进而需要对人力需求加以预测。通常，当企业的一个新产品投放市场，销售人员往往会被要求以他们的有关顾客的需要和兴趣的知识为基础，对这一产品的市场需求量加以评估。据此，企业会用这些信息去估计为满足这种销售量将相应需要多少雇员。

这个预测方法的优点是紧密联系了新产品在市场上的销售量，但是它的局限性也是非常明显的。这就是存在偏差的可能。一些销售人员有可能故意低估产品的市场实际需求量，这样当他们的销售额超过预测值时，就显示出业绩多么优秀。而另一些人则可能高估市场的需求，这很可能是因为他们对自己能销售的数量估计过分乐观。

（二）人力资源需求预测的定量方法

1. 趋势外推预测法

趋势外推法又称时间序列预测法。它是按已知的时间序列，将人力资源需求量的历史数据顺序排列，即可形成一个时间数列，用一定方法向外延伸，以得到未来发展趋势。时间数列分为绝对数时间数列、相对数时间数列和平均数时间数列三种。人力资源需求量是绝对数，因而其数列是绝对数时间数列。按数列反映的现象性质不同，又可分为时期数列和时点数列，人力资源需求量是期末时点上的数据，因而其数列是时点数列。

在明确了人力资源需求时点数列的性质后，可考虑采用恰当的预测方法。针对时点数列，一般可采用以下三种方法：

方法一：当时点数列不存在长期趋势和季节变动时，宜采用平滑方法预测。

方法二：当时点数列存在长期趋势但是不含季节变动时，宜采用趋势外推方法预测。

方法三：当时点数列存在长期趋势和季节变化时，宜采用趋势季节模型方法预测。

当人力资源需求时点数列不存在长期趋势，但中短期内有一定规律可循时，可采用方法一。但是，当随时间变化的趋势不明显时，一般最好不要采用该类数量方法预测，所以方法一在人力资源需求预测方面运用较少。当人力资源需求呈现长期发展趋势，又随季节变化时，采用方法三。在组织中，一般人员是较为固定的，不会随季节变化而变动，否则会严重地影响员工的忠诚度，甚至有些企业提倡经济萧条时也不裁员，因为随便增减人员对企业的危害巨大。当然，也有符合该要求的人力资源需求数列，比如有淡旺季之分的产品促销员，这些促销员是临时招聘而非正式员工，劳动力市场上供给充分，不需要过早预测，所以方法三更少运用。事实上，当正式员工需求呈现长期发展趋势时，不会考虑季节变动，一般选用方法二，所以，趋势外推预测法是人力资源需求预测中运用最广泛的时点数列预测方法。

趋势外推预测法中最重要的是找出趋势线。找出趋势线的方法有多种，一般有绘图法、分段平均法、最小二成法、指数平滑法等。

最简单、最直观的方法是绘图法。以人力资源需求量为纵轴，以时间为横轴，在坐标图上描出各年的历史数据。观察这些点是否有一定的发展规律，如果有，尝试在图上画出一条直线或曲线，使得大多数点尽可能地与这条线重合或接近。如果存在这样的线，则认为这条线就是趋势线。按这条线的发展趋势，延长趋势线。然后，在图上可以找到未来各年对应的人力资源需求。

绘图法比较简单，但是绘制趋势线有较大的随意性，所以得出的结果也比较粗略。为了弥补这个缺点，可以用其他方法推出趋势线公式，从而得出更准确的数据。求出趋势线的方法很多，可以根据预测的要求选择方法，可以借助软件完成这个工作，直接在软件中输入数据，再选择方法，由计算机直接推出公式。

运用趋势外推预测法必须满足两个前提条件，一是企业要有历史数据（一般用过去 5 年的数据进行预测），二是这些数据要有一定的发展趋势可循。很多企业都能满足以上两个条件，所以趋势外推预测法有广泛的运用空间。虽然这种方法很实用，但是过于简单，只能预测出大概走势，作为初步预算时很有价值。

例如，某企业的商品销售量和人员规模大小之间存在着稳定的正相关关系，正像人们可以从表 6—1 中看到的那样，如果这个企业预计 2007 年的销售额为 1 000 万元，那就需要把人员规模数目增加到大约 240 人左右，也就是在 2003 年销售额为 1 020 万元时所拥有的人员数。

表 6—1　　　对某企业人力资源数量运用趋势外推预测法分析表

年度	2003 年	2004 年	2005 年	2006 年	2007 年
预计销售额（千元）	10 200	8 700	7 800	9 500	10 000*
预计人员数（人）	240	200	165	215	240*

资料来源：劳伦斯·S·克雷曼．人力资源管理．孙非等译．北京：机械工业出版社，2003.45

在运用趋势外推预测法时，隐含了一个假设，即未来仍按过去的规律发展。这种假设过于简单，现实中，由于很多因素在变化，很少有雇佣水平按照过去的趋势发展。特别是当预测的时间变长时，大多数因素都会发生变化，导致预测结果不准，所以趋势外推预测法只能用于短期预测。如果人力资源需求在时间上显示出明显的均等趋势，并且市场环境稳定、企业发展平稳，此时用于短期预测会有较好的效果。

2. 回归分析法

（1）简单的单变量预测模型（一元线性回归分析法）

根据自变量与因变量之间的关系，可将回归方程分为非线性回归方程和线性回归方程。通常情况下，很多事物之间的关系趋于线性关系，并且线性关系容易获得、容易分析，因而线性回归方程被普遍应用。

在人力资源需求预测的实际活动中，几乎所有组织都偏向于运用线性回归方程分析问题，所以，我们也重点介绍线性回归分析法。根据自变量的数量，又可以将线性回归方程分为一元线性回归方程和多元线性回归方程。一元线性回归方程只有一个因变量和一个自变量。当某一因素与人力资源需求量有高度相关关系时，并且这种相关性呈线性，可采用一元线性回归分析法。分析历史数据，看哪个因素与人力资源需求高度相关，可以用相关系数评价相关性。相关系数的计算公式如下：

$$r=\frac{n\sum XY-(\sum X)(\sum Y)}{\sqrt{[n\sum X^2-(\sum X)^2]}\sqrt{[n\sum Y^2-(\sum Y)^2]}} \qquad \text{式(6—1)}$$

式中　r——相关系数；

n——项数（观察值的个数）；

X——自变量（影响人力资源需求的因素）；

Y——因变量（人力资源需求）。

r 的取值在 -1 到 1 之间，如果 $r=1$，则 X 与 Y 完全正相关；如果 $r=-1$，则 X 与 Y 完全负相关；如果 $0<|r|<1$，则 X 与 Y 不完全相关；如果 $r=0$，则 X 与 Y 无线性相关。$|r|$ 值很小时，说明 X 与 Y 没有线性相关关系，不可

用线性回归法分析，但不表示它们之间没有其他关系，有可能它们之间有很好的曲线相关关系。$|r|$值越接近 1，相关性越好，所以如果经过分析确定 X 与 Y 不是“伪相关”关系，则可用线性回归法预测。[①]

简单的单变量预测模型仅考虑人力资源需求本身的发展情况，不考虑其他因素对人力资源需求量的影响，它以时间或产量等单个因素作为自变量，以人力数为因变量，且假设过去人力的增减趋势保持不变，一切内外影响因素也保持不变。使用此模型的前提是产出水平同人员需求量的比例不一定。假定以时间作为自变量，预测方程为：

$$Y = A + BX \quad 式(6—2)$$

其中，Y 是人员数量；X 是时间；A，B 是回归系数。运用最小二乘法可推导出 A，B 的参数估计值，该法求出的直线是“最佳”拟合直线。公式如下：

$$A = \overline{Y} - B\overline{X} \quad 式(6—3)$$

$$B = \frac{n\sum(X-\overline{X})(Y-\overline{Y})}{n\sum X^2 - (\sum X)^2} \quad 式(6—4)$$

收集企业相关数据，分析哪些因素与人力资源需求相关性高，如果只有一个因素显著地与人力资源需求相关，即选用一元线性回归法设计回归方程，用上述两个公式求出回归系数，即可得到一元回归方程。先预测影响人力资源需求的因素在未来的值，将其带入回归方程，就可求出对应的人力资源需求。最简单的回归分析法是趋势外推预测法，直接用过去趋势导出未来，以时间因素作为唯一解释变量。以时间因素作为唯一解释变量也称之为时间序列法，就是利用所收集到的历史资料和数据画出曲线，经过分析和数学方法修正后，即可得到趋势线。将趋势线延长，就可用来预测了。例如，图 6—1 就是根据历史资料画出的趋势示意图。从图中曲线可以大致估算出三年后或五年后的人力资源需要的数量。也就是说趋势外推预测法是一种特殊的一元线性回归分析法，因变量仍是人力资源需求，但自变量是时间。

事实上，还有很多因素与人力资源需求的相关性比时间高，并且有一定的因果关系，所以，在一元回归模型中，更常使用其他因素，如产值、销售量等。图 6—2 就描绘了某企业销售额和销售人员规模之间联系的回归线，纵坐标代表所需人员（人）数，横坐标代表销售额（千元）。为了确定当销售额为 1 000 万元时所需要的人员数目，可以沿着虚线显示的轨迹去看。我们将从 X 轴上表明

① 本章公式如无说明，均取自：宋联可，杨东涛．备战：部署人力资源战略规划．北京：机械工业出版社，2006

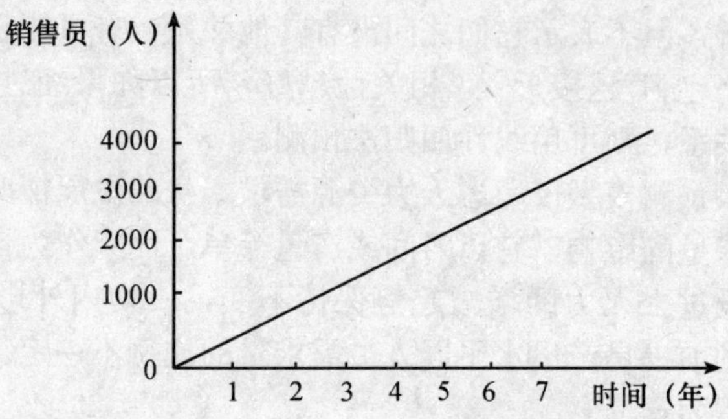

图 6—1　以时间因素为自变量的回归预测图

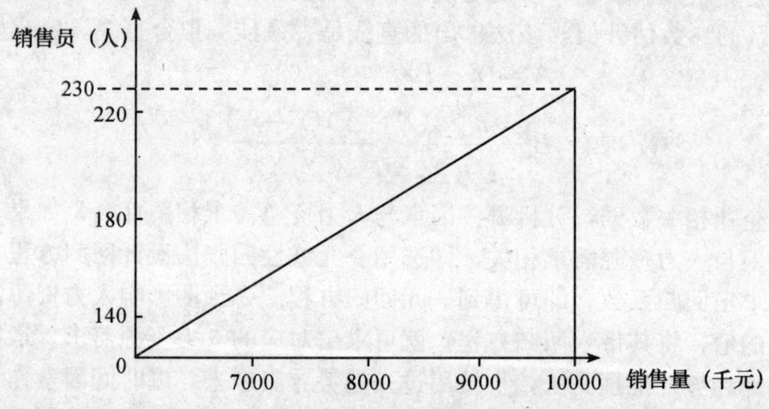

图 6—2　以销售量因素为自变量的回归预测图

“10 000”的点出发，然后垂直向上移动到回归线，在 Y 轴上对应该点的数值（也就是 230）反映所需的人员规模数。

因为在很多情况下，这些因素间的相关性也很高，因此，会导致公线性的问题，从而影响预测结果。解决的办法是，如果这些因素间的相关性高时，就选择其中具有代表性的因素来预测。这些因素往往是企业的目标，或者是企业较好控制的因素。人力资源需求数量不是企业的目标，没有企业会盲目追求人力资源的数量越多越好，因为人力资源需要成本，如果增加的收益不足以弥补增加的成本，就没有增加人员的必要。正好相反，人力资源需求是为企业目标服务的，应该根据企业未来的发展规划，制定出相应的人力资源需求方案。只要将那些作为企业目标的众多因素代人方程，就可以得知对应需要的人员数量。

（2）多元回归预测法

在社会现象中，各种因素之间的关系非常复杂，还会受到一些随机因素的影响，因而变量之间存在不确定性的关系，即一个变量不能成为确定其他变量的唯一变量。但是，它们之间又确实存在一定的相关性，相互影响着。影响人力资源需求的因素也往往不止一个，一般是由多个主要因素共同来决定的。当这些因素与人力资源需求量之间是线性关系时，我们就要采用多元线性回归法进行人力资源需求预测。

多元线性回归方程有多个自变量和一个因变量。当同时有几个因素与人力资源需求相关性较高，并且这几个因素之间的相关性较低时，可以采用多元线性相关回归法。多元回归预测法同样是一种建立在统计技术上的人力资源需求预测方法，它是研究自变量和因变量之间变动关系的一种数理统计方法。它根据观测到的数据，通过回归分析得到回归方程，取得自变量和因变量之间的关系式。与趋势预测法不同的是，它不只考虑时间或销售量等单个因素，它会考虑两个或两个以上因素对人力资源需求的影响。多元回归预测法不是单纯的依据拟合方程、延长趋势线来进行预测，更重视变量之间的因果关系。它运用事物之间的各种因果关系，根据多个自变量的变化来推测各变量的变化，而推测的有效性可通过一些指标来加以控制。

事实上，人力资源需求的变化总是与某个或几个因素有关，通常都是通过考察这些因素来预测人力资源需求情况。首先，应找出与人力资源需求量有关的因素作为变量，如销售量、生产水平、人力资源流动比率等，然后，找出历史资料中的有关数据以及历史上的人力资源需求量，通常要求至少 20 个样本，以保证有效性。对这些因素利用 Excel、SPSS 等统计工具中的多元因素回归计算来拟合出方程，利用方程进行预测。多元回归计算比较复杂，手工计算耗时多，易出错，使用计算机可避免这些因素对准确性的影响。使用这种方法时仍然要先评价所有变量间的相关性，用符合上述条件的变量设计多元线性回归方程：

$$Y = a_0 + a_1 X_1 + a_2 X_2 + \cdots + a_n X_n \quad 式(6—5)$$

式中 Y——因变量（人力资源需求）；

X_1——因变量一（影响人力资源需求的因素一）；

X_2——因变量二（影响人力资源需求的因素二）；

X_n——因变量 n（影响人力资源需求的因素 n）；

a_0，a_1，a_2，…，a_n——为回归系数。

回归分析法是利用企业的历史数据，分析变量之间的相关关系，用回归方程来预测未来变动。这种方法的优点是理论依据比较充分，可以很好地利用历史数据。但是，如果因为某种原因使得企业的历史数据很少，或者不能完全获得，运用这种方法就有一定的困难了。另外，如果企业发生一些特殊变动，如公司重组、转向经营等，可能会明显地影响该年的员工人数，影响到变量间的变动关系，从而降低回归方程的使用效率。

例如，某航空企业引进人力资源需求预测：航空公司确定引进飞机后，根据引进飞机的机型、架数、用途等因素进行人力资源需求预测。通常情况下，航空公司人力资源需求预测包括一线职能部门人力资源需求预测和非一线职能部门人力资源需求预测。

一线职能部门指该部门的人员数量与引进的飞机机型密切相关的职能部门。该部门在人机数量比例上有明确的行业标准及技术需求。一线职能部门包括：飞行部、乘务部、维修工程部等部门。非一线职能部门指该部门人员数量与引进飞机的机型不具有很高的相关性，只与飞机的架数存在着一定的相关性的部门，包括：企业发展部、财务部、结算中心、商务部门、总务部门、人事部门等。

一线职能部门人力资源需求预测根据引进飞机设计需求及飞机制造公司提供的技术参数，严格遵照行业标准和公司的运行规定，合理地做出需求预测。

在非一线职能部门中，各职能部门对引进飞机的机型、架数的敏感程度不尽相同，因而只有对非一线各部门逐一建立人力资源需求预测模型，才能准确地反映出非一线各部门对引进飞机的人力资源需求。对于非一线职能部门的人力资源需求模型，不需对每一类机型做出分析，只需通过该部门历年人力资源编制总数和飞机架数的对应关系，利用线性回归公式即可建立关系模型。

根据引进飞机的用途可细分为引进客机人力资源需求预测和引进全货机人力资源需求预测。引进客机与引进全货机人力资源需求预测原理基本相同，在实际预测中，由于客、货机对一线各部门人力资源需求有所差异，因此客、货机人力资源需求预测略有不同。例如，全货机对一线职能部门进行预测时，不考虑乘务部、空保等部门的人力资源需求，但需增加随机监货员的需求预测。

通过对各职能部门建立飞机引进的人力资源需求预测模型，能够较为准确地预测出各职能部门人力资源需求，将各部门需求预测数汇总后，即为公司人力资源需求总数。

3. 生产函数模型法

最典型的函数模型是道格拉斯（Cobb-Douglas）函数模型。模型如下：

$$Y = A_{(t)} L^{\alpha} C^{\beta} u \qquad \text{式(6—6)}$$

式中 Y——总产出水平；

$A_{(t)}$——总生产率系数（近似于常数）；

L——劳动力投入量；

C——资本投入量；

α，β——劳动和资金产出弹性系数，且 $|\alpha|+|\beta|\leqslant 1$；

u——对数正态分布误差项。

一旦先预测出企业在 t 时间的产出水平和资本投入总额，即可得到在 t 时刻企业人力资源需求量。但对企业来说，这是一个比较复杂的过程，因为求 $A_{(t)}$、α、β 的确定是一件比较困难的事，有条件的大公司可以考虑此方法。①

4. 计算机模拟法

随着计算机技术的飞速发展，人力资源管理的信息化趋势越来越明显，运用计算机技术来完成人力资源需求预测在很大程度上依赖计算机强大的数据处理能力，一些企业已经在组织内部开发出了完善的人力资源信息系统，利用 IT 技术管理人力资源，将人力资源总量所需的信息集中在一起，建立起综合的计算机预测系统。在这一系统中需要保存的信息包括生产产品的直接工时、当前产品流的销售额计划。通过这两者可以初步确定直接生产人员的人数，从而确定企业内部人力资源需求。

随着预测技术的提高，人们希望考虑进更多的因素，希望得出更精确的结果，开始求助于功能强大的计算机。计算机模拟预测法应运而生，它考虑影响人力资源需求的种种因素，建立预测人力资源需求的模型，将这些影响因素在未来可能的数值输入计算机，最终得到相应的人力资源需求方案。具体步骤如下：

第一步，寻找各种影响人力资源需求的因素。

第二步，分析这些因素之间的联系以及与人力资源需求的联系。

第三步，借助计算机建立人力资源需求预测模型。

第四步，将未来各种因素可能出现的数值输入计算机，模拟未来的环境，计算机直接输出人力资源需求方案。

模型中应包括一些重要的数据，如生产单位产品需要的直接劳动工时、销售额等。如果包括的数据足够充分，除了可以预测出总人数之外，还可以预测出各个岗位需要的具体人数。

计算机模拟预测又被称之为在“虚拟的世界”里进行的实验，在这个实验中，最主要的一些影响因素可归入生产计划和销售计划。输入不同的生产计划和销售计划，可以得出不同的人力资源需求方案，这一过程就像一个实验过程。因此，运用这一系统，可以很快地将生产计划、销售计划转化为对人员的需求。

计算机模拟预测法是人力资源需求预测中最复杂、最精确的一种方法，综合考虑了各种因素对人员需求的影响。计算机模拟的虚拟环境可以分析企业未来可

---

① 摘自：HR 管理世界．www. HRoot. com

能遇到的外部环境和可能出现的内部状况，从而最终得到人力资源需求方案。

一些企业已经开始利用计算机来监理人员需求预测系统，即计算机化预测系统（computerized forecast）。虽然这种方法最精确、最科学，但是由于建立一个与现实接近的模拟环境仍然很困难，并且要耗费大量的时间和金钱，因此目前还只有很少的一些企业在使用。

5. 比率分析法

比率分析法又叫工作负荷法。它的考虑对象是企业目标和完成目标所需人力资源数量间的关系，考虑的是每个人的工作负荷和企业目标间的比率。企业的目标一般是指生产量或者销售量等容易量化的目标。每个人的工作负荷则是指某一特定的工作时间内每个人的工作量。首先要预测未来一段时间内企业要达到的目标，如要完成的产量或销售量，再结合每个人的工作负荷就可以确定出企业未来所需的人员数量了。

比率分析法是通过特殊的关键因素和所需要人员数量之间的一个比率来确定未来人力资源需求的方法。该方法主要是根据过去的经验，将企业未来的业务活动水平转化为对人力资源的需求。具体操作步骤如下：

第一步，根据需要预测的人员类别选择关键因素。

第二步，根据历史数据，计算出关键因素与所需人员数量之间的比率值。

第三步，预测未来关键因素的可能数值。

第四步，根据预测的关键因素数值和比率值，计算未来需要的人员数量。

选择关键因素非常重要，应该选择影响人员需求的主要因素，并且要容易测量、容易预测，同时，还应该与人员需求存在一个稳定的较精确的比率关系。由于选择的关键因素不同，可以将比率分析法再细分为两类，即生产率比率分析法和人员结构比率分析法。

生产率比率分析法的关键因素是企业的业务量，如销售额、产品数量等，根据业务量与所需人员的比率关系，可直接计算出需要的人员数量。例如，要预测未来需要的销售人员数量、未来需要的生产工人数量、未来需要的企业总人数，可分别用以下公式来计算：

$$销售收入=销售人员数量\times人均销售额$$

$$产品数量=生产工人数量\times人均生产产品数量$$

$$经营收益=人力资源数量\times人均生产率$$

人员结构比率分析法的关键因素是关键岗位所需要的人数，根据关键岗位与其他岗位人数的比率关系，可以间接计算出需要的人员数量。假设知道关键岗位A与一般岗位B之间的人数比率 r，并且可以预测到未来需要多少A类人员，则可以预测出相应需要多少B类人员。比如B类人员是文秘，A类人员是销售人员；或B类人员是办事人员，A类人员是生产工人等。

$$r=过去\text{B}类人员数量\div过去\text{A}类人员数量$$

$$需要的\text{B}类人员数量=需要的\text{A}类人员数量\times r$$

运用比率分析法的前提条件是生产率保持不变，如果发生变动，则按比率计算出来的预测人员数量会出现较大的偏差。比如一个工人一个月生产800个零件，计划下月生产8 000个零件，如果生产率不变，则下个月需要10个工人；但如果下个月因为改进设备，每个工人的月产量提高到1 000个零件，那只需要8个工人就够了。可见，如果生产率变动，则上述的方法将不再适用。为了扩大方法的适用范围，即为了更加符合现实情况，可以把生产率变化的影响考虑进公式，从而得到下面这个公式：

$$计划期末所需员工数量=\frac{目前业务量+计划期业务增长量}{目前人均业务量\times（1+生产增长率）}$$

由于比率分析法假设关键因素与需求人员间的比率保持不变，而这只能在较短的一段时间内实现，所以，这种预测方法最适用于短期预测，勉强可运用于中期预测，用于长期预测则会失效。

四、人力资源需求预测的具体步骤

人力资源需求是指为了实现企业的发展规划，而需要雇用的员工数量和质量。它产生于企业发展的需要，为企业的目标和战略服务。企业的现况确定了现在对人力资源的需要，企业的未来状况则决定了企业对未来的需要。任何一个持续经营的企业，都必须有不断发展的理念，做到每一阶段的决策是为下一阶段的发展做准备。因而，企业不仅仅要知道现在对人力资源的需求有多大，更要清楚未来对人力资源的可能需求，这就需要对未来的人力资源需求进行预测。

因此，人力资源需求预测分为现实人力资源需求、未来人力资源需求和未来流失人力资源需求三部分。预测的具体步骤如下：

1. 根据职务分析的结果来确定职务编制和人员配置。

2. 进行人力资源盘点，统计出人员的缺编、超编及是否符合职务资格的要求。

3. 将上述统计结论与部门管理者进行讨论，修正统计结论。该统计结论就是企业对现实人力资源的实际需求。

4. 根据企业发展规划，确定各部门的工作量。

5. 根据工作量的增长情况，确定各部门还需要增加的职务及人数，并进行汇总统计，该统计结论就是企业对未来人力资源的需求。

6. 对预测期内的退休人员进行统计。

7. 根据历史数据，对未来可能发生的离职情况进行预测，将上述预测和统计结果进行汇总，得出未来流失人力资源需求。

8. 将现实人力资源需求、未来人力资源需求和未来流失人力资源需求进行汇总，即得企业整体人力资源需求的预测结果。①

五、人力资源需求预测方法的选用原则

在现实中，我们可以发现，定性方法在中小企业中应用较多，而定量方法在大型企业得到广泛使用；定性方法较适合制定短期计划，而定量方法则在中长期预测中应用较多。实际上，企业在进行人力资源需求预测时，选择适合本企业的需求预测方法是最为重要的。具体说来，应注意以下几个原则：

（一）注意定性与定量方法的有机结合

在企业规模较大，对人力资源需求影响因素较多时，只凭以往的经验和少数人的判断来预测企业的人力资源需求是危险的；而刻板地只套用定量方法模型而不顾企业的具体因素不仅有可能使需求预测任务不必要地复杂化，而且可能出现严重脱离实际的预测情况的产生。相反，灵活地将定性和定量方法相结合常常会产生科学合理、符合实际的预测结果。

（二）定量方法的选择和应用要经过严格的检验步骤

由于定量方法的模型往往涉及众多的变量和参数，其变量的选择和参数的制定必须经过多次的试验验证才能确定其正确有效，从而保证整个模型的科学可信。

（三）切忌认为预测模型越复杂就越科学

对于一个具体的企业，其人力资源需求预测模型的合适与否关键在于该模型对于这个企业是否有效。如果复杂模型考虑的众多因素中有些因素对这个企业的人力资源需求状况并不产生影响，其预测结果肯定是事倍功半的。

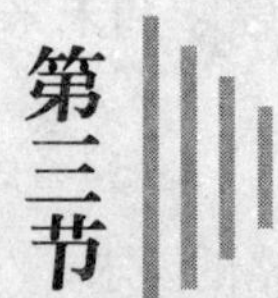

第三节 人力资源供给预测

一、人力资源供给预测的概念

人力资源供给预测是根据企业的内部和外部环境，选择适当的预测技术，预

① 摘自：天天企划网 . www. qihua365. com

测在某一未来时期，组织内部所能供应的（或经有培训可能补充的）以及外部劳动力市场所提供的一定数量、质量和结构的人员，以满足企业为达到目标而产生的人员需求。①

这里需要注意三点：

1. 预测供给是为了满足需要，不是所有的供给都要预测，只是预测企业未来需要的人员。

2. 人员供给有内部和外部两个来源，因而必须考虑内外两个方面。

3. 应当选择适合的预测技术，用较低的成本达到较好的目的。最后，需要预测出供给人员的数量和质量。

二、人力资源供给预测的影响因素

通常，影响企业人力资源供给预测的因素是多种多样的，比如，从全国范围来看，包括全国的劳动人口增长趋势，全国各种人力资源的需求状况，全国人力资源的素质，国家政策和制度的影响以及大专院校的教学质量、规模和结构。从本地区范围来看，包括企业所在地人口密度和素质、当地科技文化教育水平、当地就业水平和就业观念、当地对就业者的吸引力。当然，影响人力资源供给预测的因素也包括企业内部因素，在诸多影响企业人力资源供给预测的内部因素中，以下两个更为重要：

（一）员工的工作绩效档案

在预测未来的人力资源供给时，首先要明确的是企业内部人员的特征，包括：年龄、级别、素质、资历、经历和技能。必须收集和储存有关人员发展潜力、可晋升性、职业目标以及采用的培训项目等方面的信息。这些信息的来源是工作分析、绩效评估、教育和培训记录等。员工的工作绩效档案不仅可以用于人力资源规划，而且也可以用来确定人员的调动、提升和解雇。

（二）人员流动状况

预测未来的人力资源供给不仅要考虑目前供给的状态，而且必须考虑人员在组织内部的流动模式，亦即人员流动状况。人员流动通常有以下几种形式：死亡和伤残、退休、离职、内部调动等。制定人力资源规划，需要知道人员流动模式和变动率，包括离职率、调动率和升迁率，可以采取随机模型计算出来。企业人员变动率，即某一段时间内离职人员占员工总数的比率，由下式可以得出：年内

---

① ［法］奥利维·贝尔特朗．人力资源规划：方法、经验与实践．王晓辉译．北京：人民教育出版社，2002.128

离职人员÷年内在职员工平均数×100%。

三、人力资源供给预测常用的方法

人力资源需求预测只是分析企业内部对人力资源的需求，而人力资源供给预测需要分析企业内部供给和企业外部供给两个方面。内部供给预测需要考虑企业组织的内部条件，估计经过未来一段时间的调整后，企业的内部供给将会怎样。外部供给预测需要考虑企业外部环境的变化，预期劳动力市场满足企业需求的能力如何。如前所讲，单单就企业内部的影响因素而言，供给预测需要考虑的因素比起需求预测来更多，更不可控，只有认识到这一特点，选取合适的方法，才能增加预测的准确性。

前面已经介绍了人力资源需求预测的方法，事实上，有些预测方法既可以用来预测需求，也可以用来预测供给。比如，经验预测法、专家预测法、描述法、趋势外推预测法、回归分析法、计算机模拟预测法等，都可以通过转化用来预测人员供给。

将人力资源供给预测方法分为内部供给预测法和外部供给预测法可便于企业运用，当需要知道企业未来的人员状况时，可根据内部条件采用内部供给预测法预测；当需要估计劳动力市场的供给能力时，可根据外部环境采用外部供给预测法预测。企业可以便利地根据预测内容选择预测法，所以这种划分方法比较流行。但是这种划分不够严谨，因为有的方法既可以预测内部又可以预测外部，有的方法同时既考虑内部又考虑外部，所以这种划分有时会出现混乱。实际上，我们可以采用定性预测法和定量预测法就可以科学地解决这个问题。

（一）定性预测法

1. 人力资源盘点法

（1）人力资源盘点法的含义

人力资源盘点法是对企业现有人力资源状况进行调查、分析和统计的工作，主要内容有人员结构分析、人员数量和人员素质调查。结构分析的内容包含员工年龄结构、学历结构、职务结构、技能结构、业务结构等调查分析；人员素质调查的内容包含员工价值观、工作态度、工作能力，并分析现有员工是否适合现有岗位以及轮岗、晋升的可能性等方面，调查手段一般是采用人员基础数据并结合员工素质调查表和业绩分析等方式进行。掌握现有的人力资源状况是基础性工作，能否清楚地、正确地认识将影响到其他的人力资源管理工作。虽然盘点人力资源非常重要，但在供给预测中，它仍然扮演着基础角色，很难单独成为有效的预测方法。

(2) 人力资源盘点的内容

为全面掌握企业人力资源现状，依据盘点工作侧重点的不同，可以将人力资源盘点分为人事信息盘点、人力资源能力盘点、人力资源政策盘点、人力资源心理状态盘点。

· 人事信息盘点

人事信息盘点是人力资源盘点的基础工作。按照部门和职位分别对任职者的年龄、性别、教育程度、工作年限等因素进行统计，制作《职位结构分析表》《年龄结构分析表》(部门—年龄维度、职位—年龄维度)、《人力资源数量分析表》(部门—数量维度、职位—数量维度)、《教育程度与人力资源成本分析工具》等，并用图表的形式表示出来。

进行人事信息盘点不仅仅是对这些变量进行白描式的记录，还要进一步探索它们与晋升、离职率等之间的关系。比如，考察员工在不同年龄阶段业绩和离职率的分布特征，受教育程度与离职率之间的关系等，为组织进行科学的人力资源规划提供参考。一方面，可以借鉴国内外组织行为学以及心理学领域相关的研究成果；另一方面，组织本身也要基于所在行业的特点、组织文化等特殊因素，进行相关的统计分析。例如，统计分析特定类型员工群体的离职和晋升数据，统计分析各层管理人员提升与离职的情况等。

· 人力资源能力盘点

人事信息盘点主要是对员工年龄、学历、职称、专业等人事信息的统计分析，有助于直观认识企业人力资源的结构，但是并不能完全反映企业人力资源现状。能力是衡量企业人力资源实力的一个具有说服力的指标。因此，业务能力分析、人际关系能力分析、成就能力分析等反映人力资源现实性和发展性的能力盘点比单纯学历、职称盘点更重要。

要找出企业目前拥有以及未来需要的关键技术与关键能力，并建立追踪员工能力现状及其发展性的管理系统，编制人力资源能力分析表（部门—专业维度、职位—专业维度)，并将技术与能力盘点与招募、培训、晋升等人力资源系统结合。需要注意的是技术与能力盘点不是一次即可的解决方案，而是持续的过程，能力盘点要及时更新，才能符合企业发展的需求。

· 人力资源政策盘点

只有解决了政策和机制问题，人力资源盘点才会为人力资源管理奠定坚实的基础。对公司现有人力资源管理政策进行梳理，判断人力资源管理政策的系统性和有效性，分析相关政策是否有助于现有人力资源的保留和开发，是否能够支持组织战略目标的实现。依据组织发展战略，对现有人力资源政策进行梳理和修正。

·人力资源心理状态盘点

一些企业在进行人力资源盘点时，往往只关注员工人事信息以及技能信息系统的建立，而忽略了更根本的员工心理状态的记录与分析。实际上，个性测试、心理测验是人力资源盘点的一项重要内容。对员工的行为进行预测，不但有利于做好人力资源规划工作，也可为组织制定有针对性的政策，采取相应的管理措施提供参考。企业应该逐步建立员工心理档案系统，用科学的手段了解企业员工的个性特征、行为偏好等情况（例如，对员工进行职业人格类型测验、职业能力倾向测验等并记录分析），通过观察和研究员工个性与离职率以及其他管理因素之间的相关关系，制定合理的人力资源规划，有的放矢地制定各项管理制度，引导员工行为导向符合组织期望的行为方向。

（3）人力资源盘点方法

根据人力资源盘点内容的需要，可以采用文献查阅法、问卷调查法、访谈法、观察法、潜能测评法、业绩调查法等不同的方法。

·文献查阅法

人力资源部负责查阅公司整体战略规划数据、企业组织结构数据、财务预算数据、各部门年度规划数据等相关资料。由人力资源规划专职人员负责整理企业人力资源政策、薪酬福利、培训开发、绩效考核、人力资源变动等方面的数据资料，从以上数据中提炼出所有与人力资源规划和盘点有关的数据信息，并整理编报。

·问卷调查法

人力资源部根据公司经营战略计划和目标要求以及人力资源盘点工作进度计划，下发相关调查表，在限定工作日内由各部门填写后收回。

在人力资源盘点工作进行期间，各部门应该根据业务需要和实际情况，及时、全面地向人力资源部提供有关的信息数据。人力资源部工作人员应该认真吸收接纳各部门传递的信息。

·潜能测评法

潜能测评关注的是员工比较稳定的个性和能力特征，而个性和能力是影响个人业绩的重要因素，也是影响企业核心能力是否持久并不断创新的基础因素。进行潜能测评的主要工具有结构化面谈、心理测验和情景测验等。

·业绩调查法

通过业绩调查，除了分析关键人才的综合能力与表现外，还能够发现业绩不佳背后的根源，为改进人力资源政策提供一手的资料。进行业绩调查，不仅要查阅员工的业绩档案，还可以对其上级主管进行深度访谈。此外，为了更准确地把握员工能力，还可以运用360度反馈技术，征询同事或客户的反馈，获得大量有价值的信息。

人力资源盘点不是一劳永逸的工作，要依据组织战略发展定期进行，这就要求有完善的人力资源管理制度作保障。例如，工作日志制度、完善的档案管理制度（员工绩效考核档案、培训档案、人力资源流动统计档案）等。作为人力资源管理系统的重要组成部分，人力资源盘点要与其他人力资源管理模块相结合，比如适合企业战略、流程的职位分析以及在此基础上形成的职位说明书以及职务规范，就是进行有效的人力资源盘点的基础。此外，还要考虑外部因素以及内部因素的影响，对国内外政治经济社会环境的发展趋势、人口结构的变化、科学技术的进步、同业竞争状况等进行科学的分析与判断。

（4）人力资源盘点的步骤

第一步，成立人力资源盘点工作小组。

人力资源盘点工作小组由总经理和各部门主管、人力资源规划专职人员组成，总经理担任组长，人力资源部经理任执行副组长。在进行人力资源盘点工作之前，通过对全体员工做充分的动员，说明人力资源盘点工作的意义和重要性，要求各部门员工积极配合，客观、翔实地提供相关资料数据。

第二步，制定人力资源盘点计划。

人力资源盘点是对组织人力资源现状的认识与分析，是其他人力资源管理工作的基础，也是一项比较耗时的工作，所以必须做好进度计划，保证人力资源盘点工作及时、顺利地进行。要树立预算管理意识，做好人力资源盘点预算，在保证工作质量的前提下，低成本高效率地完成人力资源盘点工作。

第三步，收集、整理资料信息，设计人事登记表。

在进行正式的人力资源盘点前，必须全面收集、整理相关的资料信息，力求全面认识组织人力资源现状。资料信息可以通过查阅现有的档案资料、发放调查问卷、访谈等途径获得。设计合理的人事登记表是获取有效信息的捷径。人事登记表不是简单地记录个人的人事信息，而是一份为供给预测服务的登记表。

首先，人事登记表要包括员工的个人基本信息，这是“盘点”的基础；其次，表的内容要体现员工调动工作的意愿，使其在人员变动时作为参考，让员工从主观上胜任未来岗位；最后，表的内容还能够反映出员工的工作能力和发展潜力，评估其调动的可能性，在客观上能够确认员工胜任未来岗位。此外，要使表格有效，平时的记录工作就显得格外重要。否则，表格仅是一种形式，其结果是“有”人事登记表却无法达到应有的目的。在日常的人力资源管理工作中，记录工作应成为一项不可缺少的常规工作，由人力资源部门组织，由直接管理部门执行，保证表格的有效性和真实性。通过记录完善的人事登记表，可以核查出企业当前的人力资源状况。因为人事登记表是归类收集，可以非常容易地掌握企业现有的人数和人员结构。在这个预测法中，最有用的环节就是能非常清楚地掌握现有的人力资源状况。

第四步，在日常人力资源管理工作中做好记录工作，以便核查现有人力资源状况。

人力资源部负责日常信息收集工作并对所收集到的资料进行分析，并且将以上获取的数据整理为Excel数据、图表或其他电子数据库形式，直观、清晰地描述组织人力资源状况。这样做的目的就是要掌握人员的当前状况，并在此基础上对未来一段时间的人员情况进行预测。

第五步，评价现在的人力资源状况是否稳定。

第六步，根据人事登记表中的员工能力、潜力、意向来推测哪些人有可能变动、向哪些岗位变动。

第七步，在推测的结果上进行修正，得出最终结果。

第八步，预测未来企业内部的人力资源供给，撰写分析报告。

在收集、整理完毕所有资料之后，人力资源部安排专职人员对以上数据进行统计分析，形成《××××年度公司人力资源环境描述统计分析报告》，由公司人力资源部审核小组完成报告的审核工作，并报请公司总裁审核批准。

作为人力资源供给、需求预测的基础，人力资源环境描述统计分析报告应该根据需要分别采用表格数据、趋势线数据、数据结构图、分类数据等形式辅助说明，同时要对相关的数据资料或图表进行解释。

(5) 人力资源盘点法的优点

该方法的优点是能准确、及时地掌握企业人力资源现状，无论是否为预测服务，这项工作都有利于加强人员管理，使企业领导“心中有数”。

(6) 人力资源盘点法的局限性

人事登记表只能反映企业内部人员情况，所以人力资源盘点法是一种内部预测法，仅限于预测企业内部的人力资源供给。此外，就人力资源盘点法而言，它是一种静态的预测方法，只能反映现在的状况，不能反映未来的变化。

由于时间越长，变化就越不确定，所以人力资源盘点法大多用于短期人力资源供给预测，其效果还是很好的。虽然现实中，也有不少中长期预测运用了该法，但是准确性很差，建议仅仅将其作为参考比较好。当企业规模不大时，盘点容易，这种方法容易操作、成本较低，比较适合中小型企业。当企业规模大、组织结构复杂时，运用此法有一定难度，需要建立人力资源信息系统，帮助分析人员状况。通过信息技术的支持，人力资源盘点法也一样适用于大型企业。

2. 替换图法

此种方法是通过绘制替换图来预测未来空缺职位数的人力资源供给预测方法。这种方法在企业中得到广泛运用，但由于这项工作较为复杂，所以主要运用于预测重要岗位的人员供给。

（1）替换图的步骤

具体操作步骤如下：

第一步，根据组织结构图绘制替换图的框架。

第二步，评价每个人的当前绩效和提升潜能。

第三步，预测职位空缺可能。

第四步，预测替换这些空缺职位的人力资源供给情况。

第五步，综合分析企业的人员替换情况，建立人力资源替换模型（这一步是替换图法的延伸，如果有这一步，那么该法变为人力资源供给预测中的替换计划法）。

第六步，当职位出现空缺时，根据多张替换图预测出一系列的人员变动。

（2）替换图法的特点

替换图在组织结构图的基础上绘制，根据部门与部门之间的关系将替换图分类，再根据岗位与岗位之间的关系绘制替换图。因此，总经理一级可以与其以下的几级岗位间绘制替换图，各部门内有其一系列替换图，甚至关联紧密的跨部门岗位间也可以绘制替换图。总之，只要某个岗位有可能被其他岗位的人员替换，那就可以绘制出这个岗位及其对应岗位的替换图。

绘制替换图框架是最为基础的工作，仅看出各个岗位间的替换关系是远远不够的。企业是由个个岗位组成的，而真正支撑企业运转的是在这些岗位上工作的人，不关心人而关系岗位，会使企业的集体变得僵硬，最终因运转困难而衰亡。因此，最重要的工作是评价在每个岗位上的人员。评价人员分两个维度，一个是当前绩效，一个是提升绩效，分别用三个等级评价。当前绩效是评价现有的工作能力，所表现出来的工作能力是员工技能、经验和态度等多方面的综合体现。针对该员工现在所在的岗位，用“优秀”“满意”“需要提高”三个等级来评价当前的绩效。提升潜能是评价未来的工作潜力，以当前绩效为基础，结合个人特点评价潜能。针对该员工未来可能提升的岗位，用“可提升”“需要培训”“有问题”三个等级来评价。

已绘制好的替换图可以为企业变动人员提供重要参考，当岗位出现变动时，需要及时更新替换图。既然这是一个预测工具，当然希望能对未来变动进行预测，因此，许多企业会在此基础上预测职位空缺情况。职位空缺的原因很多，比如离职、辞退、调动、业务扩大等原因。有些空缺是容易预测的，如退休、有计划的变动、预期的业务扩大等，这些变动可以事先预测到，企业掌握主动。有些空缺则是难以预测的，如辞职、临时调动、业务突然变化等，不确定性很高，企业显得较为被动。对于前者，可以通过各项计划较准确地预测，对于后者，可以通过过去的经验粗略估计。将两者相加，得到一个大致的职位空缺预测。

当预测到某个职位会出现空缺时，根据替换图，找到可以接替的人员。同时，这个接替人员的职位也出现空缺，再根据替换图，找到其他人来接替这名员工的职位。同样，当一个人接替上一级空缺职位时，他原先的职位又会需要下一级人员接替，因此，一个空缺职位的出现会引起一系列人员的变动。如果这个企业偏重于内部提升，则最后空下的职位是较低层次的职位；如果这个企业偏重于外部招聘，则有可能在较高层次出现空缺职位。空缺职位越高，其引起的变动越复杂，因此，最好借用计算机来处理职位的变动。

在一些规模较大的企业中，通过一个个空缺职位来预测未来人员供给显得工程浩大、成本过高，而且有些岗位没有必要进行如此详细的预测。因此，这些企业更趋向于从宏观上预测，建立人力资源替换模型。在替换模型中，不再是一个个岗位，而是按职能分成各类岗位；各类岗位中标记的不再是具体的个人，而是该类人员的总人数。所以，人力资源替换模型预测出来的不是具体人员变动，而是一类人员变动的总数。由于这项工作不是利用替换图完成，一些学者将其从替换图法中单列出来，称其为替换计划法。当然，由于这项工作与替换图又有着天然的密切关系，还是有不少学者仍将其归入替换图法中。

虽然在第三步预测过未来的职位空缺，但由于其变数太多，这种预测是粗略的。企业经常在很短的时间内突然面临职位空缺，这时更显得替换图重要。因此，最后一步是及时有效地预测。一旦面临职位空缺，找到有这个职位及其下一级职位的替换图，根据图中的评价选出最适合接替这个职位的人员。同时，这个接替者的职位也空出来，又寻找有新空缺职位及其下一级职位的替换图，同样地找到他的接替者。一个职位的空缺会引起一系列职位空缺，所以，需要根据多张相关的替换图做出选择。

替换图法主要用于为企业重要的职位挑选候选人，如管理人员、重要技术人员等。可以利用替换图对每一个内部候选人进行跟踪。替换图上记录着每个人的工作绩效、晋升的可能性、需要的培训等，这些是调动岗位时需要考虑的重要信息。当职位出现空缺时，就可迅速地通过替换图决定由哪些人员补充空缺。替换图法的最终目的，是确保未来有足够的合格人选接替工作岗位。

运用此法预测人员供给，可以为企业带来两个明显的好处：第一，鼓舞士气。此法侧重内部提升，激励员工努力工作，以求得在企业中发展。第二，降低招聘成本。每一个职位空缺首先考虑到用下一级人员补充，人员不断往上补充，最后真正空缺出的职位是较低层次的职位，而适合低职位的人员容易招聘。当然，替换图法也很容易忽视外部人员供给，不能使企业及时“换血”，如不重视，会影响企业的正常发展。

替换图法最早用于人力资源供给预测，现在也可用于企业的人力资源需求预测。事实上，第三步预测职位空缺，也就是对人员需求的预测。空缺的职位需要人员补充，如果能预测到有多少、哪些职位将来出现空缺，也就预测到了将来需要多少、哪些人员。

这种预测方法的出发点是：空缺职位首先考虑由内部人员补充。Delery 和 Doty 在 1996 年提出将人力资源管理系统分成三大类，即内部系统、市场导向系统和混合系统。在内部人力资源管理系统中，企业主要是从组织内部招聘，在内部形成广泛的职业发展渠道，所以，内部职业机会颇多。人力资源管理系统属于内部系统一类的企业，首先考虑用内部人员填补空缺，因此，替换图法在这些企业中得到了很广泛的运用。

（二）定量预测法

1. 马尔可夫模型

马尔可夫模型是根据历史数据，预测等时间间隔点上的各类人员分布状况。此方法的基本思想是根据过去人员变动的规律，推测未来人员变动的趋势。因此，运用马尔可夫模型时假设：未来人员变动规律是过去变动规律的延续。即转移率要么是一个固定比率，要么可以通过历史数据以某种方式推算出。

（1）马尔可夫概率矩阵

这种方法目前被广泛地应用于对人力资源供给预测上，是用于测算一个组织内人力淘汰流动等情况的一种数学模式。其基本思想是找出过去人力资源变动的规律，来推测未来人力变动的趋势。其应用前提为：

· 马尔可夫假定

这个假定是 $t+1$ 时刻的员工状态只依赖于 t 时刻的状态，而与 $t-1$，$t-2$ 时刻状态无关。

· 转移概率稳定性假定

该假定是指不受任何外部因素的影响。

马尔可夫模型的基本表达式为：

$$N_{i(t)} = \sum N_{i(t-1)} P_{ji} + V_{i(t)} \quad (i,j = 1,2,3,\cdots,k; t = 1,2,3,\cdots,n)$$

式(6—7)

式中　K——职位类数；

$N_{i(t)}$——时刻 t 时的 I 类人员数；

P_{ji}——人员从 j 类向 I 类转移的转移率；

$V_{i(t)}$——在时间（$t-1$，t）内 I 类所补充的人员数。

某类人员的转移率（P）＝转移出本类人员的数量/本类人员原有总量

$$P = \begin{pmatrix} P_{11} & P_{12}LL & P_{1K} \\ M & M & M \\ P_{31} & P_{32}LL & P_{3K} \end{pmatrix}$$

式(6—8)

这一模型要求大量的数据信息以获得员工转移概率矩阵，但是它要求的假定前提，确实会使其预测有效性和对实际的指导性大大降低。

一般是以现在的人员分布状况作为初始状况，所以，只需要统计当前的人员分布情况即可。这是企业的基本信息，人力资源部门可以很容易地找到这些数据。另外，建立模型前，要对员工的流动情况进行说明。流动方式包括外部到内部、内部之间、内部到外部的流动。内部之间的流动可以是提升、降职、平级调动等。由于推测的是整体情况，个别特殊调动不在考虑范围之内。只要知道各类人员的起始数量、转移率、未来补充人数，就可以运用上式预测出各类人员的分布情况。马尔可夫模型可以非常清楚地推算出未来的各类人员数量，在企业中得到了广泛运用。为了使计算过程看上去更为直观，一些企业用表格来表示预测的过程。假设一企业今年的人员分布及计算出的转移率是已经明确得知的信息，那么就可以通过公式计算出明年的人员分布情况。

马尔可夫模型不但是非常实用的动态供给预测技术，并且还可以有多种用途。一些企业用此方法计算的结果来评价人力资源战略；一些企业发展了其审计作用，用来检验各类员工的流动是否正常；一些企业将其与人力资源会计结合使用，用来预测公司未来的人力资源变化。

为了预测以后几个时段的人员分布，可以运用反复的方法。即用预测出的第一个时间段的人员分布，作为预测下一个时间段的初始分布，不断用新预测出的分布作为初始分布，就可预测出下一个时间段的人员分布。但事实上，随着时间的增长，准确性逐渐降低。所以，此法最好用于下一年的预测，虽可以延伸几个年度，但如果时间太长，就没有预测的意义了。

虽然有不少企业正在运用马尔可夫模型预测人员供给，但是，目前还没有对该方法的准确性和可行性研究，所以，也尚无定论。在实际运用中发现，马尔可夫模型可以为一些公司提供较为准确的信息，但在另一些公司中运用并不成功。究竟是什么原因导致了如此大的差异，还有待进一步研究。这种供给方法虽然实用，但有两个重要缺陷：第一，没有考虑到预测的时间段内，一个员工转移两次以上的情况；第二，当各类员工数量过少时，这种方法无法有效地使用。

（2）马尔可夫模型操作步骤：

第一步，根据历史数据推算出各类人员的转移率，得出转移率的转移矩阵。

第二步，统计作为初始时刻点的各类人员分布状况。

第三步，建立马尔可夫模型，预测未来各类人员供给状况。

运用马尔可夫模型可以预测一个时间段后的人员分布，虽然这个时间段可以自由定义，但较为普遍的是以一年为一个时间段，因为这样最为实用。在确定转移率时，最粗略的方法就是以今年的转移率作为明年的转移率，这种方法认为最近时间段的变化规律将继续保持到下一时间段。虽然这样很简便，但实际上一年的数据过于单薄，很多因素没有考虑到，一个数据的误差可能非常大，以一年的数据得出的概率很难保证稳定，最好运用近几年的数据推算。在推算时，可以采用简单移动平均法、加权移动平均法、趋势线外推预测法等，可以在试算的过程中发现哪种方法推算的转移率最准确。尝试用不同的方法计算转移率，然后用这个转移率和去年的数据来推算今年的实际情况。最后选择与实际情况最相符的计算方法。转移率是一类人员转移到另一类人员的比率，计算出所有的转移率后，可以得到人员转移率的转移矩阵。

例如，根据表 6—2 马尔可夫分析矩阵可知，职位 A 原有人数为 62 人，根据 A 职位的人员转移率为 70%，那么转移到现任 A 职位的人数就只有 44 人（62×70%≈44）了，依此类推，转移到现任 B 职位的人数就是 6 人（62×10%≈6），转移到现任 C 职位的人数就是 3 人（62×5%≈3），流出人数为 9 人（62×15%≈9）。其他结果，也是以此类推计算出来的。

表 6—2　　　　马尔可夫分析矩阵表

流动矩阵图						
终止时间		A	B	C	D	流出
起始时间	A	0.70	0.10	0.05	0	0.15
	B	0.15	0.60	0.05	0.10	0.10
	C	0	0	0.80	0.05	0.15
	D	0	0	0.05	0.85	0.10

续表

现任者应用矩阵						
	原有人数	A	B	C	D	流出
A	62	44	6	3	0	9
B	75	11	45	4	8	7
C	50	0	0	40	2	8
D	45	0	0	2	38	5
终止时间员工人数		55	51	49	48	29

资料来源：甘华鸣，贾萌．人力资源管理操作规范．北京：企业管理出版社，2004.250

2. 相关因素预测法

相关因素预测法是找出影响劳动力市场供给的各种因素，分析这些因素对劳动力市场变化的影响程度，预测未来劳动力市场的发展趋势。具体操作步骤如下：

第一步，分析哪些因素是影响劳动力市场供给的主要因素，选择相关因素。

第二步，根据历史数据，找出相关因素与劳动力供给的数量关系。

第三步，预测相关因素的未来值。

影响因素有很多，但并非所有的因素都要考虑。一方面，如果考虑了所有的因素，就相当于什么也没考虑，因而没有必要考虑太多因素；另一方面，如果考虑的因素较多，预测的困难加大、成本升高，预测失去了实用价值。因此，只要找到主要因素即可。当然，其他的因素也会对预测有影响，但是它们的影响较小，不需要专门对其考虑。事实上，模型中的随机项就已经包括了其他所有因素的影响。

主要的影响因素包括组织因素和劳动生产率等。现以组织因素为例，在组织中，顾客数量、销售量、产量等都可以作为预测用的组织因素。根据企业特性选择合适的组织因素，一般而言，选取的组织因素必须满足两个条件：第一，组织因素应该与组织的基本特性直接相关，企业可以根据这一因素来制订计划；第二，组织因素应该与所需员工数量成比例。

找准相关因素后，关键的任务是确定相关因素与人力资源供给之间的数量关系。首先，找到它们的历史数据，因为历史原因，有的数据的统计方法不同，有的数据发生突然变动，这时需要先对这些数据进行修正。然后，再利用数学手段分析数据，寻找出它们之间的函数关系。

$$人力资源供给量 = f（相关因素）$$

人力资源供给量$=g$（相关因素1，相关因素2，……）

相关因素一定要比人力资源供给更好预测，否则就失去了这种预测方法的意义。一般而言，相关因素可能是企业较好控制的因素，如企业的计划产量，或是容易被预测的因素，如次年接到的订单。总之，相关因素可以较容易预测到，并且预测相关因素的准确性比预测人员供给要高。

最后，将相关因素的预测值带入等式，就可得到人力资源供给的预测值。

这个方法的背后有一整套的分析技术，因而只要找准相关因素及其与人员供给的函数关系，就可以较好地预测出未来人员供给了。相关因素预测法看上去复杂，但只要做好了前面的工作，最后的预测步骤还是非常简单的。

3. 市场调查预测法

市场调查预测法是指运用科学的方法和手段，系统地、客观地、有目的地收集、整理、分析与劳动力市场有关的信息，在此基础上预测劳动力市场未来的发展趋势。企业在一定的市场环境中生存，了解相关的市场信息非常重要，因而市场调查在各个经营领域都有广泛运用。市场调查在营销领域运用得最多，因为企业在市场中处于被动地位，必须跟随市场变动。事实上，在人力资源管理领域中运用得较少，因为企业在劳动力市场上享有一定的主动权，市场压力不是很大，而且，调查整个劳动力市场的工作一般由专门的部门承担，企业只需要查询结果即可。虽然如此，有些信息仍是无法查询的，特别是一些有关特殊人才、专业人才的信息。然而，这些人员是否能及时、充足供给又极大地影响着企业未来生存，此时，企业只能通过自己调查来预测未来供给。具体操作步骤如下：

第一步，确定问题和预测目标。

第二步，制定市场调查计划。

第三步，收集信息。

第四步，整理、分析信息。

第五步，得出结论，预测未来劳动力市场发展趋势。

在设计市场调查前，一定要明确调查的目的是什么，以及与目的相关的问题有哪些。因为是为预测供给而开展的调查活动，所以调查的结果要能为预测提供依据。然而，并非所有的人力资源供给都需要通过市场调查预测法进行预测，因为这种方法的成本很高。比如一些在市场上容易获得的人员，随时都可招聘到，对其预测毫无意义；一些受到社会关注的人才，已有政府或是专业机构对其进行了预测，企业没有必要再进行重复工作……因而，此时有两项重要工作：第一，明确哪些人力资源需要通过市场调查预测法预测；第二，查阅各种文献资料，如果文献资料有此信息即停止调查，如果文献资料上没有此信息则进入下一步工作。有劳动力市场供给信息的文献很多，如各类经济信息报刊、各类调研机构统计资料、劳动力市场行情资料、政府文件等。

一份好的计划能促使任务顺利完成，一份差的计划可能会导致无用功，因此，制定好计划非常重要。市场调查计划包含的内容很多，如确定调查对象、调查方法、调查内容、调查时间、调查地点、调查人员、调查预算等。计划包含的内容实际上是有关联的，一般而言，首先是选择调查方法，然后确定调查方式，此后的其他计划内容可以说都是围绕它们设计的。所以，此处重点讨论调查方法和调查方式两个问题。

（1）调查方法

调查方法很多，可以将其归纳为三个类别。虽然调查方法颇多，但是只有一部分方法可以用于帮助预测劳动力市场供给，所以在这三类方法中，仅介绍与市场调查预测法有关的。

· 观察法

观察法是由调查人员通过对调查对象直接观察了解，以获取信息的一种方法。观察法中有直接观察法、亲自经历法、痕迹观察法、行为记录法等，在市场调查预测法中，一般仅使用直接观察法和亲自经历法。采用直接观察法，可派调查人员到人才招聘会、校园招聘会、中介公司等有人员寻找工作的场所，观察应征特定岗位的人员数量有多少、素质如何、他们对工作有何要求，以及可能存在哪些困难等，再将观察到的结果反馈回公司。采用亲自经历法可以让调查人员以求职者的身份参加招聘活动，一方面可以观察同来应聘的人，另一方面可以观察招聘单位的反应，从而估计供给情况。

· 询问法

询问法是事先拟定调查项目或调查问题，以某种方式向调查对象提出，通过调查对象的回答获取信息。询问法包括面谈法、电话询问法、邮寄询问法、留置问卷法等。面谈法是直接询问被调查对象，可以根据事先拟好的提纲提问，也可以自由谈论；可以一个人面谈，也可以几个人集体面谈；可以一次面谈，也可以多次面谈。电话询问法是通过打电话的形式向调查对象询问，这种方法一般不受地域限制。邮寄询问法是通过邮件的形式寄给调查对象，调查的结果易于整理，但是回收率一般比较低。留置问卷法是将事先设计好的问卷或调查表交给调查对象，留给调查对象填写，调查人员在规定的时间再去收回。这种方法对问卷设计的要求很高，要把想了解的信息通过恰当的方式表现出来，问卷的好坏直接决定着预测的结果。几乎所有的询问法都可用于市场调查预测法，可以根据预测目标和费用选择。

调查对象一般是劳动力市场专家、劳动力市场工作人员、校园毕业生管理人员、正在或潜在求职者，甚至还可以是同行竞争者的人力资源部门。

·实验法

实验法是在可控制的条件下，控制影响调查对象的一个或多个因素，测定这些因素间的关系。实验法包括实验室实验法、现场实验法、模拟实验法等。实验室实验法在这方面运用具有一定的困难，一般选用后两种方法。现场实验法是在完全真实的环境中，通过对实验变量的控制，观察这些变量对实验对象的影响。企业可以选择一个招聘场所，在一段时间内招聘需要的人员，通过变动工资福利、工作条件、职业发展机会等可控因素，观察应聘情况，分析这些因素对人员供给的影响。模拟实验法是根据对劳动力市场的充分了解，建立假设和模型，运用计算机模拟未来劳动力市场及其环境，进行预测。这种方法科学，可以模拟多种情况，并且运用起来简单。但是，要建立一个与真实环境相符的模型非常困难，实验周期长，调研费用高。

(2) 调查对象

调查对象可以是劳动力市场专家、劳动力市场工作人员、校园毕业生管理人员、正在或潜在求职者、竞争者的人力资源部门、公司的人力资源部门等。主要是为了预测特定地区、特定岗位的人力资源供给状况，只要能为其提供相应信息的人员或单位都可被列为调查对象。

(3) 调查方法

通常，我们把调查方式划分为全面调查和非全面调查两大类，全面调查就是对确定的调查对象的总体一一进行调查；非全面调查就是对调查对象总体中选出的样本进行调查，从样本推测总体。非全面调查又可分为重点调查、典型调查和抽样调查，重点调查是对总体中的部分重点单位进行调查，这些样本虽然量少，但掌握着大量信息，或者掌握的信息与企业的关系紧密，如当地人才市场；典型调查是对有典型意义或有代表性的单位进行调查，这些典型的样本可以反映总体特征，如稳定开设某种专业的高校；抽样调查法是按照一定的方式抽取样本，通过对样本的调查来推测总体的情况。根据抽取样本的不同方法，可将抽样调查分为随机抽样法和非随机抽样法两大类。

·随机抽样法

随机抽样法是按照随机原则从总体中抽取一定数量的样本进行调查，根据此结果推测总体。由于遵守随机原则，总体中的每一个个体被抽取的机会是均等的，排除人的主观影响，是一种客观的抽样方法。虽然是随机抽取，但不同的取法又可将随机抽样法分为简单随机抽样法、等距随机抽样法、分层随机抽样法和分群随机抽样法四种。简单随机抽样法是最简单的方法，对总体不做任何分类，使用纯粹的随机方式抽取样本，但是样本在总体中的分布极可能不均匀。等距随机抽样法先将所有个体按照某种标志连续编号，确定抽样距离，在第一段距离内抽取某个编号的个体作为第一个样本，依次在每段中选取前一段编号加上抽样距离的新编号个体作为样本，从而选出样本。分层随机抽样法则是先将总体按照不同特征进行分组，即分层，然后用随机的方法从各层中抽取一定数量的个体作为样本。分群随机抽样法按照外部条件将总体分成若干个同质的群体，再从这些群体中随机抽取某一个群体作为样本，直接对这个样本调查。

· 非随机抽样法

随机抽样法克服了个人主观意识的影响，但是，有些时候主观判断可以使选取的样本更合理，此时就应该选用非随机抽样法。非随机抽样法是按照调查者主观设定的某个标准，从总体中抽取样本单位的方法。非随机抽样法主要有任意非随机抽样法、判断非随机抽样法、配额随机抽样法三种。任意非随机抽样法是以便利为基础，调查人员向方便接触到的人员或单位进行调查。判断非随机抽样法是根据调查人员的主观判断来选取样本，这对调查人员的要求较高，他们应该对总体有所了解。配额随机抽样法先将总体按照某些属性分成若干类，根据各类在总体中所占的比重确定样本数额，再在各类中选取样本数额的个体作为样本。如果当主观判断是有益的、明显无误的，就建议使用非随机抽样法，这样可以省去很多不必要的浪费。

在确定调查方法和调查方式后，可以具体设计市场调查计划。根据调查方式确定调查对象，根据调查方法明确调查时间、调查地点、调查工具等，预算调查需要的费用，调查人员尽量按照要求完成任务即可。无论设计得如何完美的调查，在实际中总会遇到各种各样的困难，计划中除了包括应有的相应对策外，调查人员还要有随机应变的能力。

在调查上来的数据基础上，还需要做一些其他工作。因为得到的信息一般都不能直接运用，要经过一定的处理。首先，要整理回收的信息，删除明显有误的信息，适当修改使信息变得规范。然后，要对这些信息归类、汇总，使用软件分析数据。通过特定手段整理后的信息，可以清晰地提供一些结论，但是还有一些重要结论需要挖掘才能显现。挖掘的手段可以是先进的处理技术，也可以是通过深入的分析，从定量和定性两方面利用信息。如果不经过整理和分析，信息的价值非常有限，但是经过整理和分析后，这些信息就会表现出巨大的价值。

得到信息不是最终的目的，只是为预测提供依据，因此，应该利用这些信息进行预测。预测结果与信息的数量、质量紧密相关，如果信息量大，可以预测较多的内容；如果信息质量好，可以更准确、更深入地预测一些问题。

（4）调查预测法的特点

由于收集到的数据客观，人为判断少，所以市场调查预测法是客观性预测法。同时，处理数据的手段科学，市场调查预测法还是科学的预测法。事实上，市场调查预测法中有很多是定量方面的工作，也有很多是定性方面的工作，但是考虑到处理数据需要很多数学手段，最终还是将这种方法归入定量预测中。

虽然这种方法很科学，但是如果没有必要，我们还是不建议企业使用。因为，一般情况下，会有专业机构对劳动力市场供给进行预测，企业只需要查询结果就可以了。并且，这种方法要花费大量的人力、物力和财力，而得出的结果仅用于一个企业，显得有些得不偿失。

四、人力资源供给预测的步骤

人力资源供给预测分为内部供给预测和外部供给预测两部分。我们可以用图6—3来表示出内外部供给渠道。

（一）企业内部供给预测

具体步骤如下：

第一步，进行人力资源盘点，了解企业员工现状。

第二步，分析企业的职务调整政策和历史员工调整数据，统计出员工调整的比例。

第三步，向各部门的人事决策者了解可能出现的人事调整情况。

第四步，将第二步、第三步的情况汇总，得出企业内部人力资源供给预测结果。

（二）企业外部供给预测

企业外部的劳动力供给预测，是接着企业内部预测的步骤继续进行的，具体步骤如下：

第五步，分析影响外部人力资源供给的地域性因素，包括：

（1）企业所在地的人力资源整体现状。

（2）企业所在地的有效人力资源的供求现状。

（3）企业所在地对人才的吸引程度。

（4）企业薪酬对所在地人才的吸引程度。

（5）企业能够提供的各种福利对当地人才的吸引程度。

（6）企业本身对人才的吸引程度。

第六步，分析影响外部人力资源供给的全国性因素，包括：

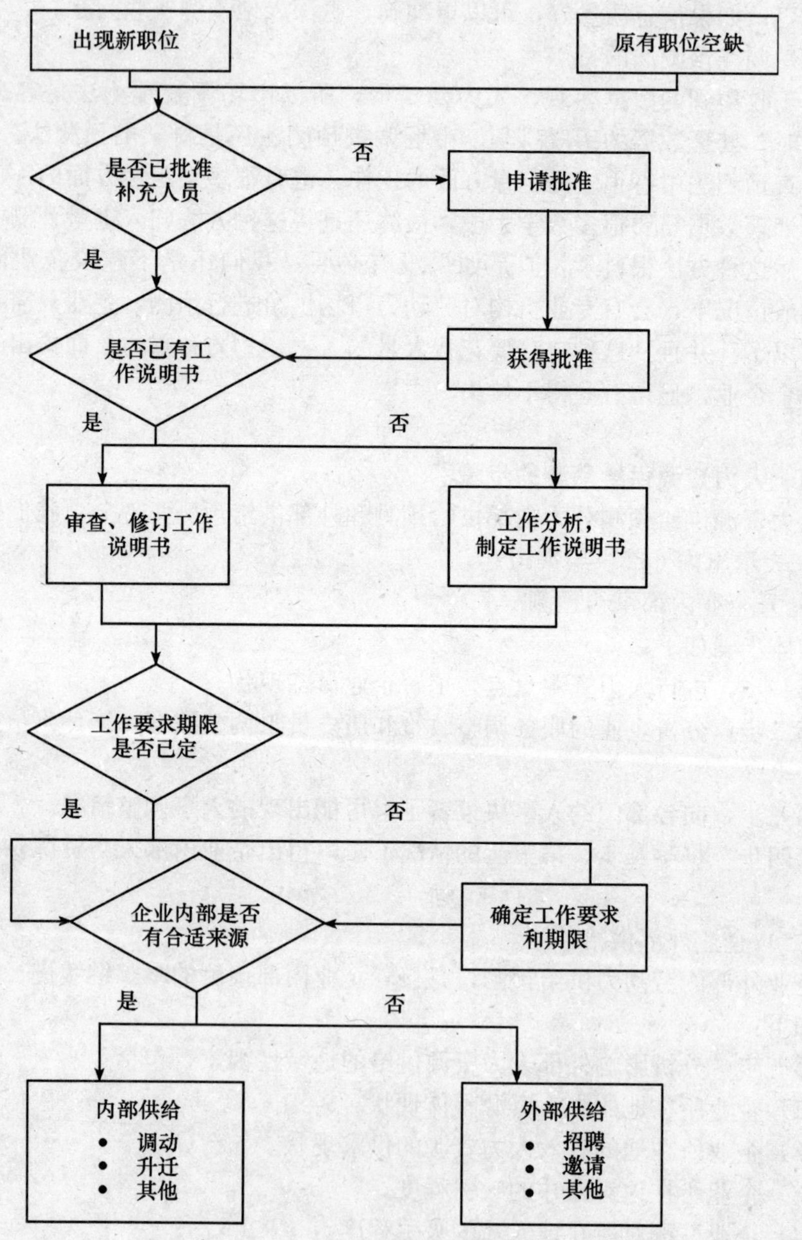

图 6—3　内部供给与外部供给流程图

资料来源：甘华鸣，贾萌．人力资源管理操作规范．北京：企业管理出版社，2004.239

（1）全国相关专业的大学生毕业人数及分配情况。

（2）国家在就业方面的法规和政策。

（3）该行业在全国范围内的人才供需状况。

（4）全国范围从业人员的薪酬水平和差异。

第七步，根据第五步、第六步的分析，得出企业外部人力资源供给预测。

第八步，将企业内部人力资源供给预测和企业外部人力资源供给预测汇总，得出企业人力资源供给预测结果。

第四节 人力资源供需平衡

一、人力资源供需平衡的定义

人力资源供需平衡就是企业通过增员、减员和人员结构调整等措施，使企业人力资源供需达到基本相等状态。人力资源供需平衡是企业人力资源规划的目的，人力资源需求预测和人力资源供给预测都是围绕着人力资源供需平衡展开的。

在企业的运营过程中，企业始终处于人力资源的供需失衡状态。在企业扩张时期，企业人力资源需求旺盛，人力资源供给不足，人力资源部门用大部分时间进行人员的招聘和选拔；在企业稳定时期，企业人力资源从表面上看可能会达到稳定，但企业局部仍然同时存在着退休、离职、晋升、降职、补充空缺、不胜任岗位、职务调整等情况，企业处于结构性失衡状态；在企业衰败时期，企业人力资源总量过剩，人力资源需求不足，人力资源部门需要制定裁员、下岗等政策。

总之，在整个企业的发展过程中，企业的人力资源状况始终不可能自然地处于平衡状态。人力资源部门的重要工作之一就是不断地调整人力资源结构，使企业的人力资源始终处于供需平衡状态。只有这样，才能有效地提高人力资源利用率，降低企业人力资源成本。

二、供需调整方法

在进行了人力资源需求与供给预测之后，人力资源管理人员要根据预测的结果，制定出切实可行的人力资源政策与措施，处理预期中的人力资源过剩或短缺问题。规划中明确计划内人力资源政策的调整原因、调整步骤和调整范围等。其中包括招聘政策、绩效政策、薪酬与福利政策、激励政策、职业生涯政策、员工管理政策等。

企业的人力资源供需调整分为人力缺乏调整和人力过剩调整两部分。如果预测的结果是人力资源短缺，主要采取两种办法：利用现有人员和组织外部招聘人员。利用现有人员的方法有调动、培训、加班和提高劳动生产率等。提高劳动生产率是较为可行的一种方法。为了提高员工的劳动生产率，可以采取加薪、提高员工的工作技能、改善工作程序、方法和利用高效的工具等措施。

企业也可以采取从外部招聘新雇员的办法来解决人员短缺问题。从外部招聘新雇员要受到劳动力市场状况的影响，如果所需劳动力种类在劳动力市场上处于过剩状态，招聘就很容易。相反，如果同类人员在劳动力市场上处于紧缺状态，招聘难度就大得多。

企业能否成功地获得所需的合格人员，取决于企业的劳动力市场的综合发展状态和企业自身的人力资源政策。例如，即使企业所需的人员在劳动力市场上处于短缺状态，如果企业的经济实力强大，愿意出高于市场水平的工资来招聘所需人员，就会具有强大的吸引力。

（一）人力缺乏调整方法

当企业的人力资源需求大于供给时，企业通常采用下列措施以保证企业的人力资源供需平衡。

1. 外部招聘

外部招聘是最常用的人力缺乏调整方法。当人力资源总量缺乏时，尤其是生产工人或技术工人供不应求时，采用此种方法比较有效。

当企业决定从外部进行招聘的时候，企业首先要评估它在求职者眼中有什么吸引人的方面，倘若没有什么可以吸引应聘者的地方，企业通过外部渠道招聘任职者的想法就会落空。为了找到合适的人选，通常企业必须选择一些具有特色的人力资源管理方法。比如可以通过提高起始薪金水平和改善福利的方式来实现这一目的；再比如可以瞄准那些在劳动力市场上易受到歧视经常被拒绝，但实际上拥有岗位胜任力的群体，像年龄偏大的求职者、残疾人或有色人种。例如一家叫做巴登（Barden）的美国公司，就面临着把它的小时工队伍增加 125 人的需要。尽管地方失业率只有 2.5%，也就是说当地的人大部分都已经就业了，但是巴登公司还是如愿以偿地招募到了它所需数量的工人。它的方法就是它把招募的重点放在了失业率相对来说比较高的外国移民身上，尽管这些外来移民缺乏流畅的英语会话能力而需要进行语言的学习，但是，他们完全能够胜任工作，当然，公司也为他们提供了一个为期半个月的英语强化培训课程。

就目前我国各层级的劳动力市场的实际情况来看，由于长期以来劳动力供给远远高于劳动力需求，因此，几乎在任何时候，企业在职场上寻找求职者都不困难，这其中也包括大学毕业生市场，特别是在初级劳动力市场。所以，企业出现人力资源总量缺乏时，寻找合适的求职者的压力并不像国外某些国家那么大。

2. 内部招聘

内部招聘是指当企业出现职务空缺时，优先由企业内部员工调整到该职务的方法。它的优点首先是丰富了员工的工作，提高了员工的工作兴趣和积极性，为员工顺利寻求职业生涯发展铺平了道路；其次，它还节省了因为不用外部招聘而一定要花费的成本。利用内部招聘的方式可以有效地实施内部调整计划。在人力资源部发布招聘需求时，先在企业内部发布，欢迎企业内部员工积极应聘，任职资格要求和选择程序和外部招聘相同。当企业内部员工应聘成功后，对员工的职务进行正式调整，员工空出的岗位还可以继续进行内部招聘。当内部招聘无人能胜任时，再进行外部招聘。

3. 聘用临时工

聘用临时工是企业从外部招聘员工的一种特殊形式。聘用临时工可以减少企业的福利开支，而且临时工的用工形式比较灵活，企业在不需要员工的时候，可以随时与其解除劳动关系。企业的产品季节性比较强或企业临时进行专项调查时采取临时招聘比较合适。

4. 延长工作时间

延长工作时间也称为加班制。延长工作时间可以节约福利开支，减少招聘成本，而且可以保证工作质量。但长期采用延长工作时间的方法会降低员工的工作质量，而且工作时间也受到政策法规的限制。

5. 内部晋升

当较高层次的职务出现空缺时，有内部晋升和外部招聘两种手段，但企业一般优先考虑提拔企业内部的员工。在许多企业里，内部晋升是员工职业生涯规划的重要内容。对员工的提升是对员工工作的肯定，也是对员工的激励。由于内部员工更加了解企业的情况，会比外部招聘人员更快地适应工作环境，提高工作效率，同时节省了外部招聘成本。企业在制定内部招聘方案的时候，应该收集每一个员工的工作经历和技能水平的相关信息。这些信息应该包括员工的职业发展目标和方向、培训经历、能力、技能、个性特征以及晋升记录等。这些信息通常都可以储存在计算机里，当某职位出现空缺需要招聘时，企业可以依据这些信息很快确定哪些雇员有资格可以承担更高级别的职责。比如，在某个部门的经理岗位出现空缺的时候，可以准备一张现任经理补充人员的图表，建议在未来可能的替代人选，并对何时培训替补以及有可能填补空缺职位的候选人做出评估。

但是，当企业缺乏生气或面临技术或市场的重大变革时，可以适当地考虑从外部招聘。

6. 继任计划

继任计划在国外比较流行，具体做法与内部晋升很相似。就是人力资源管理部门对企业的每位管理人员进行详细的调查，并与决策组确定哪些人有权利升迁到更高层次的位置。然后，制定相应的职业计划储备组织评价图，列出岗位可以替换的人选。当然上述的所有内容均属于企业的机密。

7. 技能培训

对公司现有员工进行必要的技能培训，使之不仅能适应当前的工作，还能适应其他甚至更高层次的工作。这样，就为内部晋升政策的有效实施提供了保障。如果企业即将出现经营转型，企业应该及时向员工培训新的工作知识和工作技能，以保证企业在转型后，原有的员工能够符合职务任职资格的要求。这样做的最大好处是防止了企业的冗员现象。

8. 调宽工作范围

当企业某类员工紧缺，在人才市场上又难以招聘到合适的员工时，可以通过修改职位说明书，调宽员工的工作范围或责任范围，从而达到增加工作量的目的。需要注意的是，调宽工作范围必须与提高工作待遇相对应，不然会造成员工的不满情绪，影响企业的生产活动。调宽工作范围可以与企业提高技术含量搭配使用。

（二）人力过剩调整方法

在人员过剩条件下，解决问题的办法有三种：重新安置、永久裁员和降低劳动成本。

重新安置用来解决企业内部局部的剩余人员。亦即，当只是某些岗位出现剩余人员，而另一些岗位却存在短缺现象时，就可以把剩余人员安置到需要人员的岗位上去。不过，重新安置的一个前提是剩余人员必须具有新工作岗位所需的技能和知识。因此，重新安置需要提早计划，培训在先。

永久性裁员是解决人员过剩的另一种办法。但是，需要注意的是，即使在西方市场经济国家，采取这种方法也是十分谨慎的，因为它不仅涉及员工本人及其家庭的利益，而且也会对整个社会产生影响。只有在企业经营出现严重亏损，生产难以为继，或生产不可能恢复的情况下，才采取这种办法。在裁员之前，企业会告之员工目前企业的经营状况，困难所在，并尽力为剩余人员寻找新的工作岗位。在企业内部确实无法安置的情况下，方可进行裁员。

降低人工成本包括暂时解雇、减少工作时间、工作分担和降低工资等。以上这些措施是西方市场经济国家企业通常采用的办法。这些办法的优点在于，当预测到企业出现过剩人员时，不是简单地将其裁掉，而是留有缓冲余地，让企业和员工共同分担困难。如果员工个人不愿维持工作不充分、低工资的现状可以自愿另谋高就，这就避免了将其立即推向社会的震荡。具体措施如下：

1. 提前退休

企业可以适当放宽退休的年龄和条件限制，促使更多的员工提前退休。如果将退休的条件修改得足够有吸引力，会有更多的员工愿意接受提前退休。提前退休使企业减少员工比较容易，但企业也会因此背上比较重的包袱，而且退休受到政府政策法规的限制。

2. 减少人员补充

减少人员补充是人力资源供过于求最常用的调整方式。当企业出现员工退休、离职等情况时，对空闲的岗位不进行人员补充，这样做可以通过不紧张的气氛减少企业内部的人员供给，从而达到人力资源供求平衡。但采取减少人员补充的方式往往数量有限，而且难以得到企业所需要的员工。

3. 增加无薪假期

当企业出现短期人员过剩的情况时，采取增加无薪假期的方法比较适合。比如规定员工有一个月的无薪假期，在这一个月没有薪水，但下个月可以照常上班。这样做可以暂时减轻企业财务上的负担，而且在需要员工时可再从外部招聘。

4. 裁员

正如其前文所述，裁员是一种最无奈、但最有效的方式。在进行裁员时，首先企业应该考虑制定优厚的裁员政策，比如为被裁减者发放优厚的失业救济金等等；然后，裁减那些主动希望离职的员工；最后，裁减工作考评成绩低下的员工。裁员会降低员工对企业的信心，挫伤员工的积极性，被裁减的员工有时会做出诋毁企业形象、伤害他人或自杀等过激行为，因此，在裁员之前一定要慎重考虑。而且，裁员的程序必须合法，防止发生劳动纠纷。

第五节 人力资源信息系统

一、人力资源信息系统的定义

（一）人力资源信息规划

人力资源信息规划，是指对人力资源管理中所涉及的各种信息的定义标准、传输标准、使用标准进行全面规划，建立统一的、可扩展的信息结构体系，为人力资源信息系统的信息管理、业务流程处理、决策分析奠定基础。

（二）人力资源信息系统

所谓人力资源信息系统（HRIS）是一个记录和储存企业全体员工工作和相关信息的计算机信息包。它为企业提供了跨越广泛地理界线、触及许多使用者所需的操纵和沟通信息的能力。通常，一个企业的人力资源管理者要负责收集这些信息并负责把这些信息输入到人力资源信息系统之中，而且还要在员工记录有所变化的时候负责维护该系统。典型的人力资源信息系统中都应该包括表6—4中的内容。

表 6—4　　人力资源信息系统的内容

工作信息	
职位头衔	薪金范围
目前空缺的数目	替代的候选人
所需要的资格	流动比率
职业阶梯中的位置	
雇员信息	
传记性的资料	职业兴趣、目标
平等就业机会类别	专门化的技能
教育	荣誉和奖励
受雇日期	所获得的福利
在公司里拥有的职位	所拥有的执照和证书
薪金历史	薪金信息
绩效评分	出勤资料
所受培训	扣税信息
以前的工作经验	养老年金缴纳
发展需要	流动

资料来源：［美］劳伦斯·S·克雷曼．人力资源管理．孙非等译．北京：机械工业出版社，2003.79

在小型企业中，由于采用人力资源信息系统的主要目的是提高工作效率，简化工作，因此，人力资源信息规划的重要程度并不如大型企业那么明显。而大型企业一般具有多个分（子）公司，跨越不同行业，地域分布广，人数众多。很多大型企业各业务处室、各分（子）公司，使用着不同的人力资源管理软件，同时各自有一套信息的定义和处理机制，形成了大大小小的“信息孤岛”。这些孤岛之间信息不一致，无法统一，一方面影响了运营效率，导致工作量增加，维护困难；另一方面信息准确性差，无法更好地综合利用这些信息为企业人力资源运营、决策提供辅助决策支持。而通过人力资源信息规划，建立统一的信息结构体系与标准，可以统一信息孤岛，提高人力资源信息的有效性。

例如员工学历，是员工信息中非常基本的一项信息。但是，在很多大型企业中，各地分（子）公司对学历的定义差异较大，详细级别也各不相关，如果不加以规划，其数据的准确性很难保证。同时，学历信息的维护权限要严格定义，从而保证信息的严肃性、安全性。

很多大型企业人力资源信息系统的实施效果不尽如人意，很大原因不在于人力资源信息系统本身，而在于没有一个正确掌握了大型企业人力资源信息系统实施方法的实施团队。这就好像拥有一辆很先进的战车，却找不到会开的司机一样。大型企业人力资源实施是一个复杂度高、风险高的系统工程，涉及一系列的流程、方法、工具等，而最基础、也最重要的一项是人力资源信息规划。

二、建立人力资源信息系统势在必行

（一）选择适合本企业发展特点的人力资源信息系统

从技术角度看，建设一个成功的人力资源信息系统，首先要选择一个合适的应用架构，然后根据这个应用架构确定所使用的技术架构体系，最后再针对系统的各个环节选择合适的技术解决方案。选择技术方案的关键是根据实际的需求，选择适合的技术，而不是盲目地采用最新、最先进的技术。

从任何管理信息系统的发展历程可以看出，为最终用户提供最为方便的应用终端是最终趋势，而从人力资源管理的状况来看，最终用户的范围已经延伸到企业的任何一个角落，因此和其他应用系统不同的是，人力资源信息系统必须提供一种很好的应用扩展模式，让企业可以根据发展需要不断地扩大系统使用人群，而不能像其他应用系统那样，必须依赖软件供应商来完成这种应用的扩展，这种扩展就是前面所要求的全员参与。这是一个人力资源信息系统必须首先要解决的问题。

网络技术的发展，尤其是“瘦客户端”概念的提出，使这种应用模式成为了可能，这就是现在广为熟悉的B/S架构。所谓B/S架构，就是browser/server（浏览器/服务器）应用模式，是过去一直使用的C/S（client/server）架构的发展，采用这种模式设计的应用系统，用户的计算机上不需要安装任何软件（或者只需要下载安装一些插件），就可以使用浏览器，和平时上网一样进行业务处理。这种模式最大的优点是对广域分布用户的支持（主要是基于这种架构特殊的事务处理模式），即使是拨号上网的远程用户，也不会感觉速度很慢。另外，无须安装、操作和维护，简单方便。

目前，市场上的电子化人力资源管理系统采用了两种模式来实现，一种是

“C/S+B/S”架构，另外一种是全B/S架构。前一种在主要的人力资源日常业务处理上，采用C/S架构，而对员工自助服务则使用B/S方式，后一种则是一种完全的B/S模式。前一种对于具有多个在不同地域的人力资源管理部门的大型集团企业来说，存在一定的问题，但是它在日常业务处理上，保留了广大用户对C/S应用操作的习惯性。

B/S架构目前主要有两种实现技术，SUN公司倡导的J2EE标准和微软的.net技术。这两种技术各有所长，前者更加关注系统对大规模应用的支持，后者则偏重应用系统的快速开发，从系统的多平台支持和业务扩展性的角度来看，J2EE标准似乎更具有优势，但是微软在平台系统上的优势和卓越的可用性设计，也推动了.net技术的快速应用。

系统的安全性是另一个关键问题，电子化的人力资源系统的安全隐患主要来源与基于广域网络的数据传输。解决这个问题，目前已经有了完善的网络安全解决方案，比如网络传输可以采用加密传输的SSL（安全套接口协议）技术，可以采用防火墙技术，VPN（虚拟专用网）技术等。除了网络安全外，对重要数据的加密存储也是电子化人力资源系统安全的重要保证，另外，安全审计技术也为系统的安全提供了更为完善的屏障。当然，用户管理是所有安全的基础。除了数据的安全外，电子化人力资源系统的各种功能也存在不同的操作权限，而Portal技术是保证这种安全的一种可靠的实现方式。

（二）电子化人力资源系统的特点

电子化人力资源系统的一个重要功能是对人力资源发展的预测和分析，这其中，除了采用必要的统计分析技术外，还需要使用一些数据挖掘技术，比如对企业人力资源发展状况的预测，对员工满意度调查结果的深度分析等，这些都需要数据挖掘技术的支持。

作为现代企业内部信息系统的一部分，电子化人力资源必须与企业内部的其他信息系统互通有无，同时还需要获取外部的相关信息（招聘、培训等信息）。因此，电子化人力资源系统另外一个关键的技术需求是系统的开放互联性，系统从技术上保证必须可以与其他相关的应用进行交互和对接。为了解决不同信息系统之间的交互，国际上已经发布了很多技术标准，比如规定数据存储格式的XML技术，规定数据访问接口的LDAP，ODBC，JDBC标准等，此外，很多应用系统和数据库系统还提供了数据交换工具，都可以实现不同系统之间的交互。当然，关系数据库的标准化和广泛使用本身就为不同系统之间的交互提供了可能。不同信息系统之间的互联方式很多，耦合程度也不同，除非采用一个公司的产品，否则用户不要对信息系统之间的整合提出过高的要求，只要可以实现数据的交互就可以满足基本的需要，过高的要求只能造成信息化建设的失败。

工作流技术的使用一直是人们争论的内容，对于国内多数企业来说，工作流应用还略显超前，企业内部管理流程的规范和高层管理人员对计算机使用的习惯也许是首要解决的问题，但可以肯定会是一种发展趋势。

电子化人力资源管理系统作为一个复杂、庞大的企业内部信息化系统，除了以上所说的技术外，还要依赖很多其他的技术，比如动态报表技术、模块化设计等。知识管理作为企业人力资源管理的发展趋势，所依赖的信息技术基础也必将成为未来人力资源信息化的基础技术。

在过去几年里面，不少企业都开始了人力资源管理信息化建设，一部分企业甚至开始了对旧人力资源信息系统的更新换代。但并不是所有的企业都尝到了电子化人力资源管理的甜头，很多大型企业钱投入了、系统实施了，效果却并不尽如人意。这其中主要的原因，是因为相对中小型企业而言，大型企业的人力资源信息化，不仅在管理基础要求上和电子化人力资源管理系统选型上侧重点不同，在人力资源管理信息系统实施方法上，大型企业更具有自己的特点。大型企业的各分（子）公司由于跨越不同行业，在人力资源管理上，侧重点不一定雷同，会有一部分个性化的管理特点。在满足大型企业总体需要的前提下，要满足各行业分（子）公司人力资源管理需要，需要在信息、流程、功能、分析上都要有所扩展。通过人力资源信息规划，建立可扩展的信息结构体系与标准，既能满足总体需要，又能达到各分（子）公司个性化信息管理的要求。通过对人力资源信息规划、组织和人员信息整合，实现了资源盘点，人岗匹配。

大型企业人力资源信息系统建设过程中，如果缺少了信息规划，只能在短时间内满足操作层的需要，而要满足管理层、决策层的人力资源分析、决策需要，人力资源信息规划必不可少。通过人力资源信息规划，消除信息孤岛、畅通信息流、提高数据的综合利用程度，将极大地提升信息系统的应用效益。

既然对于大型企业人力资源信息规划如此重要，究竟应该如何实行呢？应该充分考虑企业所处人力资源管理阶段及其发展方向，结合企业战略目标，按照一定的方法步骤，遵循一定的标准规范，制定人力资源信息标准，建立人力资源信息结构体系的人力资源信息规划方法。信息规划的过程中，重点要分析各人力资源业务，包括业务所涉及的信息项（读取、修改、增加）、状态、流程、结果等，进行信息需求和数据流分析，包括整理、定义交流数据的格式和内容，对内外、上下数据流进行定义分析。

最后，形成一套包括信息集、信息项、流程状态、流程结果、信息关联、流程关联、业务与信息关联、业务与流程关联的全套人力资源信息结构体系，为人力资源信息系统的成功实施奠定基础。

（三）人力资源信息规划注意事项

1. 这个过程会利用到信息资源管理最基本的标准——数据元素标准、信息分类编码标准、用户视图标准和数据库表标准。这些标准的建立，将贯穿信息需求分析、信息规划的全过程。

2. 人力资源信息规划工作包括对大量复杂资料进行分析整理，尤其是在众多人员分小组进行的过程中，需要保持定义与理解的一致性。资料的存储、修改和后续利用需要规划信息和知识的连续性。

3. 结果的审核是一个艰苦的过程，需要反复多次确认。

做完了人力资源信息规划，就有了企业的信息结构体系，那么如何利用它，实施过程中起到非常基础的又至关重要的作用。

首先，有了人力资源信息结构体系，大型企业在全系统进行统一的人力资源基础信息的迁移或采集，形成统一的信息平台，成为水到渠成的事。所有现存于其他系统中的人力资源信息根据信息结构体系中的信息标准进行转换，迁移到统一的人力资源信息平台中，极大地利用了已有的信息资源。根据企业人力资源管理的状况，缺失的、错误的信息可以根据新的信息体系架构进行补录或者更正。

其次，按照信息结构体系中定义完毕的业务处理的状态、结果，以及对各信息集、信息项在每个步骤中的读取、修改、增加等的不同操作，业务管理中涉及的流程已经基本被勾勒出来。按照这些定义配置、定制信息系统，可以很快完成业务系统的建设。

再次，大型企业人力资源管理必须要提升到决策支持这个层面上，否则，人力资源信息化的意义将被大大削弱，而人力资源信息规划的结果将很容易为决策分析的建模所用。在确定的信息结构体系下，针对主题的决策分析或综合分析将有据可依，有的放矢。

最后，人力资源信息系统不但不能解决内部的信息孤岛，又与其他系统（生产系统、财务系统）形成了大型的信息孤岛。而信息结构体系提供了接口标准，基于信息结构体系开发统一的信息接口，可以方便整个企业内信息系统的集成。

（四）信息规划——为电子化人力资源管理奠定坚实基础

人力资源信息规划为大型企业电子化人力资源管理建设奠定了坚实的基础，基于信息结构体系，企业可以逐步展开人力资源信息化的建设，如数据迁移、信息补采、培训、业务系统建设、决策支持建模等过程。另外，在经过人力资源信息规划后，用户方和实施方都基本把握了需求，大大降低了实施的风险。俗话说万丈高楼平地起，有了良好的人力资源信息规划，大型企业的电子化人力资源管理就好像高楼大厦有了坚实的地基，能够为企业高速发展提供最好的支持。

三、选择人力资源信息系统的方法

选择人力资源管理信息系统包括 18 个单独的步骤。软件系统解决方案的选择其实一直是一个比我们预先估计的更为复杂的过程，而且对企业具有长期影响。它需要我们全面、系统地分析所有与系统有关的因素，包括技术、人员以及公司的发展战略等。

正确选择人力资源信息系统的步骤包括以下内容：

第一步，组建小组。

如果你被赋予责任，为企业的人力资源部门选择一个新的软件系统，你从哪里开始呢？大多数的企业会组成一个小组来负责软件系统的选择工作。我们认为组成一个 3～7 人的小组，来与你一起完成这个任务是一个好的选择。一般来说，软件系统的选择过程如果能有几个人员参与，那么项目的质量绝对能得到更大的改善或更好的保证。但这个小组应该包括哪些人呢？其实看看谁是主要使用者就能确定了。此外，你应该从刚一开始就有一个拥有丰富 IT 技术知识的队员，并且管理科学，以防因为成本失控导致项目的失败。一些大公司可能会有一个独立于项目小组的“系统推进委员会”。推进委员会一般由企业的一些决策者组成，他们负责成本或费用的审核，参与合同的谈判，并且给予项目小组企业高层支持。

第二步，制定目标。

小组的会议应该从识别和制定人力资源管理系统项目的目标开始。如果在一开始没有设立一套项目目标，你将会在评估错误的产品上浪费重要的时间，或者甚至更坏，最后选择了错误的软件系统。

通常，项目小组成员必须回答下面问题：

- 你的人力资源管理系统的 IT 技术战略是什么？
- 你需要什么而且你为什么需要它，你需要系统具有什么功能？
- 你希望通过努力达到什么样的结果？
- 你希望通过这个系统改变什么业务流程？
- 新的业务流程应该是什么样的？
- 业务流程对系统有什么样的要求？
- 新的系统对整个业务流程有什么样的支持作用？

识别这些目标，可能需要访问包括高级管理人员、人力资源部门的其他人员，以及各种可能会使用系统的用户，借以识别企业对人力资源管理系统的真正需要。

第三步，展现全景。

在确定了目标之后，就对想要的系统有了一个全景式的认识。如果你正在寻找某个人力资源职能的单独解决方案，比如职位候选人管理或COBRA管理，那么你一定要保证它们能与公司的人力资源管理信息系统整合在一起。当你需要考虑其他的系统时，你就不只是解决一个孤立的问题了。如果你正在选择新的全面解决方案HRIS，要考虑它是否能满足所有的特殊化的需要，比如，培训记录管理、绩效管理等。考虑单独的解决方案时，应该考虑它是否符合你公司人力资源的IT技术战略。

第四步，满足未来需要。

为了保证系统的发展，还必须考虑几年后需要什么样的信息系统。此外，还要考虑几年后可能会有什么特殊的需要，这种可能会在什么时候发生，未来是否还需要这些信息，比如员工的身份证明、出生日期、社会保障号码、名字、住址等。如果真是这样，你就必须考虑如何避免重复录入申请信息。如果你准备开始进行人力资源信息系统的网络化工作，你还要考虑有什么主要的业务流程因为系统的实施而发生了改变，或将要发生改变，员工自助服务系统和经理自助服务系统是否已列入了考虑之中等。

第五步，建立和维护技术环境。

在选择任何一个系统之前，你都必须识别和确定新系统的技术环境。这个工作将由你的IT专家来负责。一般而言，需要回答的问题如下：

- 你寻找的系统是独立的计算机，还是局域网还是Internet?
- 这个系统需要在什么样的操作系统上运行？Windows 2003，还是Linux?
- 如果要采用一个数据库应用系统，那么是采用SQL，Oracle，还是DB2?
- 如何解决远距离的数据录入和传输？
- 需要不需要Web支持，如果系统编制语言工具不同，比如用C++或Delphi会造成什么不同吗？IT部门有没有计划在未来几年里在技术平台方面上实施较大的改变？

第六步，进行预算。

虽然在和供应商正式洽谈前做预算是很困难的，但在与供应商接触之前还是应该先预估自己公司愿意支付的价格。做预算时，非常重要的是把这些成本分做软件、硬件和实施三个部分。

软件费用主要包括系统软件的使用权费用，有关数据库的使用权费用，以及软件的升级和维护费用。

硬件费用主要包括服务器费用、计算机设备和网络设备费用。

实施费用则包括软件安装和调试费用、教育培训费用、数据转换费用，以及供应商或第三方提供给我们的咨询费用。

第七步，编制说明书。

完成了前面的六个步骤后，你应该为这个新的软件系统编制一个说明书。这个说明文件应该从人力资源整体 IT 技术战略开始，列出项目实施的目标、定义我们需要的基本系统的功能，并说明本系统如何与其他系统相互整合和对接，并列出第五步中所提出来的技术问题。

这一步是整个选择过程的关键一环。如果你的说明书非常清晰、准确和定义明确，那么你的选择过程就会非常顺利，否则你就不要开始第七步，应该从头开始再来。

第八步，开发或购买。

在这一过程中，很多公司还要考虑是组织力量由公司自己开发一个系统，还是在市场上购买一套成熟的系统。

这种考虑也许在第二步或第三步的时候就早早考虑了，或者到第十五步或第十六步才开始考虑。我们认为这一步最晚不能晚于第八步，因为这是一个典型的夹杂着情绪的“公说公有理、婆说婆有理”的问题，而且有可能让你纠缠太多精力，甚至使过程失败。

一些企业自己开发的人力资源管理系统也非常成功，但更多企业的努力是失败的。当这种争论开始的时候，你可以问大家这些问题：

· 企业内部是否有足够的必需的 IT 技术资源，来支持和推动这个项目的开发?

· 人力资源部门是否有足够的时间和能力来设计系统的每一个细节，包括数据结构、界面设计、系统编辑和报告系统等?

· 从 IT 管理角度来看，这个系统与其他管理系统的优先级应该是怎么样的?

· 有什么特殊的需求使你不可能在市场上买到，而要自己来开发?

最后，如果你的 IT 部门拿出了一个自己开发系统的项目计划书，包括进度和预算，那么你可能要对他们的计划再审核之后，才能与市场上的产品来做比较。

第九步，发布需求信息。

现在你已经准备好识别与甄选哪一个供应商或他们的产品能够满足你的需要了，你如何把这种信息传递到供应商那里呢? 比较简单的做法是，询问你在其他企业的同行们，看他们是否能够推荐一些能够满足一般的功能需求的供应商。还有一个途径就是通过互联网发布需求信息。

第十步，资料初审。

正常情况下，你会通过发布需求信息，得到一个候选供应商的名单。接下来，就是同他们接洽，并研究他们给你提供的公司和产品介绍。一般而言，供应商提供的产品手册深度并不一样，有的手册只是对自己产品做一些概念性和理念性的描述，有的则非常详尽，包含很多信息。

因此，你必须保证获得了足够的供应商和产品的资料，以确保选择和甄选系统的需要。这也是一个非常重要的步骤，不应该被忽视或忽略，因为这是一个你缩小选择范围、逼近目标的重要工作。

有的供应商很可能在你打电话询问的时候就被删除了，因为他们的产品不能在你公司的系统平台上运行，或是因为他们的功能不能满足你的需要。

当你仔细讨论和研究了供应商们所提供的产品资料，你又能根据他们的技术标准和其他问题，再删减一部分供应商。

这里有一个忠告，当你和他们联系的时候，许多供应商都会向你约时间面谈，千万不要答应他们，因为你在这一步，还没有准备好和他们见面。应该让他们提供尽可能多的信息给你。让他们知道，如果你对他们感兴趣，你会进一步同他们联系的。

第十一步，发布项目招标书。

现在你可以开始准备一份项目招标书，发给你目前已经缩小了的供应商名单中的所有幸存者。项目招标书也许只有 1 页，也可能有 10 页。这取决于你希望供应商们提供有关他们产品的细节的多少。

一些小公司会发布一些简单的只有一页或二页的需求说明书。需求说明书只有比较少的信息，但更灵活，可以根据指导方针加以调整，以加快这个阶段。

大一些的公司或公共部门一般都是用正式的项目招标书。在一个人力资源信息系统中，包括的通用要素有以下几个方面：

· 公司概况介绍。

· 介绍软件的硬件配置，以及能够支持的员工总数。

· 系统的功能介绍。

· 所需要的软件环境与规格。

· 报价（使用权费、培训费和实施费用，以及以后的年度维护费和热线支持费用）。

· 实施案例。

· 供应商所提供的产品、服务和支持目录表。

· 合同样本。

做好项目招标书后，把招标书送给你的候选供应商，给他们一个合理的准备期，比如 3～6 周来准备投标。有些供应商可能会提供你一个招标书的样本，以便你界定你需要的系统特征。

招标书中应该包括一个标书指导，具体指出供应商们必须说明的一些问题，比如：

· 招标书中的每一个要求，他们的系统都能满足吗?

· 系统的升级版本中是否会仍然包括这些特征?

· 有没有需要系统进行再设计的，如果是这样的话，成本会是多少，会引起什么其他问题吗?

你必须非常注意你的特殊需要会给你增加多少成本费用和多少实施中的障碍和困难，对未来的技术支持又有什么样的影响。

在进行系统的再设计和改造之前，最好尽最大努力来进行你自己公司的业务流程再造，保证二者之间的匹配。

第十二步，评估。

当所有的标书返回给你的时候，你就需要有一套评价所有系统的基本标准。一个典型的做法是，编制一个评价表。评价表所有的列是你自己对系统要求的每个条目，行是提供产品的各供应商。

然后，你就可以为招标书中的每一个条目进行打分（是/否，1，或其他类似的序列数值)。为各个供应商在每一个要求上进行评分，这样就可以找到那些最能够满足你的条件的供应商了。接下来就是和他们联系，并索取系统的测试版本来进行演示评估。

第十三步，控制测试版本。

系统的测试版本一般来说是专门设计，用来显示正式版本系统所具有的功能与特征以及操作方式等，通常都有某方面限制的非正式系统。所以，你必须注意系统供应商提供给你的测试版，并加以控制。这是非常重要的一项工作。

如何控制呢? 所有的软件供应商一般都会有一个标准的测试版系统，而你不应该接受这个标准测试版。因为，你必须紧紧抓住你的需求。在与供应商会谈之前，你应该准备并提供给他们一份详细地对测试版系统的要求文件。

这样，供应商就能提供一个满足你要求的测试版，而你就能准确无误地把握你的需求。在测试版演示评估过程中，所有小组成员都应参加。

第十四步，第二次评估。

当你完成所有系统测试版的演示评估工作后，所有的小组成员对每个测试系统都写出了他们满意与不满意的地方。

因此，你就需要一个或更多供应商向你们提供更多的补充信息，以便下一步工作。当然，你还需要考虑价格因素，但需要明白的是这个价格肯定不是最终价格。当供应商对你的需求了解越多，他们的标价也会越来越准确，可能更高也可能更低。最后，你确定两个但不要超过三个供应商来做最后的甄选。你需要在晚些时候，要求这些幸运儿再提供更符合要求的测试版系统，来做最后的评估。

第十五步，决策因素。

项目小组已经评估过所有的软件系统了，现在是开始决策的时候了。在软件系统的选型中，价格是其中一个但不是唯一的决策因素。其他比较显而易见的决策因素还有，对现有系统的兼容性以及系统本身的功能性。对很多公司而言，实施成本和时间进度也是决策因素。这里，需要你注意的是，因为管理团队代表握有最终的投票权，所以你必须确保管理团队代表能够参与选择过程。

第十六步，考察案例。

现在可以去听取和考察一些实际案例。在听取和考察案例之前，你的小组应该编制一份需要在考察中解决的问卷。问卷中的问题包括从系统功能性到后续支持等所有你所关心的问题。考察中一定要注意案例中的系统所运行的环境是什么，比如是 Windows 2003、Unix，还是 Linux。

如果你知道哪些使用这些系统的用户和你在同一地区，最好能够拜访他们，看系统实际如何运行，并听取实际用户对系统的意见。

案例听取和考察之所以最好在第二次演示评估之前做，是因为其中也许会发现一些问题，这样在第二次评估中就能看是否得到妥善解决了。

第十七步，第二次演示测试版。

做第一次演示时，就要告知供应商，项目小组可能将会就某些特殊的问题要求进行第二次演示。这些特殊问题是在第一次演示没有解决或在案例考察中发现的问题。同样，要确保你的管理团队代表参与这个过程。IT 技术代表应该要保证所有的技术问题都能在这次演示中解决。复查系统的核心功能性、报告系统、运行速度、实施进度计划和成本、客户服务情况以及其他项目小组关心的问题。

你还需要和供应商们讨论他们报价的每个项目。这是供应商在你做决定之前的、一次澄清报价中有关问题和调整的机会。

如果你没有在第二次演示评估中解决所有疑惑，千万不要厌烦，应该再要求供应商向你提供第三次，甚至更多的演示评估。

第十八步，再次评估和选择。

所有演示都完成了，所有问题也都得到了解决，就到了最后的选择时刻了。在做投票之前，再回顾一遍第二轮演示中所得到的信息，把这些所有信息与最初的目标和需求做一个比较。

你可以做一个评估表，来进行辅助决策，横向的是你的决策因素，纵向的是每个系统产品。如果前面的步骤都很切实地完成了，你的小组将很容易做出选择。

在有些情况下，你会发现最后有两个系统都能满足你的需要，那么你们就可以同这几个公司谈判，来选择最有利于企业的方案，如价格、培训、实施等。

要注意的是，项目的每一步都关系到系统选择的成败。实际上，接下来的实施才是对你真正的挑战。①

总之，人力资源预测是人力资源规划的前提和基础，它是企业人力资源工作的基石。

【本章小结】

企业人力资源预测是企业人力资源管理的重要环节。适时地预测是企业制定人力资源规划的依据，也是企业制定发展战略的重要依据之一。通过人力资源预测企业可以更加明确地掌握现有人力资源现状，对企业今后的发展具有一定的指导意义。对人力资源的预测可以分为人力资源需求预测和人力资源供给预测，针对处于不同发展时期和不同规模、不同性质的企业需要采取适宜本企业情况的预测方法才能科学、合理地为企业发展服务。随着人力资源管理的不断发展，应运而生的人力资源信息系统就显得尤其重要，它是一切人力资源工作和企业运作的基础，如何建立有效的人力资源信息系统对于企业来说也越来越重要。人力资源预测和人力资源信息系统相辅相成能够更好地为企业发展铺平道路。

【重要概念】

人力资源需求预测　　人力资源供给预测　　人力资源供求平衡

人力资源信息系统　　人力资源信息系统电子化

【复习思考题】

1. 人力资源需求预测有哪些常用方法？

2. 人力资源供给预测有哪些常用方法？

---

① 摘自：致信网 . www.mie168.com

3. 人力资源供求失衡时应该怎样调整？

4. 如何正确选择人力资源信息系统？

【应用案例1】

美国一个大型厨房橱柜和器具分销商期望在今后10年里，年销售额从150万美元上升到225万美元。在对外部环境进行审视时，它注意到当地的环境发生了以下变化：

·人口正在变老；许多人的孩子已经离开家庭，使他们成为“空巢”夫妇。这些家庭正在重新构建他们的家，并寻找更大、更昂贵的厨房用具。

·许多家庭已经有了预算意识，并且想有一个与其能承受的价格范围相适应的厨房用具。

厨具分销商的人力资源规划员想要预测下一个10年安装人员的需求，除了教室内的指导以外，安装人员还需要进行8个月的在职培训，因此预测要求准确。首席执行官想要在未来使用自己的安装人员而不是依靠外部的分包商。人力资源规划员罗德里格斯（Rodriguez）先生，决定通过确定分销商的销售量和安装员需求量的关系来预测人力资源的需求。它接触了美国各种规模的分销商，并且获得了以下信息：

销售量（百万美元）	安装人员数量（人）
1.0	4
1.5	7
2.0	9
2.5	25
3.0	17

资料来源：劳伦斯·S·克雷曼．人力资源管理．孙非等译．北京：机械工业出版社，2003.8

问题：

1. 将以上数据标出，建立回归曲线。

2. 使用你的图示，按预计销量225万美元来确定安装员的需求。

3. 给出行业的大概趋势和性质，你能给人力资源规划员什么其他的建议吗？仅使用图示信息为什么可能带来风险？罗德里格斯先生还应考虑什么因素？为什么？

【应用案例 2】

AT&T 获取竞争优势

1. 问题：新的业务计划使充实关键领导岗位变得困难起来

AT&T 公司在 1982 年被剥夺了其对电话业务的操纵权，这是一次根本性的转变。这使 AT&T 失去了已持续 100 年在这一领域中稳定的垄断地位。它现在变成了一个在全球市场提供多样化产品与服务的竞争性组织。它将与新的顾客和供应商做生意，而且由于一系列的收购与合并，它还将和新的商业伙伴一起工作。

由于其商业性质的改变，AT&T 需要重新审查它的许多人力资源管理方法。首先 AT&T 被迫按其新的业务计划调整它的职员配备。这种需要在上层管理机构显得尤为突出。需要一种“新类型”的经理，这些人对于公司的新产品和服务拥有丰富的知识，有能力对收购与兼并进行管理，并有能力在不确定的环境中有效地行使其职能。

2. 解决办法：开发一个职业生涯行进系统

AT&T 通过开发和实行一种职业生涯行进系统来解决其职员配备的管理问题。这一系统有两方面的目的，一是确认公司新的全球业务计划所要求的管理技能，二是追踪所有有志于高层管理职位的现有经理的技能水平。这样一个系统将允许 AT&T 能在出现空缺时去“推荐”并最终选择任职人选。

AT&T 开发的这个系统储存了有关 AT&T 的人员和职位的大量信息。例如，“人员档案”包括了有关每一个经理的信息，如工作历史、教育程度、优点和缺点、领导开发需要、开发计划、培训（参加过的和计划参加的）和特殊技能（例如，对外语的精通程度）；对于每个作为目标的高层管理职位，“职位档案”都列出了如职位头衔、任职地点、技能要求（现在的和将来的）以及这一职位的可能的继任者。

3. 职业生涯行进系统怎样提高竞争优势

使用这一系统能帮助 AT&T 保持其组织的高层领导的连续性，具体地说，这一系统使 AT&T 能够识别：

- 不同的高级职位所需的领导技能。
- 有资格升至某个特定职位的雇员。
- 具有数量足够的“当地”内部候选人的职位。
- 每个候选人的必要开发活动。

通过手中的这些资料，AT&T现在已经掌握了一个在高级职位出现空缺时可以从中进行挑选的全世界范围内的合格内部候选人的后备库。而且，这一系统有相当的灵活性，允许公司对突然的变化需要做出快速反应。例如，当巴黎的高层管理职位由于兼并而突然出现悬而未决的情况时，这一系统会迅速地确定一个能流畅地使用法语的合格候选人。

资料来源：劳伦斯·S·克雷曼．人力资源管理．孙非等译．北京：机械工业出版社，2003.64

问题：

1. 是什么原因促使AT&T公司要建立一个职业生涯行进系统？

2. AT&T公司的职业生涯行进系统主要包括了哪些内容？

3. AT&T公司的职业生涯行进系统的特点是什么？它是怎样帮助企业提高竞争优势的？

4. 你认为AT&T公司的职业生涯行进系统还需要在哪些方面进一步完善？

参考文献

[1]［美］劳伦斯·S·克雷曼．人力资源管理［M］．孙非等译．北京：机械工业出版社，2003

[2] 陈京民，韩松．人力资源规划［M］．上海交通大学出版社，2006

[3]［美］杰弗里·梅洛．战略人力资源管理［M］．吴雯芳译．北京：中国财政经济出版社，2004

[4] Rachael King．警惕竞争对手挖墙脚．世界经理人．2006（3）

[5] 赵曙明．人力资源战略与规划［M］．北京：中国人民大学出版社，2002

[6] 宋联可，杨东涛．备战：部署人力资源战略规划［M］．北京：机械工业出版社，2006

[7] 甘华鸣，贾萌．人力资源管理操作规范［M］．北京：企业管理出版社，2004

[8]［法］奥利维·贝尔特朗．人力资源规划：方法、经验与实践［M］．王晓辉译．北京：人民教育出版社，2002

[9] 中国人力资源开发网．www.chinahrd.net

[10] 天天企划网．www.qihua365.com

[11] HR管理世界．www.HRoot.com

[12] 致信网．www.mie168.com